Le prêtre ne s'appartient pas

&

Calvaire et la messe

Un guide spirituel pour devenir le père que Dieu vous a appelé à être.

Fulton J. Sheen

Le Prêtre n'est pas à lui-même

&

Calvaire et la Messe

(Un guide spirituel pour devenir
le père que Dieu vous a appelé à être.)

Droits d'auteur © 2021 par Allan Smith

Aucune partie de ce livre ne peut être reproduite, stockée dans un système de récupération ou transmise sous quelque forme ni par aucun moyen, électronique, mécanique, photocopie ou autre, sans l'autorisation écrite préalable de l'éditeur, sauf par un critique qui peut citer de courts passages dans une critique.

Évêque Sheen Aujourd'hui
280, rue John
Midland (Ontario), Canada
L4R 2J5
www.bishopsheentoday.com

Sauf indication contraire, les citations des Écritures dans le texte principal sont tirées de l'édition Douay-Rheims de l'Ancien et du Nouveau Testament, domaine public.

Données de catalogage en publication de la Bibliothèque du Congrès

Noms : Sheen, Fulton J. (Fulton John), 1895-1979, auteur.

Smith, Allan J., éditeur.

Sheen, Fulton J. (Fulton John), 1895-1979, Le Prêtre n'est pas à lui-même, par Fulton J. Sheen. Enregistré au nom de Fulton J. Sheen, sous le numéro de catalogue de la Bibliothèque du Congrès :A 625917, suite à la publication du 10 mai 1963.

Nihil Obstat : *Austin B. Vaughan, S.T.D., Censeur des livres*

Imprimatur : *Francis Cardinal Spellman, archevêque de New York*, 11 avril 1963

Sheen, Fulton J. (Fulton John), 1895-1979, Calvaire et la Messe : Un compagnon du missel. Enregistré au nom de P.J. Kenedy & Sons sous le numéro de catalogue de la Bibliothèque du Congrès : A 93597, suite à la publication du 1er avril 1936.

Nihil Obstat : *Arthur J. Scanlan, S.T.D., Censeur des livres*

Imprimatur : *Patrick Cardinal Spellman, archevêque de New York*, 17 mars 1936

Smith, Al (Allan J.), éditeur – Le Seigneur nous enseigne à prier : Une anthologie de Fulton Sheen. Manchester, New Hampshire: Sophia Institute Press, 2019, ISBN 9781644130834.

Titre : Le prêtre n'est pas le sien & Calvaire et la Messe : Un guide spirituel pour devenir le Père que Dieu vous a appelé à être.

Identifiants : ISBN : 978-1-997627-91-3 (poche)

ISBN : 978-1-997627-91-3 (livre électronique)

Fulton J. Sheen ; compilé par Allan J. Smith.

Comprend des références bibliographiques.

Sujets : Jésus-Christ — Prêtrise – Paternité – Victimologie - Sept Paroles Dernières – Calvaire – La Messe – L'Eucharistie

À Marie

Qui a enfanté le Christ

À la fois Prêtre et Victime

Et qui est Mère de tous les Prêtres

À la fois Offrants et Offerts

Avec Son Fils divin

Ce livre est dédié

Afin qu'Elle puisse, à travers ces pages,

Nous murmurer comme à Cana

« Faites tout ce qu'Il vous dira »

Table des matières

Le Prêtre ne s'appartient pas

Introduction 3
Chapitre 1 : Plus qu'un prêtre 5
Chapitre 2 : Le prêtre est comme l'échelle de Jacob 26
Chapitre 3 : Génération spirituelle 54
Chapitre 4 : La sainteté du prêtre 71
Chapitre 5 : L'Esprit Saint et le prêtre 91
Chapitre 6 : L'Esprit et la Conversion 106
Chapitre 7 : L'Esprit de pauvreté 121
Chapitre 8 : L'Esprit, la prédication et la prière 135
Chapitre 9 : L'Esprit et le conseil 152
Chapitre 10 : Le prêtre en tant que Simon et Pierre 167
Chapitre 11 : Le retour à la grâce divine 191
Chapitre 12 : Melchisédek et le pain 207
Chapitre 13 : Judas et la première fissure dans sa prêtrise ... 223
Chapitre 14 : Pourquoi faire une Heure Sainte ? 240
Chapitre 15 : Comment faire l'Heure Sainte 254
Chapitre 16 : L'Eucharistie et le corps du prêtre 268
Chapitre 17 : Le prêtre et sa mère 283

Calvaire et la Messe

Chapitre 18 : Introduction au Calvaire et à la Messe 291

Chapitre 19 : Prologue 295

Chapitre 20 : Le Confiteor 303

Chapitre 21 : L'Offertoire 309

Chapitre 22 : Le Sanctus 316

Chapitre 23 : La Consécration 325

Chapitre 24 : La Communion 332

Chapitre 25 : L'Ite, Missa Est 341

Chapitre 26 : Le Dernier Évangile 347

Le Prêtre ne s'appartient pas

Le Prêtre ne s'appartient pas est bien plus qu'un livre destiné aux prêtres ou à ceux qui envisagent la prêtrise comme vocation. Dans ces discussions pénétrantes et profondément méditées sur la prêtrise, l'Archevêque Fulton J. Sheen a produit une œuvre de valeur durable, un livre qui changera peut-être des centaines de vies, et certainement un ouvrage qui intéressera aussi les lecteurs sans lien direct avec la prêtrise comme appel.

L'inspiration de ce volume est née alors que l'Archevêque Sheen écrivait sa célèbre *Vie du Christ,* et c'est au cours de ces « jours sombres », comme il les décrit, que les pensées sur la prêtrise, éclairées par la vision du Christ Sauveur, furent d'abord formulées.

Tout comme l'œuvre précédente reposait sur la thèse que le Christ n'offrait aucun autre sacrifice que Lui-même, dans ce nouveau livre, l'Archevêque Sheen envisage le prêtre comme un homme se sacrifiant dans la prolongation de l'Incarnation du Christ.

L'Archevêque Sheen écrit que tous les prêtres, qu'ils soient païens ou de l'Ancien Testament, offraient des victimes distinctes d'eux-mêmes, telles que des agneaux. Mais en Christ et dans la conception chrétienne, prêtre et victime sont unis inséparablement.

Puisant dans sa connaissance profonde des Écritures, l'Archevêque Sheen est capable de décrire la signification exacte et véritable du prêtre individuel, et en détail vibrant, son sacrifice constant et sans fin — en tant que victime.

Il écrit : « Dieu tonne encore à ses prêtres : *J'ai placé des sentinelles, Jérusalem, sur tes murailles, qui ne cesseront jamais de crier jour et nuit ; vous qui gardez le Seigneur en mémoire, ne prenez point de repos, et ne le laissez point se reposer non plus...* (Isaïe 62,6-7)

« Nous sommes des sentinelles, » ajoute l'Archevêque Sheen, « qui avons été placés sur les murailles de l'Église par le Grand Prêtre… Ce que nous sommes, l'Église l'est, et ce que l'Église est, le monde l'est… » Jour et nuit, ne donnant aucun repos à Dieu, nous répéterons sans cesse : *Je me consacre pour eux, afin qu'eux aussi soient consacrés par la vérité.* » (Jean 17,19)

En considérant les nombreuses obligations et fonctions du prêtre, ainsi que leur accomplissement toujours plus gratifiant, l'Archevêque Sheen a créé une série de méditations sans égal et présente un guide très concret des multiples manières dont chaque prêtre peut enrichir sa propre vie spirituelle ainsi que celle de tous ceux qui l'entourent.

Le Prêtre ne s'appartient pas est l'œuvre d'un grand et bien-aimé guide inspirant — un prêtre de renommée mondiale lui-même, écrivant avec éloquence et insistance à ses confrères et à ceux qui voudraient le rejoindre dans un appel qu'il comprend et a merveilleusement réalisé.

☩ J.M.J. ☩

Introduction

La plupart des ouvrages sur la prêtrise peuvent être classés en trois catégories : théologique, pastorale et sociologique.

Les traités théologiques insistent sur le prêtre en tant que ministre et ambassadeur du Christ ; La pastorale s'intéresse au prêtre dans la chaire, au prêtre au confessionnal, au prêtre en prière, etc. La sociologie, qui est le type le plus récent, s'abstient presque entièrement du spirituel et s'intéresse à la réaction statistique de l'étude des fidèles, des incroyants et du grand public envers le prêtre. Y a-t-il de la place pour un autre ?

Une telle possibilité s'est présentée en écrivant notre *Vie du Christ*. Dans ce livre, nous avons tenté de montrer que, contrairement à quiconque, Notre Seigneur est venu sur la terre, non pour vivre, mais pour mourir. La mort pour notre rédemption était le but de Son séjour ici, le trésor qu'Il cherchait. Chaque parabole, chaque événement de Sa vie, même l'appel des Apôtres, la tentation, la Transfiguration, la longue conversation avec la femme au puits, étaient centrés sur cette mort salutaire. Il n'était donc pas principalement un maître, mais un Sauveur.

Les jours sombres durant lesquels cette Vie fut écrite furent des heures où l'encre et la bile se mêlèrent pour révéler le mystère du Crucifix.

De plus en plus, cette vision du Christ comme Sauveur a commencé à illuminer la prêtrise, et c'est d'elle que sont nées les réflexions contenues dans ce livre. Pour éviter à quiconque de devoir le lire en entier, nous énonçons ici brièvement la thèse.

Nous qui avons reçu le Sacrement de l'Ordre, nous appelons « prêtres ». L'auteur ne se souvient pas qu'un prêtre ait jamais dit : « J'ai été ordonné 'victime' », ni qu'il ait jamais dit : « J'étudie pour devenir une victime ». Cela semblait presque étranger à la condition de prêtre. Le séminaire nous a toujours dit d'être de « bons » prêtres ; jamais on ne nous a dit d'être des victimes consentantes.

Et pourtant, le Christ n'était-il pas le Prêtre, la Victime ? N'est-Il pas venu pour mourir ? Il n'a pas offert un agneau, un veau, ni des colombes ; Il n'a jamais offert que Lui-même.

"Il s'est livré pour nous, un sacrifice qui exhale un parfum de suavité lorsqu'Il l'offre à Dieu."

(Éphésiens 5:2)

Les prêtres païens, les prêtres de l'Ancien Testament et les guérisseurs offraient tous un sacrifice en dehors d'eux-mêmes. Mais pas Notre Seigneur. Il était *Sacerdos-Victima*.

Cela étant, tout comme nous passons à côté de beaucoup de choses dans la Vie du Christ, en ne montrant pas que l'ombre de la Croix s'est projetée même sur la crèche et l'atelier du charpentier, ainsi que sur Sa Vie publique, nous avons aussi une conception mutilée de notre prêtrise si nous l'envisageons sans nous faire victimes dans la prolongation de Son Incarnation. Il n'y a rien d'autre dans ce livre, sinon cette idée. Et si le lecteur souhaite entendre cet accord frappé cent fois, il peut maintenant poursuivre.

✠ J.M.J. ✠

~ 1 ~

Plus qu'un prêtre

La prêtrise du Christ était différente de celle de tous les prêtres païens et de la prêtrise lévitique de la famille d'Aaron. Dans l'Ancien Testament et dans les religions païennes, *le prêtre et la victime étaient distincts et séparés.* En *Notre Seigneur, ils étaient unis inséparablement.*

Les prêtres juifs offraient des bœufs, des chèvres et des brebis, des victimes qui faisaient moins partie d'eux-mêmes que les vêtements qu'ils portaient. Il est facile de verser le sang d'autrui, tout comme il est facile de dépenser l'argent d'autrui. L'animal perdait sa vie, mais le prêtre qui l'offrait ne perdait rien. Souvent, il n'avait même pas à immoler les victimes. Sauf dans le cas des offrandes nationales, lorsqu'elles étaient immolées par le prêtre, celui qui offrait la victime la tuait lui-même (Lévitique 1:5). Cette disposition annonçait le rôle qu'Israël lui-même jouerait plus tard en tant que bourreau de la Victime Divine. Mais elle s'applique aussi à nous ; dans un sens plus profond, chaque pécheur doit se considérer comme mettant le Sauveur à mort.

Les peuples païens, sans le savoir explicitement, pressentaient la vérité que *«à moins que du sang ne soit versé, il ne peut y avoir de rémission des péchés»* (Hébreux 9:22). Depuis les temps les plus anciens, à travers les rois et les prêtres, ils offraient des animaux, et parfois même des humains, pour détourner la colère des dieux. Comme dans la prêtrise lévitique, cependant, *la victime était toujours séparée du prêtre.* Le sacrifice était un sacrifice par substitution, l'animal représentant et prenant la place des humains coupables, qui cherchaient ainsi à expier leur culpabilité par l'effusion de sang.

Mais pourquoi, peut-on demander, les païens, sans l'aide de la Révélation, ont-ils abouti à la conclusion exprimée par Saint Paul sous l'inspiration divine que « sans effusion de sang il n'y a pas de pardon des péchés » ? La réponse est qu'il n'est pas difficile pour quiconque médite sur le péché et la culpabilité de reconnaître : d'abord, que le péché est dans le sang ; et ensuite, que la vie est dans le sang, de sorte que l'effusion de sang exprime à juste titre la Vérité que la vie humaine est indigne de se tenir devant la face de Dieu.

Le péché est dans le sang. On peut le lire sur le visage du libertin, de l'alcoolique, du criminel et de l'assassin. L'effusion de sang représentait donc l'expiation du péché. L'Agonie au Jardin et sa sueur sanglante étaient liées à nos péchés que le Seigneur a pris sur Lui, car

Le Christ n'a jamais connu le péché, et Dieu l'a fait péché pour nous.

(2 Corinthiens 5,21)

Qu'aucune créature n'est digne de paraître devant la face de Dieu fut révélé à l'homme dès les premiers temps. Adam et Ève l'ont découvert lorsqu'ils ont essayé de couvrir leur nudité avec des feuilles de figuier, après avoir péché.

Alors les yeux des deux s'ouvrirent, et ils prirent conscience de leur nudité; alors ils cousirent des feuilles de figuier ensemble, et se firent des ceintures.

(Genèse 3,7)

Mais les feuilles de figuier ne pouvaient couvrir leur nudité, ni physique ni spirituelle, car les feuilles séchèrent bientôt. Que fallait-il alors? Le sacrifice d'un animal, l'effusion de sang. Avant qu'ils ne puissent être vêtus des peaux d'animaux, il fallait qu'il y ait une Victime. Et qui a fabriqué les peaux qui couvraient leur honte ? C'est Dieu !

Et maintenant le Seigneur fit des vêtements pour Adam et sa femme, faits de peaux, pour les vêtir.

(Genèse 3,21)

Ceci est le premier indice dans les Écritures de la nudité spirituelle de l'homme recouverte par l'effusion du Sang d'une Victime. Dès que nos Premiers Parents perdirent la grâce intérieure de l'âme, une gloire extérieure fut nécessaire pour la compenser. Il est toujours vrai que plus une âme est riche intérieurement, moins elle a besoin de luxes extérieurs. Les ornements excessifs et un amour démesuré des conforts sont la preuve de notre nudité intérieure.

La Bible contient plusieurs récits qui suggèrent qu'un sacrifice sanglant expiatoire était nécessaire pour notre salut. Typiques sont les récits de la guérison du lépreux et de l'expulsion du bouc émissaire dans le Lévitique. Dans les deux cas, il y a une Victime sacrificielle, bien que (comme dans tous les sacrifices pré-Incarnation) la Victime soit distincte du Prêtre.

Le rituel lié à la guérison d'un lépreux préfigure clairement notre purification de la lèpre du péché.

> *Ce sont deux oiseaux vivants.... L'un des oiseaux doit avoir son sang versé sur de l'eau de source contenue dans un vase en terre cuite ; Celui qui reste vivant doit être plongé (avec le bois de cèdre, le fil écarlate et le hysope) dans le sang de l'oiseau mort, et avec cela le prêtre doit asperger l'homme souillé sept fois, afin d'accomplir sa purification due.*
>
> (Lévitique 14:4-7)

L'oiseau vivant était relâché dans les champs ouverts pour symboliser l'emportement de la lèpre, mais cette liberté et cette libération semblent avoir été acquises par le pouvoir purificateur du sang et de l'eau de l'oiseau qui fut immolé. Le prêtre offrait un sacrifice, mais l'hostie était distincte de lui-même.

Ici, nous avons un aperçu de la rédemption par procuration par le sang. Notre Seigneur, au contraire, guérit la lèpre du péché par aucun holocauste autre que Sa propre volonté obéissante, par laquelle nous avons gagné la glorieuse liberté des enfants de Dieu.

La cérémonie du bouc émissaire, un autre exemple de prêtrise et de condition de victime, est décrite au chapitre 16 du Lévitique. Le prêtre devait se laver entièrement — et non seulement les pieds — avant la cérémonie, annonçant que le grand Grand Prêtre, le Christ, serait « sans tache » (Hébreux 7,26); Le prêtre devait également revêtir des vêtements de lin blanc et d'or. Comme deux oiseaux étaient utilisés dans la cérémonie précédente, deux chèvres étaient désormais choisies, l'une pour être immolée et l'autre pour être relâchée. Le rituel précédant la libération semble presque une anticipation du *Hanc Igitur* à la Messe, car le prêtre pose ses mains sur la chèvre.

Il doit poser ses deux mains sur sa tête, confessant tous les péchés, transgressions et fautes qu'Israël a commis, et déposer leur culpabilité sur sa tête. Et un homme se tiendra prêt à l'emmener dans le désert pour lui; ainsi la chèvre emportera tous leurs péchés dans une terre inhabitée, relâchée dans le désert.

(Lévitique 16:21,22)

Comme les péchés des Israélites étaient emportés par le bouc émissaire, ainsi nos péchés sont purifiés non par nos propres efforts, mais uniquement par notre incorporation au Christ.

Le bouc émissaire était chassé dans une terre de séparation, ou un désert, pour nous enseigner à quel point nos péchés ont été efficacement portés dans l'oubli par le Christ.

Je pardonnerai leur iniquité ; Je ne me souviendrai plus de leurs péchés.

(Hébreux 8:12)

L'Incarnation

Lorsque le Fils de Dieu est devenu homme, Il a introduit quelque chose de tout à fait nouveau dans la prêtrise. Notre Seigneur différait des prêtres de l'Ancien Testament, non seulement parce qu'Il venait d'une lignée autre que celle d'Aaron, mais aussi parce que, contrairement à tous les autres, *Il unissait en Lui à la fois la prêtrise et la condition de victime.*

Les conséquences pour tous les prêtres sont immenses, car s'Il s'est offert pour les péchés, alors nous devons nous offrir nous-mêmes en victimes. La conclusion est inéluctable.

L'Écriture abonde en références à l'identification complète des offices de prêtre et de victime en Christ.

> *Une victime ? Pourtant, Lui-même s'incline sous le coup ; aucune parole ne sort de Sa bouche.*

(Ésaïe 53:7)

L'Épître aux Hébreux cite le Psaume 39 [40, RSV], affirmant que les paroles du Psaume furent employées par notre Grand Prêtre lorsqu'Il entra dans le monde.

> *Comme le Christ vient dans le monde, Il dit : aucun sacrifice, aucune offrande n'était ta demande ; tu m'as donné, à la place, un Corps. Tu n'as pris aucun plaisir aux holocaustes, aux sacrifices pour le péché. Vois donc, j'ai dit, je viens pour faire ta volonté, selon ce qui est écrit de moi, là où le livre est déroulé ; faire ta volonté, ô mon Dieu.*

(Hébreux 10:5-7)

La version du Psaume citée dans l'Épître aux Hébreux est celle de la Septante :

> *"Tu m'as donné, au contraire, un corps," comme pour sous-entendre l'Incarnation. De même, David prévoyait le genre de sacrifice que Dieu demanderait finalement pour les péchés lorsqu'il déclara : « Tu n'as pas de goût pour le sacrifice, les holocaustes. »*

(Psaume 50:18 [51:16, RSV])

Plus qu'un prêtre

La condition de victime de notre Grand Prêtre ne doit toutefois pas être considérée comme une tragédie au sens où Il aurait dû se soumettre à la Mort, comme les agneaux devaient se soumettre au couteau des prêtres de l'Ancien Testament. Notre Seigneur a dit :

Personne ne peut me l'enlever [ma Vie] ; Je la donne de moi-même. Je suis libre de la donner, libre de la reprendre ; telle est la mission que Mon Père m'a confiée.

(Jean 10:18)

Notre Seigneur est venu pour mourir. Nous, nous sommes venus pour vivre. Mais Sa Mort n'était pas définitive. Il n'a jamais parlé d'être notre oblation pour le péché sans parler de Sa gloire. Sa Résurrection, Son Ascension et Sa glorification à la droite du Père furent les fruits de Son offrande volontaire en tant que Prêtre.

Et maintenant, Son œuvre pleinement accomplie, Il obtient le salut éternel pour tous ceux qui Lui rendent obéissance. Grand Prêtre selon l'ordre de Melchisédek, ainsi Dieu L'a appelé.

(Hébreux 5,9-10)

La perfection de Son humanité et Sa gloire éternelle en tant que prêtre résultèrent du fait qu'Il ait été une fois dans l'état de Victime. Sa perfection ne vint pas tant de Sa stature morale que de Sa qualité de prêtre-Sauveur. C'est par Sa dévotion intérieure et Son obéissance qu'Il acquit la gloire, et non simplement par le sacrifice considéré comme une mort honteuse.

Décrivant la douceur de l'Agneau conduit à l'abattoir, l'Écriture dit :

Le Christ, durant Sa vie terrestre, offrit prière et supplication à Dieu Qui pouvait Le sauver de la Mort, non sans un cri perçant, non sans larmes ; pourtant avec une telle piété qu'Il obtint une écoute attentive.

(Hébreux 5:7)

Plus qu'un prêtre

Il existe un dicton juif selon lequel on peut distinguer trois sortes de prières, chacune plus élevée que la précédente : la prière, le cri et les larmes. La prière s'élève en silence ; le cri s'exprime d'une voix élevée, mais il n'existe aucune porte par laquelle les larmes ne puissent passer. La prière de la Victime à Gethsémani fut telle qu'elle monta jusqu'à un cri poignant et, au-delà, jusqu'à la sueur de larmes :

Sa sueur tombait sur la terre comme d'épaisses gouttes de Sang.

(Luc 22:44)

Nous trouvons une représentation symbolique de l'union du Prêtre et de la Victime dans la position même de la Croix suspendue entre la terre et le ciel, comme si Jésus était rejeté par l'homme et abandonné par le Père. Pourtant, Il unit Dieu et l'homme en Lui-même par l'obéissance à la Volonté du Père et par un Amour pour l'homme si grand qu'Il ne l'abandonnerait pas dans son péché. À ses frères, Il révéla le Cœur d'un Père ; À Son Père, Il révéla le cœur de chaque fils. Notre Seigneur est donc toujours prêtre et victime. Aucune victime n'était digne de la prêtrise si ce n'est Lui-même. Le Christ fut, de plus, victime non seulement dans Son corps, mais aussi dans Son âme, qui était triste jusqu'à la Mort. Aucun sacrifice, ni externe ni interne, ne pouvait être plus uni.

Deux textes de l'Écriture présentent des aspects paradoxaux de la prêtrise et de la condition de victime du Christ.

Il fut compté parmi les malfaiteurs.

(Luc 22, 37)

Tel fut le Grand Prêtre... saint, sans culpabilité et sans tache, non compté parmi nous pécheurs.

(Hébreux 7, 26)

En réalité, ces affirmations ne sont pas contradictoires; elles sont complémentaires. Il fut compté parmi les pécheurs, parce qu'Il était la victime pour leurs péchés. Mais Il était séparé des pécheurs, parce qu'Il était un prêtre sans péché. Il mangeait et se mêlait aux pécheurs, partageait leur nature et portait leurs péchés. Mais Il était séparé d'eux par Son innocence. Un avec les pécheurs par le partage de leur nature, Son sacrifice avait une valeur infinie, car Il n'était pas seulement homme, mais Dieu.

Prêtres ou Prêtres-Victimes ?

Combien de fois sommes-nous comme les Galates, désireux de retourner à l'Ancienne Loi, dans le sens où nous nous percevons comme prêtres mais non comme victimes ? Offrons-nous la Messe comme si nous présentions une victime pour le péché totalement étrangère à nous, à l'image du bouc émissaire ou de l'oiseau ? Montons-nous à l'autel en tant que prêtres et non en tant que victimes ? Offrons-nous le Christ-Sauveur au Père, comme si nous ne mourions pas avec Lui ? Notre prêtrise est-elle une maison à deux étages, témoignant de notre séparation, de notre réticence à être une victime pour les autres ?

Au premier étage se trouve une famille souffrant physiquement, troublée mentalement, et privée de nourriture et de boisson. Au deuxième étage, nous habitons. Par des actes intermittents de charité, nous descendons de temps à autre dans leur misère pour la soulager ; mais retournons-nous aussitôt au confort relatif de notre propre demeure ?

Il n'en est pas ainsi avec le Christ, le Prêtre. Lorsqu'Il est descendu dans les profondeurs de la souffrance et du péché humains, Il n'est jamais revenu en arrière — pas avant que toute sa misère et sa culpabilité ne soient soulagées. Une fois qu'Il a franchi cette ligne, Il n'a plus pensé à revenir avant que la Rédemption ne soit accomplie.

Ce n'est pas comme si notre Grand Prêtre était incapable de compatir à nos humiliations ; Il a traversé chaque épreuve, façonné comme nous le sommes, mais sans péché.

(Hébreux 4,15)

...dans le dessein gracieux de Dieu, Il devait goûter la mort et la goûter pour tous.

(Hébreux 2,9)

Si la prêtrise et la condition de victime en Christ étaient une seule et même chose, comment pourraient-elles être doubles en nous ? Au contraire,

Vous devez aussi vous considérer comme morts au péché, et vivants d'une vie qui regarde vers Dieu, par le Christ Jésus notre Seigneur.

(Romains 6,11)

Nous ne pouvons échapper à reproduire dans nos âmes le mystère célébré sur l'autel. *Age quod agitis.* Comme Notre Seigneur s'est immolé, ainsi nous nous immolons. Nous offrons le repos de notre corps, afin que d'autres aient la paix de l'âme ; Nous sommes purs, pour réparer les excès de la chair commis par les pécheurs.

Avec le Christ, je suis suspendu à la Croix.

(Galates 2,20)

L'Eucharistie nous rappelle que nous sommes des Victimes.

L'Eucharistie nous engage à la fois à la vie et à la mort, à la prêtrise et à la condition de Victime.

En ce qui concerne la vie, il est hors de doute qu'en l'Eucharistie nous en faisons communion.

Vous ne pouvez avoir la vie en vous-mêmes, si vous ne mangez la chair du Fils de l'Homme et ne buvez Son Sang.

(Jean 6,54)

Mais ce n'est là que la moitié du tableau. N'y a-t-il pas un processus catabolique aussi bien qu'anabolique dans la nature, une décomposition en éléments aussi bien qu'une construction en organismes ? Dans la nature, la Mort est la condition de la Vie. Les légumes que nous mangeons à table doivent être sacrifiés. Ils doivent céder la vie et la substance avant de pouvoir devenir le sacrement, la chose sainte qui nourrit le Corps. Ils doivent être arrachés à leurs racines et soumis au feu, avant de pouvoir donner la vie plus abondante à la chair. Avant que l'animal dans le champ puisse être notre viande, il doit être soumis au couteau, à l'effusion de sang et au feu. Ce n'est qu'alors qu'il devient la nourriture forte du Corps. Avant que le Christ puisse être notre vie, Il a dû mourir pour nous. La Consécration de la Messe précède la Communion.

L'hérésie ultime de la Réforme fut le divorce du sacrifice et du sacrement, ou la transformation du sacrifice de la Messe en un « service de communion », comme s'il pouvait y avoir don de la vie sans la mort. N'y a-t-il pas dans l'Eucharistie non seulement une communion avec la vie, mais aussi une communion avec la mort? Paul n'a pas négligé cet aspect :

Ainsi, c'est la mort du Seigneur que vous proclamez, chaque fois que vous mangez ce Pain et que vous buvez cette Coupe, jusqu'à ce qu'Il vienne.

(1 Corinthiens 11:26)

Si, à la Messe, nous mangeons et buvons la Vie divine sans apporter notre propre mort à incorporer dans la mort du Christ par le sacrifice, nous méritons d'être considérés comme des parasites du Corps mystique du Christ. Devons-nous manger du Pain sans donner du blé à moudre? Devons-nous boire du Vin sans donner des raisins à écraser? La condition pour être incorporé à la Résurrection et à l'Ascension du Christ, ainsi qu'à Sa glorification, est l'incorporation à Sa mort.

Ceux qui appartiennent au Christ ont crucifié la nature, avec toutes ses passions, tous ses désirs.

(Galates 5:24)

Comme prêtres, nous offrons le Christ à la Messe, mais comme victimes, nous nous offrons-nous avec le Christ à la Messe? Devons-nous déchirer ce que Dieu a uni, à savoir la prêtrise et la condition de victime? La connexion intime entre sacrifice et sacrement ne nous enseigne-t-elle pas aussi que nous ne sommes pas seulement prêtres, mais aussi victimes? Si tout ce que nous faisons dans notre vie sacerdotale est de vider des calices et de manger le Pain de Vie, comment l'Église *complétera-t-elle alors les souffrances qui manquent à la Passion du Christ?* (Colossiens 1,24)

Élevons-nous le Christ sur la Croix au moment de l'élévation, tout en étant présents comme de simples spectateurs d'un drame où nous sommes appelés à jouer le premier rôle? La Messe est-elle une répétition vide du Calvaire? Si tel est le cas, que faisons-nous de la Croix que nous avons été invités à porter chaque jour? Comment le Christ peut-il renouveler Sa Mort dans nos propres corps? Il meurt de nouveau en nous.

Et le peuple de Dieu? Leur enseignons-nous qu'ils ne doivent pas seulement « recevoir » la Communion, mais aussi « donner »? Ils ne peuvent pas recevoir la Vie sans offrir de sacrifice. La balustrade de communion est un lieu d'échange. Ils donnent du temps et reçoivent l'éternité, ils donnent le renoncement et reçoivent la vie, ils donnent le néant et reçoivent tout. La Sainte Communion engage chacun à une union plus étroite non seulement avec la vie du Christ, mais aussi avec Sa mort — à un plus grand détachement du monde, à l'abandon des luxes pour le bien des pauvres, à la mort du vieil Adam pour la renaissance en Christ, le nouvel Adam.

Première application :
Trois sortes de prêtres-victimes

Le Canon de la Messe énumère trois sortes de victimes qui, en préfigurant le sacrifice du Christ, sont devenues des modèles pour tous les prêtres. Ce furent, dans l'ordre, les offrandes du fils juste, Abel ; le sacrifice de notre patriarche, Abraham ; et celui que le Grand Prêtre Melchisédek a offert. Abel offrit un sacrifice de *sang*,

Abraham un sacrifice *volontaire* et Melchisédek un sacrifice *sacramentel*. Un prêtre peut être victime de chacune de ces manières.

Abel offrit à Dieu le plus choisi des agneaux de son troupeau, tandis que son frère Caïn n'offrit que les fruits de la terre (Genèse 4,3-4). Dieu regarda avec faveur Abel et son sacrifice de sang, mais Il rejeta le sacrifice de Caïn, comme si cela impliquait que le péché pouvait être pardonné sans l'effusion de sang. Le sacrifice de sang d'Abel est ainsi un modèle pour les missionnaires qui sont martyrisés pour leur foi, pour les prêtres qui sont victimes de persécutions antidéistes, et pour tous les fidèles qui souffrent jusqu'à la mort plutôt que de renier la foi.

Le sacrifice d'Abraham sert de modèle pour le sacrifice de beaucoup en nos jours, ceux qui endurent toutes les étapes du martyre sous la tyrannie communiste, mais à qui la couronne formelle de l'effusion de leur sang est refusée. C'est spécialement pour eux que la figure du sacrifice d'Abraham fut destinée. Pour eux fut souligné que le sacrifice reçut sa pleine récompense même si le sang de la victime ne fut pas versé (Hébreux 11,19). Ceci est l'assurance pour tous ceux qui subissent mille martyrs en n'étant pas permis de mourir par leurs persécuteurs, pour ceux qui sont endoctrinés et qui passent leur vie en prison ou dans des camps de travail. Ils participent à la promesse et à la récompense accordées à Abraham parce qu'il était prêt à sacrifier sa propre chair et son propre sang, son fils Isaac.

Le troisième type de condition de prêtre-victime est celui de Melchisédek. Il est offert par tous les prêtres qui vivent le mystère qu'ils accomplissent sacramentellement dans la Messe. Mais comment? En comprenant le sens secondaire des paroles de consécration. Le sens premier est clair et ne nécessite aucune explication. Le mystère de la transsubstantiation s'accomplit lorsque nous prononçons les paroles de consécration. Il y a cependant un sens secondaire parce que nous sommes des prêtres-victimes. Quand je dis « Ceci est Mon Corps », je dois aussi vouloir dire : « Ceci est mon corps » ; Quand je dis « Ceci est Mon Sang », je dois aussi vouloir dire : « Ceci est mon sang. » « Toi, ô Jésus, Tu n'es pas seul dans la Messe », doit prier le prêtre consacrant dans son âme. "Sur la Croix, Tu étais seul ; dans cette Messe, Je suis avec Toi. Sur la Croix, Tu T'es offert au Père céleste ; dans la Messe, Tu T'offres encore, mais maintenant Je M'offre avec Toi."

La consécration n'est donc pas une simple et stérile répétition des paroles de la Dernière Cène ; c'est une action, une représentation, une autre Passion en moi. « Voici, cher Jésus, mon Corps, prends-le ; voici mon Sang, prends-le. Peu m'importe si les 'espèces' de ma vie demeurent — mes devoirs particuliers à l'école, en paroisse ou au bureau ; ce ne sont que les 'apparences'. Mais ce que je suis, dans mon intellect, ma volonté — prends, possède, divinise, afin que je puisse mourir avec Toi sur l'autel. Alors le Père céleste, regardant d'en haut, dira à Toi et à moi en Toi :

Tu es mon Fils bien-aimé ; En Toi je trouve ma joie.

(Marc 1,11)

Lorsque je descendrai de l'autel, je serai alors, plus que jamais, entre les mains de Marie, comme lorsqu'elle T'a descendu de la Croix. Elle n'était pas prêtre, mais elle pouvait prononcer les paroles de consécration d'une manière qu'aucun prêtre n'a jamais dite de ce Corps et de ce Sang. En Te tenant, elle pouvait dire, comme à Bethléem : Ceci est mon Corps ; Ceci est mon Sang.' Nul au monde ne Lui a donné son Corps et son Sang que moi."

Que celle qui fut victime avec son Fils nous enseigne à ne jamais aller au Calvaire sans avoir le Cœur transpercé d'une épée. Malheur à nous, si nous descendons du Calvaire les mains non marquées et blanches ! Mais glorieux serons-nous comme prêtres et victimes, lorsque le Seigneur verra dans nos mains les marques de Sa Passion, car Il a dit de tels :

Pourquoi, j'ai gravé ton image sur les paumes de mes mains.

(Ésaïe 49:16)

Deuxième application :
Soyez une Victime dans la fraction du Pain

Un rituel immuable de la Messe est la fraction du Pain, qui nous rappelle à chaque célébration que le Seigneur a été « brisé » pour nos péchés en tant que Victime. L'Ancien Testament annonçait déjà l'offrande du Christ en Lui-même dans le pain qui était brisé, car il était prescrit que le pain que le prêtre devait offrir soit « coupé en petits morceaux » (Lévitique 2,6). Même le mot hébreu pour les galettes de pain utilisé dans ce passage dérive d'un verbe signifiant « percé » ou « blessé ». En cela, le pain préfigurait l'état de la Victime qu'il symbolisait :

Non, voici un méprisé, rejeté de tout jugement humain ; courbé par la misère, et nullement étranger à la faiblesse ; Comment reconnaître ce visage ? Comment prendre en compte Celui-ci, un Homme si méprisé ?

(Ésaïe 53:3)

Comme le Pain était écrasé, ainsi aussi le Christ serait écrasé :

Oui, c'était la volonté du Seigneur qu'Il soit accablé de souffrances.

(Ésaïe 53:10)

Quel fut le signe par lequel les disciples, le dimanche de Pâques après-midi, reconnurent le Christ ressuscité ?

Ils L'ont reconnu lorsqu'Il a rompu le Pain.

(Luc 24:35)

Saint Le récit de saint Paul sur l'Eucharistie soulignait cet état de Victime de Notre Seigneur :

... et Il rendit grâce, puis Il le rompit.

(1 Corinthiens 11:24)

Plus qu'un prêtre

Notre prêtrise doit être semblable aux cruches que l'armée de Gédéon, composée de trois cents hommes, portait au combat. À l'intérieur de chacune se trouvait une bougie allumée (Juges 7:18-20). La lumière était là, mais elle ne brillait pas pour confondre et vaincre l'ennemi tant que les cruches n'étaient pas brisées. Ce n'est que lorsque nous sommes « brisés » que nous répandons la lumière du Christ pour vaincre les forces de Satan. Ce n'est pas seulement l'âme et l'esprit du Prêtre qui sont engagés dans l'exercice de son ministère : c'est aussi son Corps, le Corps brisé, mortifié et offert en Victime.

Vos corps... sont destinés au Seigneur, et le Seigneur réclame vos corps.

(1 Corinthiens 6,13)

Pouvons-nous penser que Dieu sera davantage satisfait de nous, si nous ne sommes que des offrants et non aussi des offerts, qu'Il ne l'était des prêtres de l'Ancien Testament? N'a-t-Il pas exprimé son dégoût lorsqu'ils offraient quelque chose de séparé et distinct d'eux-mêmes?

Que m'importe, dit le Seigneur, que vous multipliez vos victimes? J'en ai assez et même plus. Les holocaustes de béliers, la graisse des bêtes engraissées, et le sang des veaux, des agneaux et des chèvres ne sont rien pour moi.

(Ésaïe 1,11)

Ne se plaindra-t-Il pas que notre prêtrise est incomplète, à moins que nous ne « cassions le Pain » qui est notre corps? Que veut-Il donc de nous? C'est l'offrande de nous-mêmes.

Je vous exhorte par les compassions de Dieu à offrir vos corps comme une victime vivante, consacrée à Dieu et digne de son agrément; C'est l'adoration qui vous est due en tant que créatures raisonnables.

(Romains 12,1)

Le rôle du corps est si souvent oublié. Certes, le corps peut être l'occasion et l'instrument du péché, mais il est aussi une occasion et un instrument de mérite. Peut-il être si vil que certains anciens auteurs spirituels le suggéraient, s'il est «*destiné au Seigneur*» (*1 Corinthiens 6,13*), si «*cela qui est semé corps naturel ressuscite corps spirituel*» (*1 Corinthiens 15,44*), et si, par l'Eucharistie, il a été doté de l'immortalité? Ce n'est pas notre âme qui prie; c'est la personne, le composé du corps et de l'âme. Dans le sacrifice, en particulier, le corps est important. C'est par son épuisement dans les ministères sacerdotaux, son usage constant dans la prédication, l'enseignement et la conversion, qu'il devient une «*victime vivante*».

Chaque fois que les prêtres « rompent le Pain » durant la Messe, non seulement ils reconnaîtront le sacrifice du Christ pour eux, comme l'ont fait les disciples d'Emmaüs, mais Il les reconnaîtra également. Pas de pain non rompu, pas de corps non brisés, le Grand Prêtre n'acceptera rien de nos mains. Le blé n'avait-il pas déjà été brisé pour devenir pain? Les raisins n'avaient-ils pas déjà été écrasés pour devenir vin? Même la nature suggère que la condition de victime est indissociable de la prêtrise qui offre le pain et le vin à la table.

Saint Paul soulignait simplement une fois de plus l'inséparabilité du prêtre et de la victime lorsqu'il écrivait au jeune prêtre Timothée :

Alors, comme un bon soldat du Christ Jésus, prends ta part de souffrance... Nous devons partager Sa Vie, parce que nous avons partagé Sa Mort.

(2 Timothée 2,3.11)

Troisième application :
Vocations et condition de victime

Les séminaristes disent : « Je fais des études pour la prêtrise. » Combien de fois un séminariste dit-il ou pense-t-il même : « Je fais des études pour devenir prêtre-victime ? » Nous insistons sur la dignité de notre prêtrise en réprimandant rapidement ceux qui nous manquent de respect. Mais insistons-nous jamais sur l'indignité de notre condition de victime ? Nous nous glorifions que notre Grand Prêtre est Offrant et Offert. *Nous disons que nous offrons la Messe, mais pensons-nous jamais que nous sommes offerts dans la Messe ?* Notre Seigneur ne veut plus de bœufs ni de chèvres ; Il veut ceux qui « ont crucifié la nature, avec toutes ses passions, tous ses élans » (Galates 5,24). Saint Augustin disait qu'il n'est pas nécessaire de chercher hors de soi une brebis à offrir à Dieu. Chacun porte en lui ce qu'il peut crucifier.

Se pourrait-il qu'une des raisons de la rareté des vocations soit notre incapacité à insister sur le sacrifice ? Les jeunes ont un sens de la condition de victime que nous sous-estimons. Ils veulent une mission, un défi ! Lorsque nous suivons le type d'appel publicitaire utilisé par Madison Avenue pour vendre du dentifrice, lorsque nous employons des techniques commerciales dans notre littérature vocationnelle, les cœurs des jeunes ne repoussent-ils pas notre éloignement de la Croix ? Ne recrutons-nous pas des fruits de la propagande plutôt que des fruits dignes de pénitence ?

Ne pourrait-il pas également être que notre incapacité à être victimes décourage ceux qui entrent au séminaire de persévérer et de devenir prêtres ? Nous leur disons qu'ils ne peuvent espérer être de bons prêtres s'ils ne font pas une méditation chaque matin avant la Messe, mais y a-t-il des moments où nous-mêmes passons directement du lit à l'autel ? Cela ne scandalise-t-il pas les séminaristes ? D'un autre côté, combien ils sont édifiés lorsqu'ils voient leurs professeurs à la méditation matinale avec eux et à leurs exercices spirituels ! En l'absence de cet exemple, ils en viennent aisément à penser que la spiritualité est quelque chose à pratiquer seulement jusqu'au jour de l'ordination.

Une enquête menée auprès de 300 jeunes pour déterminer quel type de prêtre les inspirait le plus a révélé que la première préférence allait au missionnaire étranger ; la deuxième, à ceux qui se souciaient des pauvres ; la troisième, à un apostolat parmi les ouvriers. Le fait est que les jeunes préfèrent le prêtre héroïque ou sacrificiel.

Plus qu'un prêtre

Les vocations sont plus nombreuses que beaucoup ne le soupçonnent. Sur 3 500 garçons de moins de quinze ans interrogés dans une enquête dans un pays d'Amérique du Sud, 1 800 ont déclaré ressentir qu'ils avaient une vocation. Et pourtant, pas plus de quarante jeunes hommes sont ordonnés prêtres chaque année dans ce pays. Que deviennent les autres? La mondanité, la chair? Oui. Mais il convient de se demander : Leur avons-nous manifesté le Christ Crucifié? Ces jeunes qui se sentent appelés à une vie de sacrifice ne reculeront-ils pas en voyant que leur idéal ne se réalise pas en nous? Mais quel encouragement leur donne-t-on lorsqu'ils disent : « Voilà le genre de prêtre que je veux être. » Une raison pour laquelle les sociétés missionnaires attirent les jeunes est que leurs membres témoignent vivamment de leur zèle pour le Christ. Les épreuves qu'ils endurent, les âmes qu'ils convertissent, la confiance totale en Dieu malgré la pauvreté et même la persécution, tout cela fait que les jeunes aiment leur prêtrise à travers leur condition de victime. Une enquête menée auprès d'un groupe de séminaristes a révélé que 60 pour cent d'entre eux avaient été inspirés à entrer au séminaire par le contact avec des prêtres mortifiés et saints.

Il est si facile pour nous d'être prêts, comme Pierre à Césarée de Philippe, à confesser le Christ divin, mais bien loin d'être prêts à accepter le Christ souffrant. C'était le même Pierre qui a dit : «*Tu es le Christ, le Fils du Dieu vivant*» (Matthieu 16,16), et qui «*le tirant à part, se mit à lui faire des remontrances : Jamais, Seigneur, dit-il, cela ne t'arrivera pas*» (Matthieu 16,22).

À cause de cela, Notre Seigneur l'a appelé Satan, car c'est Satan qui, au commencement du ministère public, l'a tenté de rejeter la voie de la souffrance en lui offrant trois raccourcis vers Son Royaume sans la Croix (Matthieu 4,1-11). Le refus de Sa condition de victime apparaît au Christ comme quelque chose de satanique.

«*Quand Satan est assis sur son trône*» (Révélation 2,13) à la fin des temps, Notre Seigneur a dit qu'il apparaîtrait tellement semblable à Lui «*qu'il séduirait même, s'il était possible, les élus*» (Matthieu 24,24). Mais si Satan accomplit des miracles, s'il pose doucement ses mains sur les enfants, s'il paraît bienveillant et un amoureux des pauvres, comment le distinguerons-nous du Christ ? Satan n'aura aucune cicatrice aux mains, aux pieds ni au côté. Il apparaîtra comme un prêtre mais non comme une victime.

Nous reconnaissons les pères et les fils, les frères et les sœurs, par des ressemblances familiales. En aucun autre moyen Notre Seigneur ne nous connaîtra et nous ne Le connaîtrons. Notre préparation pour le jour de Sa venue doit donc consister à approfondir notre affinité avec le Prêtre-Victime :

> *Dans ce corps mortel qui est le mien, j'aide à acquitter la dette que les afflictions du Christ laissent encore à payer, pour le bien de Son Corps, l'Église.*
>
> (Colossiens 1:24)

Kenosis et plérôme

Deux mots dans les Écritures sont souvent considérés séparément, alors qu'en réalité ils sont liés comme cause et effet. Les deux mots, qui représentent une autre phase de la relation offrant-offert, sont *kenosis* et *plérôme*, c'est-à-dire « videment » et « remplissage ». C'est presque comme si les montagnes étaient faites par le videment des vallées. Saint Paul, dans une description classique de l'humiliation et de l'exaltation de Notre Seigneur, écrit :

> *Il s'est dépouillé Lui-même, prenant la condition de serviteur, étant fait à la ressemblance des hommes, et se présentant à nous sous une forme humaine; puis Il a abaissé Sa propre dignité, acceptant une obéissance qui L'a conduit à la Mort, la Mort sur une Croix. C'est pourquoi Dieu L'a élevé à une si grande hauteur, Lui a donné ce Nom qui est au-dessus de tout autre nom; afin qu'au nom de Jésus tout genou fléchisse dans les cieux, sur la terre et sous la terre, et que toute langue confesse que Jésus-Christ est le Seigneur, à la gloire de Dieu le Père.*
>
> (Philippiens 2:7-11)

Parce qu'Il s'est vidé Lui-même, Il a été exalté. Parce qu'il y a eu Calvaire, il y a eu l'envoi du Saint-Esprit. Parce que Son Corps physique a été brisé, Son Corps mystique grandit en âge, en grâce et en sagesse devant Dieu et les hommes.

Appliquant ce principe à la prêtrise, le dépouillement de soi pour le peuple de la paroisse produit la prospérité spirituelle de la paroisse. La déségoïsation de nos vies prépare à la conduite du Saint-Esprit ; le panneau « vacances » sur notre Cœur fait venir le Christ frapper à l'entrée. Il ne défonce aucune porte verrouillée. Il ne viendra que si nous Lui ouvrons. Une boîte pleine de poivre ne peut être remplie de sel ; Un prêtre rempli de ses propres désirs ne peut être rempli de la « puissance du Saint-Esprit » (Actes 1:2). Saint Paul a distingué Timothée parmi ses amis comme celui qui s'intéressait toujours aux autres et se préoccupait le moins de lui-même. En lui, le « plérôme » était complet à cause de la « kénose » de l'égoïsme.

Je n'ai ici personne d'autre qui partage mes pensées comme lui, personne qui se soucie si désintéressé de vos affaires ; Tous ont leurs propres intérêts à Cœur, non ceux du Christ.

(Philippiens 2:20-21)

Berger – Agneau

Pour changer la figure, nous, prêtres, ne sommes pas seulement des bergers, mais aussi des agneaux. Notre Seigneur Lui-même n'était-Il pas à la fois le « Bon Pasteur » et l'« Agneau de Dieu » (Jean 1,29) ? En tant qu'Offrant, Il est le Berger. En tant qu'Offert, Il est l'Agneau. C'est ce double rôle du Christ qui explique pourquoi Il parlait à certains moments de Son procès et, à d'autres, restait silencieux. Il parlait en tant que Berger ; Il se taisait en tant qu'Agneau.

Le prêtre, lui aussi, n'est pas seulement le Berger qui prend soin de ses brebis ; il est aussi l'Agneau qui est offert en prenant soin d'elles. Cette sollicitude est ce qui Le distingue du mercenaire. Celui qui prend soin d'un autre assume le poids de la condition de l'autre sur son propre cœur et le porte dans l'Amour. Les paroissiens ne sont pas des perturbateurs ; ils sont notre cœur, notre corps, notre sang.

Le prêtre jouant le rôle de berger va souvent à sa mort en tant qu'Agneau. Le berger qui voudrait donner une vie plus abondante à la brebis perdue est inévitablement entouré de loups hurlants et conduit ainsi ultimement à sa mort. Ce n'est que la vue du Berger crucifié qui a fait comprendre aux brebis combien le Berger se souciait d'elles. Il est intéressant que Saint Pierre ait décrit Notre Seigneur comme «*votre Berger, qui veille sur vos âmes*» (1 Pierre 2,25).

Le devoir premier du berger est de rechercher la brebis perdue et de demeurer auprès d'elle une fois retrouvée. C'est ce qui distingue le vrai berger du mercenaire, l'intellectuel de l'intelligentsia. Tous deux sont diplômés, érudits et savants. La différence réside dans leur relation avec le peuple. L'intellectuel ne perd jamais cette compassion pour la multitude qui caractérisait la Parole incarnée. L'intelligentsia, au contraire, vit à l'écart des larmes et de la faim, du cancer et des deuils, de la pauvreté et de l'ignorance. Ils manquent du contact humain. Seule la crème de l'érudition livresque, et non le lait de la bonté humaine, coule dans leurs veines.

Il en est de même pour le prêtre. Le contact avec les gens pour l'amour du Christ est la condition de victime qui fait la prêtrise. Ce n'est qu'en étant aussi un Agneau offert par l'oubli de la supériorité mondaine que le prêtre devient le Berger des âmes.

✠ J.M.J. ✠

~ 2 ~

Le Prêtre est comme L'échelle de Jacob

Chaque prêtre sait, par élection divine, qu'il est un médiateur entre Dieu et l'homme, apportant Dieu à l'homme et l'homme à Dieu. En ce sens, le prêtre poursuit l'Incarnation de Jésus-Christ, Qui était à la fois Dieu et Homme. Notre Seigneur n'était pas prêtre parce qu'Il était engendré éternellement du Père. Il était prêtre à cause de la nature humaine qu'Il a assumée et offerte pour notre salut. De là découle la plénitude de toute prêtrise, ou pour reprendre la magnifique expression de Saint Thomas d'Aquin, Il est devenu « fons totius sacerdotii ».

Saint Paul avait déjà utilisé une expression tout aussi définitive pour indiquer notre relation sacerdotale au Christ d'un côté, et au peuple de l'autre :

C'est ainsi que nous devons être considérés, comme les serviteurs du Christ, et les dispensateurs des mystères de Dieu.
(1 Corinthiens 4,1)

En tant que serviteurs du Christ, nous dépendons de Lui pour nos forces comme les rayons de lumière dépendent du soleil. Mais Paul affirme également que nous sommes les administrateurs des mystères de Dieu, ce qui indique que nous demeurons liés à nos frères.

Chaque prêtre est comme une autre Échelle de Jacob. Exilé de chez lui, fuyant un frère rancunier, le fils errant d'Isaac fit de la terre son lit du soir, une dalle de pierre son oreiller. L'homme est le plus démuni lorsqu'il dort, et c'est alors qu'il était dans cet état que Dieu apparut à Jacob.

Il rêva qu'il voyait une échelle dressée sur la terre, dont le sommet touchait le ciel ; un escalier pour que les anges de Dieu montent et descendent. Au-dessus de cette échelle, le Seigneur lui-même se pencha et parla à Jacob : Je suis le Seigneur, dit-Il, le Dieu de ton père Abraham, le Dieu d'Isaac.

(Genèse 28,12-13)

Jacob changea aussitôt le nom du lieu où il eut cette vision de Luz à Béthel. Le nom Luz signifiait à l'origine «*séparation*», tandis que Béthel voulait dire «*Maison de Dieu*» (Genèse 28,19). Nous, de même, appelés à faire le lien entre Dieu et l'homme, ne devenons dignes prêtres de la Maison de Dieu qu'en nous séparant de l'esprit du monde. Dieu compense chaque abnégation par une bénédiction plus grande. La condition pour servir « Béthel » est « Luz », le détachement du monde.

L'échelle est une image simple et charmante de la prêtrise du Christ :

Je suis le chemin.

(Jean 14,6)

C'est par sa Mort, sa Résurrection et son Ascension à la droite de Dieu que le Christ est devenu le Médiateur et a rétabli les relations entre Dieu et l'homme.

Certains détails de la vision méritent une attention particulière :

1. L'échelle était posée sur la terre. Ainsi fut établi le lien entre la terre et le ciel par le Christ devenu incarné, prenant chair humaine, parcourant notre terre et étant élevé sur le Calvaire.

2. L'échelle atteignait le Ciel, symbolisant que le Christ ressuscité et glorifié est à la droite du Père.

3. Les anges montant et descendant représentent l'une des fonctions du prêtre, dont la tâche est de porter les sacrifices et les prières au Ciel et de rapporter les grâces et bénédictions sur la terre.

La Croix, l'échelle de la médiation, fut dressée sur la terre. Elle était d'origine terrestre, en ce sens que les soldats de Pilate l'ont façonnée ; mais elle n'était pas d'origine terrestre en tant que moyen d'expiation, dans la mesure où elle est sortie de l'histoire et des desseins divins. Son sommet atteint le Ciel, car le Médiateur divin siège à la droite du Père. Comme Notre Seigneur béni a dit : *«Personne n'est jamais monté au Ciel ; mais il y en a un qui est descendu du Ciel»* (Jean 3:13). Il est l'échelle sur laquelle nous montons vers Dieu ; personne ne va au Père que par Lui.

Dans la mesure où chaque prêtre est un alter Christus, chacun de nous est une autre Échelle de Jacob — ayant des relations verticales avec le Christ au Ciel et des relations horizontales avec les hommes sur la terre.

Le sommet de l'Échelle :
Relation verticale avec le Christ au Ciel

Parmi les nombreuses manières dont nous sommes liés au Christ, notre Grand Prêtre au Ciel, deux méritent d'être mentionnées ici :

1. Notre vocation vient de Lui : « Sa vocation (celle du prêtre) vient de Dieu, comme celle d'Aaron ; nul ne peut s'arroger un tel privilège » (Hébreux 5,4).

2. Toute l'efficacité de notre prêtrise vient de Lui : les sacrements que nous administrons, la Vérité que nous prêchons, la grâce par laquelle les brebis perdues sont sauvées, les vocations des jeunes que nous encourageons, toute œuvre surnaturelle que nous accomplissons.

Que fait le Christ glorifié au Ciel pendant que nous exerçons notre prêtrise ? *«Il vit toujours pour intercéder en notre faveur»* (Hébreux 7,25). En utilisant des mots humains pour décrire les réalités Divines, nous pouvons dire qu'à chaque Messe offerte, Notre Seigneur montre à Son Père céleste les cicatrices de Ses mains, de Ses pieds et de Son côté; c'est précisément pour cette raison qu'Il les a gardées. À la Consécration de la Messe, nous pouvons imaginer Notre Seigneur disant : « Dans Ma Main, J'ai gravé leurs cœurs. Non pour leur mérite, mais par Mon amour jusqu'à la mort, accorde-leur des grâces par le Saint-Esprit. Mes plaies ont guéri, mais Mes cicatrices J'ai gardées, afin de toujours les tenir devant Toi, ô Père, comme gages de Mon amour. Si Tu ne pouvais frapper en justice le peuple pécheur parce que les mains levées d'Abraham s'interposaient, alors Mes Mains ne gagneront-elles pas pour eux la miséricorde que J'ai obtenue pour eux au Calvaire? Je ne suis pas seulement un *Sacerdos in aeternum; Je suis une Victima in aeternum.* »

Comment notre Grand Prêtre est-il entré dans le sanctuaire céleste? Par le déchirement du voile de Sa chair. L'Épître aux Hébreux (9:11) compare le voile qui pendait devant le Saint des saints à la chair humaine du Christ. Une seule fois par an, et après l'effusion de Sang en sacrifice, le Grand Prêtre pouvait passer à travers le voile qui cachait le Saint des saints. Ce n'est qu'après l'effusion de Son Sang au Calvaire que le Christ, le Grand Prêtre, a pu entrer dans le Saint des saints du Ciel.

La vie terrestre de Notre Seigneur pourrait être considérée comme menée en dehors du voile, puisque plusieurs des cérémonies d'expiation de l'Ancien Testament se déroulaient dans le sanctuaire, en dehors du Saint des saints. Dans un autre sens encore, la prédication et les miracles de Notre Seigneur étaient limités à une très petite partie du monde. Sa mission sur la terre était confinée à la Galilée et à la Judée. Mais après Son Ascension et la venue de l'Esprit, Sa prêtrise s'est exercée jusqu'aux extrémités de la terre. Sa nature humaine était un voile, qui L'a empêché pendant un temps de manifester Sa pleine gloire. Ce voile de la chair devait être déchiré sur le Calvaire avant qu'Il puisse entrer dans l'exercice plein et entier de Sa prêtrise.

Le Vendredi saint a vu une double déchirure du voile : l'une fut la déchirure du voile du Temple, déchiré de haut en bas. Cela signifiait que le Saint des saints serait désormais ouvert à tous les hommes :

Et aussitôt, le voile du temple se déchira en deux, de haut en bas.
(Matthieu 27:51)

Mais lorsque Notre Seigneur dit « Tout est accompli » (Jean 19:30), la chair humaine qui avait été un voile cachant l'Invisible à l'homme fut déchirée par la percée de Sa chair par la lance du centurion, et le Cœur de l'Amour Éternel fut révélé,

nous invitant à nous accrocher à l'espérance que nous avons en vue, l'ancrage de nos âmes. Sûr et immuable, il atteint ce sanctuaire intérieur au-delà du voile, que Jésus-Christ, notre escort, a déjà pénétré, grand prêtre, maintenant et éternellement avec la prêtrise de Melchisédek.

(Hébreux 6,18-20)

Tant que ce voile de la chair était en place, il empêchait l'homme d'avoir la pleine vision du Dieu Saint, ne le révélant que comme « un reflet confus dans un miroir » (1 Corinthiens 13,12). Mais la médiation et l'intercession sont devenues célestes après l'effusion du sang.

Le Grand Prêtre dans l'Ancien Testament pouvait s'émerveiller de la beauté du voile, mais il ne pouvait le franchir, sauf par le sang. Il en est ainsi avec le Christ :

C'est Son propre sang, non le sang des chèvres et des veaux, qui Lui a permis d'entrer, une fois pour toutes, dans le sanctuaire ; la rançon qu'Il a obtenue dure à jamais.
(Hébreux 9,12)

Et encore :

Nous pouvons entrer dans le sanctuaire avec assurance par le Sang du Christ.

(Hébreux 10,19)

Le déchirement du voile du Temple de haut en bas n'a pas été l'œuvre de l'homme, mais l'acte de Dieu. Ainsi, notre Rédemption n'est pas l'œuvre de l'homme, mais de Dieu devenu Homme.

Le Christ, notre seul Médiateur

La seule intercession est celle de notre Grand Prêtre dans le Ciel, car il n'y a pas d'autre nom donné aux hommes par lequel ils puissent être sauvés (Actes 4:12). Le sable du musulman, les pénitences de l'hindou, le quiétisme du bouddhiste ne sauraient suffire au salut. Si une preuve de cette affirmation était nécessaire, il suffirait de citer l'exemple de Moïse.

La raison pour laquelle Moïse ne fut pas autorisé à entrer dans la Terre promise fut qu'il désobéit au Commandement Divin et frappa le Rocher alors qu'il lui avait été ordonné seulement de lui parler. Deux incidents impliquant un Rocher sont rapportés dans l'histoire biblique de Moïse. L'un eut lieu à Réphidim, la deuxième année après qu'il les eut conduits hors de l'esclavage égyptien. L'autre eut lieu à Kadès, la 38e année de l'errance. Dans les deux cas, le peuple souffrait d'une grande soif et le Rocher les sauva, le Rocher qui, comme le dit Saint Paul, était le Christ (1 Corinthiens 10:4).

La première fois que le peuple eut besoin d'eau, Dieu dit à Moïse : « Tu n'as qu'à frapper ce Rocher » (Exode 17:6); et aussitôt en jaillit de l'eau. Environ trente-six ans plus tard, lorsqu'il y eut de nouveau une sécheresse aiguë, Dieu ordonna à Moïse de « commander au Rocher ici » (Nombres 20:8), c'est-à-dire « parler ». Au lieu de cela, parlant d'une manière égotiste, Moïse s'adressa au peuple :

Écoutez-moi, dit-il, rebelles sans foi ; allons-nous vous faire sortir de l'eau de ce Rocher ? (Nombres 20:10)

Puis Moïse frappa le Rocher au lieu de lui parler. Malgré son orgueil, Dieu donna l'eau à Moïse, mais Il lui dit qu'en punition il n'entrerait pas dans la Terre promise.

> *Pourquoi n'as-tu pas eu confiance en Moi, et n'as-tu pas manifesté Ma Sainteté aux yeux d'Israël ? Il ne te sera pas donné de conduire cette multitude dans la terre que Je veux leur donner.*
>
> (Nombres 20:12)

Le texte hébreu emploie un terme différent pour « rocher » dans les deux récits. Dans l'incident antérieur, c'est *Tsur*, ainsi nommé pour indiquer sa rudesse ; dans le second, *sela*, soulignant son élévation. De Saint Paul, nous savons que le rocher était le Christ. Nous pouvons donc supposer que le rocher rude que Dieu ordonna de frapper était le symbole du Christ frappé dans la rudesse de la Croix, de qui jailliraient les eaux de la Rédemption et de l'Esprit (Jean 7,39).

Le second rocher élevé, qui ne devait pas être frappé mais auquel on devait parler ou intercéder, n'est-il pas le symbole du Christ ressuscité et glorifié au Ciel, à qui il suffit de s'adresser pour recevoir les eaux vives (Jean 7,37) ? La Rédemption est déjà accomplie. Plus aucun Calvaire n'est nécessaire.

> *La mort qu'Il a subie était la mort, une fois pour toutes, au péché ; La vie qu'Il vit maintenant est une vie tournée vers Dieu.*
>
> (Romains 6:10)

Il n'y aura plus jamais de Rocher qui, frappé, fera jaillir les eaux de la vie éternelle. La Rédemption n'est qu'en Christ. Pourtant, Son rôle n'est pas achevé. Il continue d'être notre Avocat auprès du Père, et d'appliquer les fruits de la Rédemption. En cela aussi, Il diffère des prêtres de l'Ancien Testament.

> *Quelqu'un qui n'a pas besoin d'agir comme ces autres prêtres le faisaient... Ce qu'Il a fait, Il l'a fait une fois pour toutes ; et l'offrande fut Lui-même.* (Hébreux 7:27)

Le Prêtre est comme L'échelle de Jacob

Comment nos péchés pourraient-ils être pardonnés autrement que par Son pardon permanent ? Il ne fait aucun doute que les tribunaux civils sont d'une grande utilité pour trancher les différends. Mais qu'en est-il des grands péchés contre Dieu, non seulement dans l'Église, mais aussi en dehors ? Pour cela, nous avons besoin de la Rédemption Divine.

Les deux fils d'Élie ont abusé de leur charge par l'oppression et la débauche. Eux, en tant que prêtres, avaient droit à une certaine part des sacrifices animaux qui étaient Offerts ; au lieu de se contenter des parts que Dieu leur attribuait, ils volaient la viande que Dieu avait ordonné de brûler. À cette désobéissance, les jeunes prêtres ajoutaient l'impureté et le scandale, ce qui décourageait les fidèles de venir à la maison du Seigneur. Leur père leur dit :

Si l'homme fait du tort à l'homme, la justice de Dieu peut encore être satisfaite ; si l'homme pèche contre le Seigneur, qui plaidera sa cause pour lui ?

(1 Rois 2:25 [1 Samuel 2:25, RSV])

À cette question, ils ne pouvaient répondre.

Mais Dieu, en Son temps fixé, y répondit Lui-même, et la réponse est le Sang du Grand Prêtre dont l'acte éternel d'amour le prêtre a le pouvoir de renouveler dans le Sacrifice de la Messe. S'Il n'est pas invoqué, ou s'Il est rejeté, alors il n'y a pas de pardon.

Si nous continuons à pécher volontairement, une fois que la pleine connaissance de la Vérité nous a été accordée, nous n'avons plus de sacrifice pour le péché à espérer.

(Hébreux 10,26)

Qui pourra être notre adversaire si Dieu est de notre côté ? Il n'a même pas épargné Son propre Fils, mais L'a livré pour nous tous ; et ce don ne doit-il pas être accompagné du don de tout le reste ? Qui s'avancera pour accuser les élus de Dieu, lorsque Dieu nous acquitte ? Qui prononcera un jugement contre nous, lorsque Jésus-Christ, qui est mort, non, qui est ressuscité, et qui siège à la droite de Dieu, intercède pour nous ? Qui nous séparera de l'amour du Christ ?

(Romains 8,31-35)

Notre relation spécifique en tant que prêtres est au sommet de l'échelle. Il nous revient de contacter l'Amant Éternel au Ciel Qui « vit toujours pour intercéder en notre faveur » (Hébreux 7,25).

La prêtrise du Christ au Ciel est une prêtrise permanente et continue. Quoi que l'homme puisse nécessiter en tant qu'homme dans chaque circonstance d'effort, de combat ou de péché, il bénéficie d'une intercession efficace par le Christ Qui plaide notre cause auprès du Père :

...si l'un de nous venait à tomber dans le péché, nous avons un Avocat qui plaide notre cause devant le Père dans le Juste, Jésus-Christ. Il est, en sa propre personne, l'expiation pour nos péchés, et non seulement pour les nôtres, mais aussi pour les péchés du monde entier. (1 Jean 2:1,2)

C'est le côté vertical de notre prêtrise, par lequel nous entrons en contact avec le Saint des saints, et par lequel nous avons le droit d'être appelés *«ministros Christi»*. À chaque instant de notre prêtrise, nous sommes ou devrions être en contact avec l'Intercesseur Divin. Trop souvent, lorsqu'une personne demande de l'aide dans la détresse et expose au prêtre son âme déprimée, nous lui disons de prier. Certainement ! Mais intercédons-nous ? Nous avons une communication directe avec l'Avocat Divin ; nous jouissons des privilèges d'un ambassadeur. Dire à celui qu'il est de notre devoir d'aider qu'il doit prier alors que nous n'intercédons pas, c'est être infidèle à notre haute charge. Offrir la Messe de temps à autre pour tous ceux qui *«peinent et sont accablés»* (Matthieu 11,28) est le signe d'un prêtre saint qui connaît le chemin vers le Saint des saints.

Le bas de l'échelle :
Relations horizontales avec le peuple

Pour être notre prêtre, le Christ a assumé la nature humaine. Nous poursuivons également Sa prêtrise non seulement en ayant contact avec Lui au Ciel, mais aussi en demeurant humains et en Lui parlant au nom de toute l'humanité. Verticalement, nous sommes liés au Christ au Ciel ; Horizontalement, nous sommes liés aux hommes sur la terre. Comme le Christ a pris sur Lui nos infirmités et a porté nos maux, ainsi nous sommes aussi les représentants de l'humanité pécheresse :

> *Le but pour lequel tout grand prêtre est choisi parmi ses semblables et fait représentant des hommes dans leurs relations avec Dieu est d'offrir des dons et des sacrifices en expiation de leurs péchés. Il est qualifié pour cela en pouvant compatir à eux lorsqu'ils sont ignorants et commettent des erreurs, puisqu'Il est lui-même tout entouré d'humiliations.*
>
> (Hébreux 5:1,2)

Pourquoi Notre Seigneur a-t-Il choisi des êtres aussi faibles que nous? Chacun de nous connaît beaucoup de personnes qui auraient assurément été plus réceptives à la grâce de l'ordination. Il serait une insulte à la Sagesse Divine de s'imaginer être le meilleur matériau disponible. Pourquoi Dieu n'a-t-Il pas choisi les anges pour faire le lien entre les pécheurs et Dieu? Parce que la sympathie, la compassion, la souffrance partagée que seul celui qui a souffert connaît, manquerait expérimentalement à l'ange. Notre Seigneur Lui-même a assumé la « nature d'esclave » (Philippiens 2:7), afin de partager plus précisément nos douleurs et nos blessures. Personne ne pourra jamais dire que Dieu ignore ce que c'est que de souffrir comme Il souffre. Même la seule chose absente de Sa nature humaine, la qualité de féminité, Il l'a compensée autant que possible en appelant « la Femme » à partager (autant que Marie le pouvait) Sa Passion avec Lui.

Le Prêtre est comme L'échelle de Jacob

Même en dehors de Sa Passion, tout ce qu'Il faisait pour l'homme, par compassion pour ses maux, Lui « coûtait » quelque chose. Il ne s'est jamais immunisé contre nos infirmités. Il semblait même perdre quelque chose lorsqu'Il guérissait : «*une puissance est sortie de Moi*» (Luc 8,46). Il gémit lorsqu'Il ressuscita Lazare. «*Et Jésus... soupira profondément, et s'émut en Lui-même*» (Jean 11,33).

Nous ne célébrons jamais la Messe ni ne récitons notre Bréviaire en tant qu'individus. C'est une des raisons pour lesquelles un servant ou un autre doit assister à la Messe. Et bien que la Messe soit offerte au Père céleste par l'Église, son intercession ne s'adresse pas seulement à l'Église, mais aussi à ceux qui ne sont pas encore de la maison d'Israël, à qui nous sommes également envoyés. Tel est le sens de ces paroles que nous récitons à l'Offertoire lorsque nous offrons dans les quatre directions de la terre le calice du Salut *« pro nostra et totius mundi salute. »*

Le prêtre dans l'Ancien Testament recevait des instructions détaillées qui soulignaient son lien avec son peuple.

> *Et chaque fois qu'Aaron entre dans le sanctuaire, il portera sur sa poitrine, sur l'éphod qui donne conseil, les noms des fils d'Israël, rappelant éternellement le Seigneur à leur mémoire. Et dans l'éphod qui donne conseil, tu mettras les pierres de touche de la sagesse et de la vérité. Celles-ci seront sur la poitrine d'Aaron lorsqu'il entrera en la Présence du Seigneur; tant qu'il y sera, il portera sur sa poitrine l'arbitrage des fils d'Israël.*

(Exode 28,29-30)

Les noms sur les pierres d'épaule peuvent être compris comme le fardeau que son peuple représentait pour lui, tout comme la Croix serait notre fardeau. Mais le pectoral, placé sur le Cœur, indiquait qu'il les portait encore avec affection et Amour. En raison de nos relations horizontales avec le monde, nous devons porter le nom de l'Homme en chacun dans nos Cœurs, et ce non seulement dans notre prière privée, mais chaque fois que nous offrons le sacrifice de réparation et d'intercession larmoyante au grand Grand Prêtre dans le Ciel. Les intentions de nos Messes dépassent celles de ceux qui les ont demandées. Ils embrassent les fidèles et le monde.

Écoutez comment les prêtres, qui attendent le Seigneur, se lamentent entre le porche et l'autel, criant à haute voix : Épargne ton peuple, Seigneur, épargne-le ; ton peuple élu, ne les expose pas à la honte d'obéir à des maîtres païens !

(Joël 2,17)

Toujours touchés de sympathie pour les infirmités humaines, nous portons le fardeau des nations dans nos cœurs. Entre le sanctuaire et le tabernacle, revêtus des ornements qui nous identifient comme les représentants du Christ, nous parlons pour les muets, expions pour les pécheurs, plaidons pour les Judas et intercédons pour ceux « *qui ne savent pas ce qu'ils font* » (Luc 23,34).

L'intercession du prêtre devant le trône de Dieu doit être une intercession en larmes. En cela, notre Grand Prêtre nous a donné un exemple de sympathie humaine, car Il a pleuré trois fois : une fois pour le chagrin, la misère, la désolation et la mort humaines, au tombeau de Lazare ; Une fois pour une ville, une civilisation, une culture en déclin, un gouvernement pourrissant, des prêtres corrompus, à Jérusalem; Finalement, pour le péché humain, l'orgueil, la cupidité, l'égoïsme, et tout ce catalogue de maux capitaux, à Gethsémani. Si nous commençons (comme nous devons) par le bas de l'échelle, en ayant compassion de tous les hommes, rien de ce qui arrive aux autres ne nous est étranger. Leur douleur est notre douleur, leur pauvreté notre pauvreté. Peu importe à qui appartiennent les âmes qui s'épuisent, peu importe à qui appartiennent les mains qui portent de lourds fardeaux, notre réaction est toujours la même. « Mon malheur, » crions-nous dans le profond de notre propre esprit co-souffrant affligé, « ma douleur, ma croix! »

Comment l'intercession affecte Notre Messe

Étant donné notre identification avec ceux qui sont ignorants et commettent des erreurs (Hébreux 5:2), nos pensées seront leurs pensées lorsque nous offrirons le Saint Sacrifice de la Messe.

À l'Offertoire, par exemple, nous verrons toute l'humanité sur la patène et dans le calice. Comme Notre Seigneur a obtenu les premiers éléments de Son propre Corps humain d'une Femme, ainsi pour l'Eucharistie Il prend le pain et le vin de la terre. Le pain et le vin sont ainsi représentatifs de l'humanité. Deux des substances qui ont le plus largement nourri l'homme sont le pain et le vin. Le pain a été appelé la moelle de la terre; le vin, son Sang même. En donnant ce qui a traditionnellement constitué notre chair et notre Sang, nous offrons de manière équivalente toute l'humanité sur la patène.

Le peuple n'apporte plus le pain et le vin comme dans l'Église primitive, mais leurs contributions à la quête de l'Offertoire permettent l'achat du pain et du vin. Il y aurait moins de résistance à la quête si nous faisions davantage d'efforts pour la présenter comme un symbole de l'incorporation de toute la communauté dans le Sacrifice de la Messe. De même, nous pourrions à la fois édifier et obtenir la bénédiction du Seigneur si nous donnions généreusement à chaque quête à laquelle nous demandons au peuple de contribuer. Pourquoi devrions-nous être exemptés d'un sacrifice pour la Propagation de la Foi lors du Dimanche des missions ? « Sois aussi généreux que possible » n'est qu'un discours vain, si la générosité du pasteur n'a pas précédé celle de son troupeau.

Avant que le pain puisse être déposé sur la patène et le vin versé dans le calice, combien d'éléments du monde économique, financier et technique ont dû être mis en œuvre ! Le blé nécessitait des agriculteurs, des champs, des sacs, des camions, des moulins, le commerce, la finance, l'achat et la vente. Les raisins exigeaient des vignobles, des bouteilles, des pressoirs, du temps, de l'espace, de la chimie, mille ans de savoir-faire accumulé.

À l'Offertoire, nous rassemblons donc le monde entier dans la modeste étendue d'une patène et d'un calice. Chaque goutte de sueur, chaque jour de travail, les décisions de l'économiste, du financier, du dessinateur et de l'ingénieur, chaque effort et invention ayant contribué à la préparation des éléments de l'Offertoire sont symboliquement rachetés, justifiés et sanctifiés par notre acte. Nous apportons non seulement l'homme racheté, mais aussi la création non rachetée aux marches du Calvaire et au seuil de la Rédemption.

Comme le blé que Marie a mangé et le vin qu'elle a bu sont devenus une sorte d'Eucharistie naturelle pour préparer l'Agneau de Dieu Qui allait se sacrifier pour le monde, ainsi toutes les choses matérielles sont sanctifiées par l'Offertoire de la Messe.

Dans la Consécration, le Christ renouvelle Son sacrifice d'une manière non sanglante. L'acte d'amour qui a motivé ce sacrifice est éternel, car Il est l'Agneau «*immolé en sacrifice depuis la création du monde*» (Révélation 13:8). Ce que le prêtre fait chaque fois qu'il prononce les paroles de la Consécration, c'est d'appliquer le Calvaire et ses fruits à un lieu particulier et à un moment précis. Localisé en un point dans l'espace et un instant dans le temps, le Calvaire est désormais universalisé dans l'espace et le temps. Le prêtre prend la Croix du Calvaire avec le Christ encore suspendu dessus, et il la plante à New York, Paris, Le Caire, Tokyo, ainsi que dans la mission la plus pauvre du monde. Nous ne sommes pas seuls à l'autel ; nous sommes en relations horizontales avec l'Afrique, l'Asie, notre propre paroisse, notre ville — avec tous.

Accrochées à la chasuble de chaque prêtre, par exemple, se trouvent 600 millions d'âmes en Chine qui ne connaissent pas encore le Christ. Lorsque le prêtre prend la Hostie dans sa main, il contemple des doigts noueux, marqués par l'esclavage dans les mines de sel de Sibérie. Alors qu'il se tient devant l'autel, ses pieds sont les pieds ensanglantés des réfugiés marchant vers l'ouest, vers des fils barbelés au-delà desquels se trouve la liberté. La flamme des chandelles reflète le flux des hauts fourneaux entretenus par des hommes émaciés à qui l'on refuse la justice économique pour leur travail. Les yeux qui contemplent la Hostie sont humides des larmes de la veuve, des souffrants et de l'orphelin. L'étole est une écharpe dans laquelle le prêtre porte sur son épaule des pierres vivantes, le fardeau des Églises, les missions du monde entier. Il traîne toute l'humanité jusqu'à l'autel, où Il unit le Ciel et la terre. Car ses mains élevées à la Consécration se fondent dans les Mains du Christ au Ciel, qui « vit encore pour intercéder en notre faveur » (Hébreux 7,25).

Dans l'Offertoire, le prêtre est comme un Agneau conduit à l'abattoir. Dans la Consécration, Il est l'Agneau immolé en tant que Victime sacrificielle. Dans la Communion, Il découvre qu'Il n'est pas mort du tout, qu'au contraire Il est vraiment venu à la Vie abondante qui est l'union avec le Christ. Celui qui se livre à la matière et se laisse posséder par elle est comme un homme qui se noie, alourdi par l'eau qui est entrée et a pris possession de ses poumons. Un tel homme ne peut jamais se retrouver lui-même. Mais là où la remise est à Dieu, nous nous retrouvons ennoblis et enrichis. Nous découvrons que notre mort n'était après tout pas plus permanente dans la Consécration que ne l'était la mort du Calvaire, car la Sainte Communion est une sorte de Pâques. Nous abandonnons notre temps, et recevons Son éternité; nous abandonnons notre péché, et recevons Sa grâce; nous abandonnons les amours mesquins, et recevons la Flamme d'Amour.

Dans cette union avec le Christ, nous ne sommes pas seuls, car la Communion n'est pas simplement l'union de l'âme individuelle et du Christ; elle unit le Christ à tous les membres du Corps mystique et, de manière étendue, par la prière, à toute l'humanité.

> *Le Pain unique fait de nous un seul Corps, bien que nous soyons nombreux en nombre; le même Pain est partagé par tous.*
> (1 Corinthiens 10:17)

Partager le Corps du Christ dans la Sainte Communion efface toutes les distinctions accidentelles de race, de classe ou de condition. Ici, nous sommes un avec toute l'humanité rachetée, et indirectement avec la terre, dont le Christ a décrit Ses vrais disciples comme le sel.

Mais nous qui offrons ce calice et mangeons de ce Pain devons constamment nous rappeler que cette charge sacerdotale impose des obligations spirituelles. Les Israélites dans le désert furent nourris de manne durant leur voyage et burent de l'eau du Rocher, et pourtant

Pourtant, Dieu fut mécontent de la plupart d'entre eux ; Voyez comment ils furent abattus dans le désert.

(1 Corinthiens 10:5)

Ce n'est pas parce qu'on reçoit la Communion que l'on est sauvé. Il ne nous sert à rien d'être prêtres à moins d'être victimes, car seuls ceux qui meurent avec Lui vivront avec Lui.

Notre besoin de mourir en Christ avant de pouvoir vivre pour Christ reflète l'une des grandes différences entre le Grand Prêtre et ses prêtres humains ; Il était sans péché, mais nous ne le sommes pas. Ainsi, le prêtre doit offrir la Messe, non seulement pour le peuple, mais aussi — et cela est souvent oublié — pour lui-même :

Et, pour cette raison, il doit nécessairement présenter des offrandes pour le péché pour lui-même, tout comme il le fait pour le peuple.

(Hébreux 5:3)

Sur la Croix, Notre Seigneur, en tant que prêtre, implora le pardon pour les pécheurs : « Père, pardonne-leur » (Luc 23:34) ; Sans péché, Il ne demanda aucun pardon pour Lui-même. Avec nous, au contraire, il n'en est pas ainsi. Nous devons offrir le Saint Sacrifice pour nos propres manquements et péchés.

Le prêtre de l'Ancien Testament était tenu d'offrir pour lui-même un sacrifice plus grand, un animal plus précieux. Puisque ses bénédictions étaient plus abondantes, ses péchés l'étaient également.

Il offrira le taureau pour intercéder en sa faveur.

(Lévitique 16,6)

L'analyse de ce texte, développée dans l'Épître aux Hébreux, a tellement impressionné l'auteur lorsqu'il était séminariste qu'il résolut de ne laisser passer aucune semaine de sa vie sacerdotale sans offrir une Messe en l'honneur de Notre-Dame et au Grand Prêtre, en réparation de ses manquements et péchés. Cette résolution, il l'a tenue pendant des décennies et espère, par la grâce de Dieu, la garder jusqu'à ce que la Miséricorde divine l'appelle enfin à l'union éternelle avec l'Amoureux Suprême.

Conclusion

Aucun prêtre ne devrait jamais agir de manière à ce que la remarque de Jacob à son propre sujet puisse s'appliquer à ses méditations sur la prêtrise. Lorsque Jacob se leva de sa vision à Béthel, il dit :

Voici, c'est ici la demeure du Seigneur, et je ne le savais pas !
(Genèse 28:16)

Comme Jacob n'a pas reconnu la proximité de Dieu, le prêtre manque souvent de reconnaître la grandeur de son appel. Combien de fois dormons-nous, insouciants de l'Eucharistie, Son lieu d'habitation ! Ce n'est que dans de rares moments que nous prenons la terrifiante conscience de notre vocation. Nous sommes plus conscients du bas de l'échelle que du sommet. L'humanité nous est plus proche ; nous pouvons la sentir. Mais le sommet n'est visible que par la Foi. Il faut une sorte de Luza, une séparation du monde, pour nous faire voir Béthel, la Maison de Dieu. Notre prêtrise s'illumine au mieux dans les feux de la condition de Victime. Nous devenons significatifs pour nos semblables non pas en étant un « gars ordinaire », mais en étant « un autre Christ ». Notre efficacité au bas de l'échelle dépend de notre communication avec le sommet. La popularité n'est pas nécessairement une influence. « Malheur à vous, » dit Notre Seigneur, *«lorsque tous les hommes parlent bien de vous»* (Luc 6:26). La plus grande est notre compassion pour les autres et notre capacité à les élever lorsque nous sommes descendus du Ciel (Jean 3,13). Le bas de l'échelle se découvre mieux depuis le sommet.

Première application :
Séparation du Monde

Bien que, en tant que prêtres, nous soyons pris parmi les hommes et devions donc ne jamais être insensibles à leurs afflictions, bien que nous soyons dans le monde, nous n'en sommes jamais, car notre Grand Prêtre nous a appelés hors de ce monde. L'Épître aux Hébreux présente une raison profonde pour laquelle cela doit être ainsi :

> *Allons aussi vers Lui hors du camp, portant son opprobre.*
> (Hébreux 13,13)

Que signifiait « hors du camp » ? Cela signifiait être le rejeté du monde. Le « camp » dans l'Écriture était la ville de Jérusalem, le centre religieux du monde. Le Temple l'avait expulsé, les prêtres l'avaient livré aux païens ; Ils Lui refusèrent un lieu pour mourir dans la ville, tout comme ils Lui refusèrent une auberge à Sa naissance. À l'extérieur du camp se trouvait toujours le lieu du reproche. C'est là que les déchets et les ordures étaient déposés.

> *Et maintenant, pour réparer sa faute, ... la peau et toute la chair... il les emportera hors du camp... et les brûlera sur un feu de bois.*
> (Lévitique 4:8,11,12)

À moins que le monde ne voie une différence dans les lieux que nous fréquentons, dans nos activités et dans les plaisirs auxquels nous nous adonnons, dans le langage que nous employons, dans notre tenue, il ne respectera pas notre témoignage. Séparés du monde, séparés pour Dieu : tels sont les aspects négatifs et positifs de notre prêtrise.

En effet, plus nous jouissons de succès et de prestige dans le monde, plus les honneurs nous sont accordés, plus nous devons refuser de nous prévaloir des récompenses et consolations mondaines. La tentation d'être « du monde » devient grande lorsqu'un prêtre se voit imposer la popularité parce que son ministère l'appelle à utiliser les médias de masse, la presse, la télévision ou la radio. Alors plus que jamais, Il doit se rappeler qu'être populaire est une chose, être influent en est une autre. Le pape Jean XXIII a un jour rendu grâce à Dieu parce qu'un ecclésiastique bien connu, qui avait beaucoup de succès auprès de toutes les classes sociales, avait souffert. C'est ce qui le maintient humble, disait-il. Dans la mesure où nous cherchons ce que le monde peut offrir, nous devenons incapables de donner ce dont le monde a besoin. Les grandes inspirations viennent dans le désert, ou à l'écart du monde.

La Parole de Dieu vint sur Jean, le fils de Zacharie, dans le désert.

(Luc 3,2)

Le silence constitue une part intégrante de cette solitude. Il n'est pas toujours convenable de dire tout ce que nous savons.

Ne jetez pas vos perles aux pourceaux.

(Matthieu 7,6)

Certains aiment parler sans fin de religion, comme Hérode, jusqu'à ce que Jean le Baptiste révèle le propre problème moral d'Hérode. La religion est moins un sujet de discussion qu'un appel à la décision.

Assure-toi de ne le dire à personne.

(Matthieu 8:4)

Veille à ce que personne n'en entende parler.

(Matthieu 9:30)

Notre Grand Prêtre se tient entre nous et les démonstrations d'applaudissements populaires, d'approbation superficielle. Comme l'Échelle de Jacob, bien que nous soyons enracinés dans la terre, nous devons être soutenus par le Ciel, sinon il n'y a ni montée ni descente des anges. À chaque instant de notre apostolat, le monde doit dire de nous ce que le Sanhédrin disait de Pierre et Jean après la Résurrection, qu'ils « les reconnurent maintenant comme ayant été en compagnie de Jésus » (Actes 4:13). Si les feux qui enflamment notre activité ne sont pas la flamme du Saint-Esprit, nous ne sommes que « bronze qui résonne, ou cymbales qui retentissent » (1 Corinthiens 13:1).

Chaque prêtre devrait méditer fréquemment sur les deux prêtres nouvellement ordonnés, les fils d'Aaron. Aaron et Moïse avaient offert leurs sacrifices et Dieu avait manifesté son approbation en les consumant par un feu miraculeux. Les nouveaux prêtres, Nadab et Abiu, sans attendre d'instructions, se préparèrent à rendre à Dieu Son don par l'offrande d'encens, qui symbolisait la prière. Mais ils allumèrent leurs encensoirs, non pas avec le feu sacré de l'autel (Lévitique 16,12), mais avec un feu étrange que Dieu avait interdit.

Il y avait deux fils d'Aaron, Nadab et Abiu, qui prirent leurs encensoirs et y mirent des charbons et de l'encens, pour brûler un feu profane en présence du Seigneur, non selon Son commandement ; alors le Seigneur envoya un feu qui les dévora, et ils moururent là en présence du Seigneur.

(Lévitique 10,1-2)

Ce qu'était ce feu étrange qu'ils offrirent, nous l'ignorons. Tout ce que nous savons, c'est qu'en arrivant à la porte du tabernacle où se tenaient Moïse et Aaron, ils furent frappés par une flamme dévorante. Ils avaient utilisé un feu du monde, non le feu de Dieu, symbole du Saint-Esprit.

La scène rappelle une autre similaire décrite dans les Actes des Apôtres (5, 1-10), la destruction d'Ananias et Saphira, qui n'ont pas utilisé l'Esprit de la Pentecôte dans leur don, tout comme Nadab et Abiu n'ont pas utilisé le feu de Dieu dans leur prêtrise. Le feu que l'on allume soi-même ne fait pas un sacrifice agréable à Dieu. Seul l'Esprit de Dieu peut fournir un feu acceptable.

Ceux qui suivent la conduite de l'Esprit de Dieu sont tous fils de Dieu.

(Romains 8, 14)

Plus les hommes sont proches de Dieu, plus ils sont exposés au contact de Ses mains châtiantes. Ce qui pourrait passer inaperçu chez d'autres sera puni chez eux.

Le prêtre qui ne dépend pas du Saint-Esprit, mais cherche à fournir un feu ou un esprit de lui-même, provoque le Seigneur par présomption. Dieu n'accepte que ce que Son Esprit inspire. Nous devons rendre à Dieu ce qu'Il a donné. Il rejette toutes les contrefaçons. Il aura le feu Divin ou rien. Sinon, le feu de l'approbation Divine devient le feu de la colère Divine. Le feu étrange fut puni par le feu sacré. Le feu de Dieu éteignit leurs encensoirs ainsi que la lumière de leur vie.

Deux fois, il nous est rappelé que Nadab et Abiu n'avaient pas d'enfants (Nombres 3:4 et 1 Paralipomena 24:2 [1 Chroniques 24:2, RSV]). Les prêtres dont le ministère n'est pas inspiré par le Saint-Esprit ont une prêtrise stérile. Elle ne se perpétue pas par les vocations. S'ils manquent de l'Esprit du Christ, ils manqueront aussi de progéniture spirituelle. La vie sacerdotale enflammée par le *ignis alienus* du monde ne peut vieillir avec le réconfort des jeunes prêtres dont elle a favorisé les vocations. Mais le prêtre enflammé par le Saint-Esprit ne sera jamais stérile. Sa paroisse et son école fleuriront de vocations. Ainsi, chaque prêtre possède une mesure du feu qui embrase son âme. Les Nadabs et les Abius ne peuvent enflammer l'amour du Christ, mais y eut-il jamais un Paul sans un Timothée?

Deuxième application : Perte de notre ego

Le Christ notre Grand Prêtre, l'Échelle de Jacob, n'était pas une Personne humaine, bien qu'Il eût une nature humaine. Son humanité n'était pas le centre de la personnalité; la nature humaine n'avait aucune existence concevable en dehors de la Parole Éternelle qui l'a appelée à l'être et l'a rendue sienne.

Le Prêtre est comme L'échelle de Jacob

La nature humaine était un vêtement avec lequel Il revêtait Sa Personne Divine, ou plutôt un *instrumentum conjunctum Divinitatis* par lequel Il agissait sur l'humanité. Ce n'était pas un instrument séparable, comme un crayon l'est de la main de l'écrivain, mais un instrument éternellement uni à la Parole, même maintenant au ciel, en gage, modèle et prototype de notre résurrection et de notre gloire.

Par l'instrumentalité de cette nature humaine, Notre Seigneur béni a exercé trois offices. Il fut Maître, Roi et Prêtre; ces trois offices qu'Il a communiqués à Son Église pour être exercés par les instruments humains qu'Il a choisis pour être Ses ministres. Par conséquent, dans Son Corps mystique, Il continue encore d'enseigner, de gouverner et de sanctifier. Ce qu'Il a fait par le Corps qu'Il a pris de Marie, Il le fait maintenant par le Corps qu'Il a pris de l'humanité et qu'Il a rempli de Son Esprit à la Pentecôte.

Maintenant, si notre Médiateur a réuni Dieu et l'homme, le Ciel et la terre, l'éternité et le temps, dans l'unité de Sa Personne divine, qu'est-ce que cela signifie pour nous, prêtres? Comment cela affecte-t-il l'idéal de la prêtrise dans l'Église? Ce que cela fait spécifiquement, c'est submerger la personnalité humaine du prêtre afin qu'il puisse dire : « Je ne suis plus à moi-même. » La personnalité humaine répond à la question : « Qui est-ce? » Notre nature humaine répond à la question : « Qu'est-ce? » Le prêtre qui continue la Vie du Christ cherche à être un avec Lui si complètement que la personnalité qui gouverne chacune de ses pensées, paroles et actions est la Personnalité même du Christ. Comme la nature humaine du Christ n'avait pas de personne humaine, ainsi le prêtre cherche à n'avoir aucune source de responsabilité autre que le Christ Lui-même. Nous nous efforçons d'éliminer le « Ego » et de substituer le *« Christus-Sacerdos-Victima. »*

Bien que l'Union hypostatique ne puisse jamais être répétée, chaque prêtre doit tenter, d'une manière lointaine et imparfaite, de la reproduire dans sa prêtrise. Nous cherchons aussi à avoir « deux natures en une seule Personne ». Une nature que nous avons héritée d'Adam ; L'autre « nature » est la grâce, par laquelle nous sommes rendus « participants de la Nature divine ». Bien que, au sens strict, elles ne soient pas semblables aux deux natures en Christ, elles contribuent à mettre en lumière le problème de notre « ego ». L'idéal est de submerger ainsi notre personnalité dans la Personne du Christ, afin de penser avec Lui, vouloir ce qu'Il veut, faire de Lui la source de notre responsabilité et de notre puissance.

Si un peintre ressentait le besoin de créer une belle œuvre mais ne disposait que d'une toile qui ne lui appartenait pas, il pourrait décider que cela ne vaudrait pas l'effort. L'analogie peut s'appliquer au grand Prêtre ; Si Il ne nous possède pas, si Il n'est pas la Personnalité directrice de toutes nos actions, Il ne travaillera pas à travers nous comme Il agit à travers ceux qui Lui appartiennent. Nous agissons trop par notre propre puissance, et non par la Sienne.

Moi, en tant que personne, j'utilise un crayon comme instrument. Si le crayon était doté de sa propre personnalité, il pourrait dire : « Je ne veux pas écrire », ou « Je monterai quand tu voudras que je descende », ou « Je vais émousser ma pointe. » Il y aurait peu de choses que je pourrais faire avec cet instrument. Il en est de même pour nous, si notre personnalité est en conflit avec la Sienne ; ou si elle possède un petit jardin secret d'un amour mesquin ou d'un péché secret, auquel Il ne peut accéder. Dans un tel cas, la faute de notre prêtrise ne vient pas de Lui, mais de nous. Notre ego « frustre » la Divinité. Il veut une chose ; nous en voulons une autre. Nous ne devenons que des barreaux brisés de l'échelle vers le Ciel.

Peut-être que l'hérésie nestorienne est encore vivante aujourd'hui — et en nous ? Nestorius enseignait qu'il y avait deux personnes en Christ. Ne vivons-nous pas parfois comme s'il y avait deux personnes en nous ; La personne qui désire être riche et la Personne du Christ Qui n'avait pas où reposer Sa Tête ? La personne qui cherche à fuir le travail, et la Personne du Christ Dont les plus grandes conversions eurent lieu lorsqu'Il était fatigué ? La personne qui ne fait jamais de converti, et la Personne du Christ Qui est toujours à la recherche de la brebis perdue.

Le Prêtre est comme L'échelle de Jacob

Il nous a appelés en tant que personnes à la prêtrise, nous ordonnant de nous crucifier nous-mêmes, de nous dépouiller de notre égo et de nous rendre vides, réceptacles du trésor céleste. C'est pourquoi il nous est ordonné de vivre une vie « cachée avec le Christ en Dieu ». Ce n'est que dans l'oubli de soi que le Christ règne en nous.

Au Christ Crucifié

Je ne suis pas ému à T'aimer, ô mon Seigneur,
Par aucun désir de Ta Terre promise ;
Ni par la crainte de l'enfer je ne suis abattu
Pour cesser mon acte ou parole transgressifs.

C'est Toi-même qui me remues — Ton Sang versé
Sur la Croix des pieds et mains cloués ;
Et toutes les blessures qui ont marqué Ton Corps ;
Et toute Ta honte ainsi que l'amère récompense de la Mort.

Oui, à Ton Cœur je suis si profondément ému
Que je T'aimerais même s'il n'y avait pas de Ciel au-dessus —
Que je craindrais, si l'enfer n'était qu'un conte absurde !
Tel est mon désir, toute interrogation devient vaine ;
Même si l'espérance me refuse l'espérance, je soupirerais encore,
Et comme mon Amour est maintenant, il devrait demeurer.

Traduit par Thomas Walsh*
Du livre *An Introduction to Spanish Literature*,
par George Tyler Northup, Université de Chicago.

Comme le scientifique apprend les secrets de la nature en se tenant passif devant elle, ainsi nous apprenons les mystères de notre Grand Prêtre en restant passifs devant Lui. La nature ne dévoilerait jamais les pages de sa Loi, si le scientifique imposait son esprit sur elle ; ainsi non plus le Grand Prêtre ne nous conférera cette plénitude de puissance, à moins que nous soyons comme des vases vides devant Lui. Saint Paul dit qu'il a réprimé sa propre volonté et s'est rendu faible en tout ce qui concernait sa personnalité, afin qu'il puisse croître en lui-même dans la puissance de Dieu.

Mais Il m'a dit : Ma grâce te suffit ; Ma puissance s'accomplit pleinement dans ta faiblesse. Plus que jamais, donc, je me glorifie de mes faiblesses qui m'humilient, afin que la puissance du Christ repose sur moi. (2 Corinthiens 12:9)

Il n'y a rien que Dieu ne puisse faire sans moi. Mais Il a choisi de faire beaucoup de choses par mon intermédiaire, à condition que je sois un instrument souple entre Ses mains. La véritable continuation de la prêtrise est donc de nous donner tout entiers au grand Prêtre, au point de n'avoir aucun autre sentiment, émotion ou désir que le Christ Lui-même :

Le vôtre doit être le même esprit que celui que Christ Jésus a manifesté.

(Philippiens 2:5)

Pourquoi, lorsque la terre devait être partagée entre les douze tribus, la tribu de Lévi n'a-t-elle rien reçu ? Parce que c'était la tribu de la prêtrise. De quoi avaient-ils besoin puisqu'ils possédaient le Seigneur ? Quelle leçon !

C'est pourquoi les Lévites n'ont pas de terres qui leur soient attribuées comme leurs frères, le Seigneur ton Dieu leur a promis qu'Il serait Lui-même leur portion.

(Deutéronome 10:9)

Troisième application :
L'importance de l'Ex Opere Operantis

Lorsque nous agissons au nom de l'Église en dispensant les sacrements, nous sommes des instruments de Dieu par lesquels la grâce est conférée par la simple exécution de l'action, ou comme disaient les scolastiques, ex *opere operato*. La lumière du soleil n'est pas altérée en passant à travers une fenêtre sale. Dieu peut écrire droit avec des lignes courbes. Une personne pourrait être aussi valablement baptisée par un Judas que par un Pierre.

Cela est vrai pour les sacrements. Mais le prêtre est tenu d'accomplir bien d'autres devoirs : consoler les malades, prêcher l'Évangile, convertir les pécheurs, exciter les âmes à la pénitence, favoriser les vocations, et tous ces devoirs exigent notre propre sacrifice, notre détachement et la laborieuse formation de nous-mêmes à l'image du Christ. L'efficacité de telles actions *ex opera operantis* requiert l'abandon de notre personnalité au Christ.

En parlant des actions du Christ, les théologiens affirment que tout ce qu'Il a accompli était un acte divin, car Il était une Personne divine, principe qu'ils expriment par l'énoncé *actiones sunt suppositorum*. Ce principe peut, par analogie, s'appliquer au prêtre. Toutes les actions de sa nature doivent être attribuées à la Personne du Christ :

> *Quoi que vous fassiez, en parole comme en action, invoquez toujours le nom du Seigneur Jésus-Christ, offrant vos actions de grâce à Dieu le Père par Lui.*
>
> (Colossiens 3,17)

Nous agissons, vivons, pensons, prêchons non en notre nom ni en notre personnalité, mais en Son nom. Nous ne sommes que des branches. Il est la Vigne (Jean 15,1-10). La vigne et les branches ont la même vie, sont nourries par la même sève, et travaillent ensemble à la production du même fruit. Ils ne forment qu'un seul être, ils ont une seule et même action. Notre unité en Lui est si totale que nous crions avec Paul :

> *Je suis suspendu à la Croix, et pourtant je suis vivant ; ou plutôt, ce n'est pas moi ; c'est le Christ qui vit en moi.*
>
> (Galates 2,20)

Notre dignité sublime ne consiste pas exclusivement dans le caractère sacerdotal conféré par les Saints Ordres, mais dans ce que ce caractère exige aussi comme complément, à savoir que le Christ prenne la place de notre personnalité. Alors nous grandissons en Christ comme Marie l'a fait. Assurément, Notre Sainte Mère était plus riche spirituellement le jour de Noël que le jour de l'Annonciation ; plus riche à Cana qu'à Bethléem, plus riche au Calvaire qu'à Cana, et plus riche dans la Chambre Haute à la Pentecôte qu'au Golgotha.

L'idéal est donc d'avoir la Personne du Christ comme unique source de notre responsabilité tant dans les actes qui produisent leur effet *ex opere operato* que dans ceux qui sont fructueux *ex opere operantis*. Notre vie pécheresse ne détruit pas la valeur essentielle du premier genre. Lorsque dans le confessionnal le prêtre dit : « Je vous absous », c'est le Christ Qui absout ; Lorsqu'à la Messe Il dit : « Ceci est Mon Corps », c'est le Christ Qui offre Son Corps au Père. Il en va de même pour tous les sacrements. Mais dans les autres actes du prêtre, c'est encore le Christ qui visite les malades et instruit ceux qui cherchent la Vérité. Cependant, ce type d'union avec le Christ ne découle pas simplement de l'ordination. Elle exige la mortification.

Les fidèles voient le Christ en nous à l'autel, au confessionnal et à la fontaine baptismale. Le voient-ils en nous à la table, à l'école, au terrain de golf ou à l'hôpital ? Ces lieux sont-ils des occasions pour notre ego de s'affirmer, ou bien des occasions pour les autres de voir le Christ dans la salle à manger d'un Simon ou d'un Lazare ? Le Christ ne s'en va pas avec la chasuble, ni notre ordination pliée dans une poche aussi facilement qu'une étole. Les incroyants ne nous perçoivent pas comme des investissements ; ils nous voient dans les boutiques, dans les théâtres, aux réunions. Que l'on voie le Christ en nous dépend de notre manière d'agir comme le Christ.

Un fil électrique relié au générateur ne donnera aucune lumière si l'ampoule est grillée. Une des raisons pour lesquelles le Christianisme n'influence pas davantage le monde est que peu de Chrétiens brillent plus intensément que ceux qui manquent de Foi. Cela n'est-il pas également vrai pour beaucoup de prêtres, malgré le fait que le prêtre devrait être une personne différente de toutes les autres, parce qu'il est la Personne du Christ ?

Le Prêtre est comme L'échelle de Jacob

Saint François de Sales vit un jeune prêtre, le jour de son ordination, s'apprêtant à entrer dans l'église pour sa première Messe. Le jeune prêtre s'arrêta comme s'il parlait à quelqu'un d'invisible ; le problème semblait être qui devait passer en premier. Le prêtre expliqua à saint François de Sales : « Je viens d'avoir le bonheur de voir mon Ange Gardien. Auparavant, il marchait toujours devant moi ; maintenant que je suis prêtre, il insiste pour marcher derrière moi. »

Par l'abandon de notre ego à la Personne du Grand Prêtre, nous exerçons une influence semblable à celle du prédicateur de cour français du XVIIIe siècle, l'évêque Jean Baptiste Massillon, sur Louis XIV. « Père, » le roi le complimenta un jour, « j'ai entendu beaucoup d'orateurs dans cette chapelle, et j'en ai toujours été très satisfait ; mais chaque fois que je t'entends, je suis insatisfait de moi-même."

Les saints prêtres font toujours dire aux pécheurs ce que la Femme samaritaine a dit aux hommes de sa ville :

Venez voir un homme qui m'a dit tout ce que j'ai fait ; ne serait-ce pas le Christ ?

(Jean 4:29)

✠ J.M.J. ✠

~ 3 ~

Génération spirituelle

"Croissez et multipliez" est une loi sacerdotale non moins que de la vie biologique. La production de la nouvelle vie est la génération, une fonction qui n'appartient pas exclusivement ni même principalement à la chair. Dieu est la source de toute génération.

Engendrer n'est pas un élan d'en bas, mais un don d'en haut ; plutôt qu'une évolution des animaux, c'est une descente de la Divinité.

> *Quoi, dit le Seigneur ton Dieu, aurais-je, moi qui fais enfanter les enfants, le pouvoir de les faire sortir ?*
>
> (Ésaïe 66:9)

Toute mère qui enfante un enfant, toute poule qui couve ses petits, tout esprit qui conçoit une nouvelle idée, tout évêque qui ordonne un prêtre, tout prêtre qui suscite une vocation, reflètent cet acte éternel de génération dans lequel le Père dit à son Fils :

> *Tu es mon Fils ; Je t'ai engendré aujourd'hui.*
>
> (Psaume 2,7)

La compréhension de la génération éternelle de la Deuxième Personne de la Trinité, fournie par une telle génération charnelle, demeure cependant très lointaine et obscure. Un peu plus précise — bien que toujours analogique — est l'opération de l'intellect humain lorsqu'il « conçoit » des idées. D'où vient l'idée de « fortitude », de « relation » ou de « spiritualité » ? Nous n'avons jamais rencontré ces concepts dans le monde ordinaire des oranges, des trottoirs et des pièces de monnaie. D'où proviennent-ils ? L'esprit les a générés ; une fois engendrés, ils demeurent distincts de l'esprit, mais non séparés de lui. Les fruits de la pensée, à savoir les idées, ne tombent pas de l'esprit comme des pommes d'un arbre, ni comme un nouveau-né des parents. Ils existent dans l'esprit et pourtant avec des caractères qui leur sont propres.

De même, Dieu, en tant que Penseur Éternel, a une Pensée, une Parole. Parce que cette Sagesse a été « engendrée », nous appelons Dieu Qui Pense le Père, et la Parole ou l'Idée Qui est « engendrée » le Fils. Le Père n'a pas été d'abord, puis le Fils. Un père incrédule dit à son fils qui affirmait que le Père et le Fils étaient égaux : « J'existais avant toi, et donc le Père existait avant le Fils. » Le garçon répondit : « Oh non ! Tu n'as pas commencé à être père avant que je commence à être fils. »

La Bienheureuse Vierge Marie et la génération

La Sainte Mère elle-même n'a-t-elle pas été engendrée dans l'Esprit de Dieu ? Avant d'être immaculée conçue dans le sein de sa mère, sainte Anne, elle fut « immaculée conçue » dans l'Esprit de Dieu. C'est pourquoi les paroles des Proverbes (8, 22-30) lui sont appliquées :

Le Seigneur m'a possédée dès le commencement de son œuvre, à l'origine du temps, avant que sa création ne commence. Il y a bien longtemps, avant que la terre ne fût façonnée, je tenais mon cours. J'étais déjà dans le sein, quand les abîmes n'étaient pas encore, quand aucune source d'eau n'avait encore jailli ; quand je naquis, les montagnes n'étaient pas encore affermies sur leurs fondations, et il n'y avait pas de collines ; il n'avait pas encore fait la terre, ni les rivières, ni le cadre solide du monde. J'étais là quand Il bâtissait les cieux, quand Il enfermait les eaux sous un dôme inviolable, quand Il fixait le ciel au-dessus, et nivelait les sources profondes de l'abîme. J'étais là lorsqu'Il enferma la mer dans ses plis, interdisant aux eaux de dépasser leurs limites assignées, lorsqu'Il posa les fondations du monde. J'étais à Ses côtés, maître-ouvrier, mon plaisir grandissant chaque jour, tandis que je jouais sans cesse devant Lui.

Les Apôtres et la génération

Tout comme Dieu le Père a un Fils divin et d'innombrables millions de fils adoptifs par la grâce, ainsi Marie n'avait pas seulement Jésus pour Son Fils, mais aussi tous ces autres enfants qui furent, en la personne de Jean, confiés à elle sur le Calvaire.

La fécondité, la génération et la fruitivité marquent les enseignements de la Foi, commençant par le commandement de «*croissez et multipliez-vous*» (Genèse 1:22). Ainsi en est-il jusqu'à la fin, car le dernier livre de la Bible déclare que l'Arbre de Vie lui-même est fécond, «*l'arbre qui donne la vie, portant son fruit à douze reprises*» (Révélation 22:2). Dans le même ordre d'idées, l'Apôtre Paul décrit ses convertis comme les fruits de sa génération : «*C'est moi qui vous ai engendrés en Jésus-Christ, lorsque je vous ai prêché l'Évangile*» (1 Corinthiens 4,15). Il s'adressa à Timothée comme à « mon propre fils dans la foi » (1 Timothée 1,2), et de nouveau comme «*mon fils bien-aimé*» (2 Timothée 1,2).

De même, Jacques nous assure que Dieu nous a engendrés dans la Vérité :

Il a voulu nous faire naître par Sa Parole véritable, nous destinant à être les prémices, pour ainsi dire, de toute Sa création.

(Jacques 1,18)

Et Jean souligne le thème de notre Rédemption en nous rappelant que la génération charnelle n'est rien comparée à la génération spirituelle par la grâce :

Ils sont nés, non de la volonté de la chair, ni de celle de l'homme, mais de Dieu.

(Jean 1,13)

Dieu hait la stérilité. Il punit la désobéissance par la stérilité. Lorsqu'Il promet à Son peuple une bénédiction, elle s'exprime en termes de fécondité :

Il n'y aura point d'infécondité dans ton pays.

(Exode 23,26)

Mais celui qui n'a point d'enfants spirituels est sous malédiction. Seuls ceux qui marchent avec le Seigneur et se laissent conduire par l'Esprit sont dotés de fécondité :

Tu seras béni comme aucun autre peuple ne l'est ; homme et femme, père et mère engendreront.

(Deutéronome 7,14)

La génération spirituelle des prêtres

Le prêtre est engagé au célibat, non parce que la génération humaine serait mauvaise, mais parce qu'elle doit céder la place afin qu'il puisse se consacrer pleinement à une forme supérieure de génération : engendrer des enfants en Christ en Lui amenant ceux qui ne L'ont jamais connu, en Lui restituant ceux perdus dans le péché, et en éveillant chez ceux qui aiment déjà le Christ l'inspiration à Le servir plus pleinement comme religieux ou prêtres. L'énergie qui, autrement, serait utilisée au service de la chair n'est pas enfouie dans un linge. Elle est transformée afin de servir une génération chaste dans l'Esprit.

Trop souvent, le vœu de chasteté est présenté négativement comme l'évitement des plaisirs charnels et pécheurs. Mais l'eau pure n'est-elle que l'absence de saleté, un diamant blanc simplement la négation du carbone ? La chasteté est parfois à tort qualifiée de froide, mais non par Francis Thompson, qui la proclame une « passion sans passion, une tranquillité sauvage ». La chasteté est feu. Aucune vie ne se produit sans feu. Même la conception virginale de Notre-Dame avait son feu — non humain certes, mais le Feu du Saint-Esprit. À ce moment-là, elle eut sans doute une extase d'âme surpassant l'extase de chair de tous les humains réunis. Telle est la joie d'engendrer par l'Amour Pur de l'Esprit.

« Père »

Aucune forme d'adresse n'est aussi largement utilisée pour un prêtre, et aucune n'est aussi appropriée que « Père ». Elle souligne précisément la relation étroite du prêtre avec Dieu,

Le Père de Notre Seigneur Jésus-Christ, ce Père de qui toute paternité au ciel et sur la terre tire son nom.

(Éphésiens 3,14-15)

Mais si le prêtre est ainsi un père, alors Dieu peut légitimement lui demander où sont ses enfants. L'évêque seul, bien sûr, a le pouvoir de engendrer un prêtre par l'ordination, mais chaque prêtre a le pouvoir et le devoir de favoriser la vocation. Lorsque nous paraîtrons devant le tribunal de Dieu, chacun de nous sera interrogé : « Qui as-tu engendré en Christ ? » Malheur à ceux qui sont stériles ! Quand Notre Seigneur viendra à nous en quête du fruit de notre paternité, nous ne devons pas être comme le figuier stérile qui ne mérite que la malédiction.

La maternité physique n'est pas sans ses douleurs, et à une mère en travail, Notre Seigneur a comparé Sa Passion : «... *car son heure est venue"* (Jean 16,21). Mais la paternité spirituelle, notre mission, n'est pas sans ses travaux non plus, comme Paul l'a dit à propos d'Onésime :

Et je te supplie pour Onésime, mon enfant que j'ai eu en prison.
(Philémon 1:10)

La mère de Samuel le Prophète, après de nombreuses années de stérilité, fut bénie d'un fils qui devait se révéler puissant en Israël parce que son cœur était droit devant Dieu. Ceux qui désirent la gloire de Dieu, proclamait-elle en action de grâce, découvriront que la vie qui était stérile peut devenir exceptionnellement féconde :

Vois enfin comment le sein stérile enfante beaucoup.

(1 Rois 2:5 [1 Samuel 2:5, RSV])

Et qu'est-ce qui, par-dessus tout, nous assurera de engendrer des enfants en Christ, sinon notre unité avec la Victime du Christ ? Ayant énuméré sept miracles ou signes que Notre Seigneur accomplit pour prouver Sa divinité, Saint Jean observa que peu de ceux qui avaient vu ces signes en avaient été convaincus (Jean 12:37). Mais le Christ avait encore une autre manière de gagner des âmes :

Oui, si seulement Je suis élevé de la terre, J'attirerai tous les hommes à Moi.

(Jean 12,32)

Les miracles ne sont pas un remède contre l'incrédulité. Informés que Lazare avait été ressuscité des morts, certains Pharisiens cherchèrent à le tuer afin de détruire la preuve. Mais la moisson spirituelle que Notre Seigneur nous a assurée qu'elle viendrait de Sa Croix ne peut être niée. Les moyens qu'Il a proclamés pour attirer les âmes à Lui constituent une source infaillible de fécondité spirituelle pour ceux qui vivent à son ombre.

Faire des convertis

L'administration a-t-elle pris le pas dans la vie de nombreux pasteurs sur l'évangélisation ? L'organisation a-t-elle englouti le ministère de berger ? Les âmes doivent-elles être comptées uniquement sur des fiches ? Les brebis du troupeau doivent-elles être utilisées seulement pour la tonte, ou chaque membre du laïcat doit-il être encouragé et aidé à développer sa propre vocation apostolique spécifique ? La question est celle à laquelle chaque pasteur ne peut répondre que par une recherche profonde au plus intime de sa conscience. Ce qu'il doit se rappeler, c'est qu'il est le Père non seulement des brebis qui sont dans le pli :

J'ai aussi d'autres brebis, qui ne sont pas de ce pli ; Je dois aussi les amener.

(Jean 10,16)

Le Droit canonique ne rend-il pas le pasteur responsable de toutes les âmes de sa paroisse ? Pourtant, combien de pasteurs se consacrent sérieusement à tenter d'incorporer ceux qui ne sont pas du pli dans le Corps mystique du Christ ? Chaque prêtre devrait se demander combien d'adultes il a baptisés au cours de l'année écoulée, fruit de son zèle ; combien de catholiques éloignés il a ramenés à la Maison du Père. Pourquoi certains prêtres ne font-ils jamais de convertis alors que d'autres en font des centaines ? Cela peut-il être parce que l'un prend son titre de « Père » au sérieux tandis que l'autre ne le fait pas ?

> *Quand je prêche l'Évangile, je n'en tire aucun mérite ; j'agis sous contrainte ; Il me serait en effet bien difficile de ne pas prêcher l'Évangile.*
>
> (1 Corinthiens 9:16)

L'administration est absolument essentielle ; l'ignorer reviendrait à négliger que chaque membre a une fonction spécifique dans le Corps mystique. Mais le Saint-Esprit ne nous a pas appelés à être de simples banquiers, agents immobiliers ou experts en plans. De telles activités sont au mieux accessoires à une fonction première que les Apôtres comprenaient. L'Esprit ne leur a pas été donné pour qu'ils restent assis à compter l'argent :

> *Il est déjà trop que nous devions renoncer à prêcher la Parole de Dieu pour nous occuper des tables.*
>
> (Actes 6:2)

D'autre part, il ne suffit pas d'être des prêtres de la sacristie, suppliant pieusement le Seigneur d'envoyer des âmes vers nous, tout en ignorant Son commandement :

> *Vous devez sortir aux carrefours des rues et inviter tous ceux que vous y trouverez.*
>
> (Matthieu 22:9)

Autour de nous abondent des convertis potentiels. La tragédie n'est pas seulement qu'ils manquent de foi, mais que nous leur demandons rarement de l'embrasser. Un avocat non catholique fut interrogé sur son lit de mort par son associé catholique de vingt ans : « Maintenant que tu approches de ta fin, que dirais-tu d'entrer dans l'Église ? » L'homme mourant haussa les sourcils. "Si ta foi t'a tant peu importé durant les vingt années où tu m'as connu," répondit-Il, « elle ne peut guère faire de différence maintenant. »

Les conversions ne sont pas plus difficiles à notre époque qu'auparavant ; mais l'approche doit être différente. Aujourd'hui, les gens cherchent Dieu, non pas à cause de l'ordre qu'ils trouvent dans l'univers, mais à cause du désordre qu'ils découvrent en eux-mêmes. Ils viennent à Dieu par un dégoût intérieur, un désespoir que l'on peut qualifier de créatif.

Du fond de l'abîme, je crie vers Toi, ô Seigneur.
(Psaume 129:1 [130:1, RSV])

On dit parfois que la religion perd son influence dans le monde. Dans la mesure où cela est vrai, une partie de la raison est sans doute que nous n'apparaissons pas aux yeux de l'incroyant comme différents des autres. Le missionnaire, le prêtre qui vit dans les bidonvilles, le prêtre saint qui se donne pour les âmes — ceux-ci inspirent toujours, et ils inspirent parce qu'ils révèlent le Christ et Celui Crucifié.

Il ne faut pas juger trop sévèrement Thomas l'Incrédule pour les conditions qu'il a posées avant de croire. Tout ce qu'il demandait, c'était une preuve équitable.

Tant que je n'aurai pas vu la marque des clous sur Ses mains, tant que je n'aurai pas mis mon doigt dans la marque des clous, et mis ma main dans Son côté, vous ne me ferez jamais croire.
(Jean 20,25)

Aucune conviction profonde ne s'éveille chez l'incrédule tant qu'il n'a pas vu les mains marquées et le Cœur brisé du prêtre qui est victime avec le Christ. Le prêtre mortifié, le prêtre détaché du monde — ceux-ci inspirent, édifient et christifient les âmes.

Être père de nombreux enfants exige du travail. Notre Seigneur a fait Ses deux plus grands convertis alors qu'Il était fatigué. La journée de huit heures, la semaine de cinq jours ne sont pas prescrites dans les Écritures. Dieu a donné à Moïse des centaines de détails sur le tabernacle, mais un meuble n'a pas été mentionné. Il manquait une chaise dans le tabernacle. L'autel, la cuve, la table, la lampe, les encensoirs et les tentures sont tous mentionnés, *mais il n'y avait pas de place pour que le prêtre puisse s'asseoir.* Quand sommes-nous appelés à nous asseoir dans le sens de nous reposer de notre condition de prêtre-victime? Notre Seigneur « s'est assis » après s'être donné pour notre Rédemption :

> *tandis qu'Il siège pour toujours à la droite de Dieu, offrant pour nos péchés un sacrifice.*
>
> (Hébreux 10:12)

Nous lisons aussi qu'Il « se tient debout » dans le Ciel. Lorsque Étienne fut lapidé, il vit «*Jésus se tenant à la droite de Dieu*» (Actes 7, 55), ce qui suggère que lorsque Son Église est persécutée, Notre Seigneur se tient debout dans le Ciel. Si telle est la signification symbolique, le Grand Prêtre se tient assurément debout aujourd'hui pour fortifier le tiers du peuple de la terre qui gémit intérieurement sous les coups du marteau et la coupe de la faucille du Communisme!

Certainement, pour le prêtre, le travail est son lot sur la terre : «*Achève ton chemin pendant que tu as la lumière*» (Jean 12, 35). Ce ne fut pas une omission de la part de Dieu d'omettre une chaise en aménageant le tabernacle. Le prêtre n'a pas été ordonné pour rester assis. La promesse du Christ est que ceux qui vaincront « siégeront » avec Lui au Banquet céleste.

Le père terrestre doit travailler pour sa famille et être avec elle ; le père spirituel, de même, doit travailler pour les âmes et être avec elles. Notre Seigneur nous a donné l'exemple :

> *Là, ils Le crucifièrent, avec Lui deux autres, un de chaque côté, Jésus étant au milieu.*
>
> (Jean 19,18)

Au grand moment de l'amour rédempteur, Il se trouve au milieu des sauvés et des pécheurs, parmi les bons larrons et les mauvais larrons. Ses médiateurs et ambassadeurs ne peuvent plus s'isoler des pécheurs qu'Il ne l'a fait. Nous sommes séparés d'eux en tant que prêtres saints, mais unis à eux comme victimes pour les péchés. Nous n'allons pas non plus parmi eux pour les convaincre de leur erreur autant que pour rompre le Pain pour leurs âmes affamées.

L'esprit du véritable Père est moins canonique qu'évangélique. Le Droit canonique concerne les relations entre l'Église et ses membres. L'Évangile concerne la mission de l'Église envers le monde. La paroisse ou le diocèse ne sont pas la limite de notre paternité. À mesure que Notre Seigneur s'approchait de la Croix, Il avait de plus en plus de relations avec ceux qui n'étaient pas Juifs. Après la Croix, Son message s'adressait au monde. Deux choses semblent toujours aller de pair chez un évêque ou un prêtre : l'amour des conversions et l'amour des missions étrangères. Les catholiques proches de nous, nous devons en effet les sanctifier, mais les âmes des terres lointaines qui n'ont jamais entendu la bonne nouvelle doivent aussi être rachetées.

La conversion est une condition de victime.

Se peut-il que les Communistes nous surpassent dans leur zèle à répandre leurs croyances ? Le zèle n'est malheureusement pas toujours proportionnel à la Vérité. Le feu a deux qualités : la lumière et la chaleur. La lumière est la Vérité. La chaleur est l'Amour. Nous avons la Vérité, mais parfois pas le zèle ni l'Amour ; Nous avons la lumière, mais pas toujours la chaleur. Mais les Communistes ont la chaleur et non la lumière, le zèle et non la Vérité.

Il existe une tendance dangereuse chez beaucoup de nos contemporains qui se disent Chrétiens à séparer le Christ et la Croix.

Et que serait le Christ sans la Croix ? Un autre maître comme Bouddha ou Lao-tse ; un sociologue étalant de la crème fouettée sur des comportements socialement désapprouvés ; un psychanalyste réduisant la culpabilité à un complexe et bannissant le Péché comme une « gueule de bois » issue de la sauvagerie ; un prédicateur trop poli pour mentionner l'enfer ou le divorce ; un réformateur pour qui toute discipline est masochiste et qui proclame la maîtrise de soi et la modération comme contre nature et en conflit avec l'élan biologique vers l'expression de soi.

Et qui porte la Croix sans le Christ ? Les Communistes ! Dans un monde désordonné et faussement libéral, ils introduisent l'ordre, la Loi, l'obéissance, la discipline, l'étude, la conformité à la volonté toute sainte du Parti, le détachement des excès occidentaux, et surtout, l'écrasement de l'ego au nom du Royaume de la terre. Mais tout comme le Christ sans la Croix serait un Christ faible et efféminé, incapable de nous sauver du péché, ainsi la Croix sans le Christ est tyrannie, dictature, camps de concentration, esclavage et soviétisme.

Vivons-nous dans un monde marqué par un abondant déversement de l'Esprit anti-Pentecôtiste? Une partie de la terre ne s'est-elle pas embrasée des flammes de l'enfer, tandis que les feux de la Pentecôte vacillent entre nos mains comme de petites bougies incapables d'embraser le monde?

Suggérer que les feux de la Pentecôte s'éteignent serait non seulement un blasphème, mais un déni de faits glorieux; Car l'espérance et la gloire de notre époque se trouvent dans la persévérance de l'Église du Silence et le dévoilement de nouveaux feux par nos missionnaires. Pourtant, n'y a-t-il pas bien des prêtres qui devraient tristement comparer leur suffisance à l'ardeur des Communistes et se demander pourquoi certains, qui veulent être bons et qui professent la Vérité, manquent encore d'une conviction passionnée pour le Christ? Le Seigneur dit à Moïse :

Le feu sur l'autel doit brûler continuellement. Jamais l'autel ne doit être dépourvu de ce feu perpétuel.

(Lévitique 6:12,13)

Sous la Loi de Moïse, le prêtre devait chaque matin alimenter le feu avec des bûches fraîches et porter les cendres hors du camp (Lévitique 6:10,12). Les feux matinaux de la méditation, le renoncement qui enlève du Cœur les choses mortes du monde — telles sont les conditions du feu perpétuel qui brûlait en Saint Paul pour la conversion de toute la race humaine :

> *Ainsi, personne n'a de droit sur moi, et pourtant je me suis fait l'esclave de tous, afin de gagner davantage d'âmes.... J'ai été tout à tous, pour sauver à tout prix quelques-uns.*
>
> (1 Corinthiens 9:19,22)

Favoriser les vocations

Un autre aspect du rôle du Père dans la génération des enfants spirituels en Christ est la promotion des vocations. Il convient donc que le prêtre s'interroge sur la contribution qu'il apporte. On dit souvent qu'il y a un déclin des vocations, mais il est nécessaire ici de distinguer entre vocation et réponse. Dieu appelle. C'est le côté divin. Nous répondons. C'est le côté humain. Pie XII, dans l'Encyclique *Menti Nostrae,* a déclaré :

> *L'Église ne manquera jamais de prêtres en nombre suffisant pour sa mission.*

Toute étude sur les vocations révèle que de nombreux jeunes de moins de quinze ans ressentent l'appel. Une enquête indiquait que 40 % des élèves dans les écoles laïques et 50 % des élèves dans les écoles catholiques envisageaient une vocation après l'âge de douze ans. Dans une autre enquête, 60 % des garçons en école normale, 23 % en écoles professionnelles, 37 % en écoles techniques et 66 % en classes classiques affirmaient qu'à un moment de leur vie ils espéraient devenir prêtres ou religieux.

Beaucoup de ceux qui ont ressenti l'appel s'éloignent simplement. Plutôt qu'un détournement délibéré, il y a compromis ou égarement. Les jeunes avec des vocations, tels des brebis dans un champ, regardent autour d'eux dans le monde au lieu de lever les yeux vers le Ciel ; et avant même de s'en rendre compte, ils ont perdu de vue le Bon Pasteur. Les raisons sont nombreuses, mais souvent l'une d'elles est le manquement du prêtre à parler à un servant de messe de la prêtrise, à négliger de le remercier lorsqu'il se lève pour servir la Messe matinale. Une réprimande cinglante pour une infraction mineure peut bouleverser les projets d'un jeune homme — pour une telle cause Tito a quitté l'Église.

> *Maintenant, fils de l'homme, prophétise la ruine contre... les bergers de mon troupeau. Voici ton message de la part du Seigneur Dieu : Malheur aux bergers d'Israël, qui avaient un troupeau à nourrir, et qui ne se sont nourris que d'eux-mêmes.*
>
> (Ézéchiel 34:2)

Nous devons assurément espérer ne pas tomber sous ce Jugement Divin. Néanmoins, en tant que Parole de Dieu, cela doit nous inciter à un plus grand soin des jeunes :

> *Le lait bu, la laine portée, les agneaux gras abattus, mais ces brebis à paître jamais ! Le corps délaissé est resté sans nourriture, le malade sans guérison ; ils ne liaient pas le membre brisé, ni ne ramenaient la brebis égarée, ni ne retrouvaient la brebis perdue; la force et la contrainte étaient tout ce qu'ils connaissaient comme gouvernement. Ainsi mes brebis se sont égarées, elles n'avaient pas de berger; toute bête sauvage se jetait sur elles, et elles étaient dispersées partout.*
>
> (Ézéchiel 34, 3-5)

Lorsque nous paraîtrons devant le Seigneur pour être jugés selon l'usage que nous avons fait du saint chrême avec lequel nos mains ont été ointes, Il nous demandera si nous avons persévéré dans notre prêtrise.

> *Je les tiendrai responsables du troupeau qui leur a été confié, et ils n'en auront plus la charge, ils ne se nourriront plus de ses revenus. Je le délivrerai de leur pouvoir cupide; il ne sera plus leur proie.*
>
> (Ézéchiel 34, 10)

Génération spirituelle

Quel jeune prêtre ou religieux proclamera alors notre fécondité? Quelle aide que nous avons donnée à la Société de la Propagation de la Foi, ou à l'*Opus Sancti Petri* pour l'éducation des séminaristes indigènes sera inscrite dans le Livre de la Vie? Dans combien de foyers catholiques aurons-nous encouragé les vocations de jeunes dignes par nos visites ? Quels exercices spirituels auront été notés comme conduits par nous pour les jeunes hommes et femmes attirés par la prêtrise ou la vie religieuse ?

Quelle vigne de vocations fructueuse est la sacristie ! Voir un prêtre faire sa méditation avant la Messe fait plus pour la vocation d'un servant d'autel que mille brochures inspirantes.

Être un père spirituel pour les futurs prêtres exige un dévouement total. Aaron et les prêtres de l'Ancien Testament étaient oints en trois endroits : l'oreille droite, le pouce droit et le gros orteil du pied droit (Lévitique 14,14-28). L'onction triple suggère une triple consécration : être attentif à l'écoute de la Parole de Dieu, car l'oreille signifie l'obéissance (Exode 21,6), comme Notre Seigneur fut obéissant jusqu'à la Mort sur la Croix (Philippiens 2,8) ; utiliser constamment ses mains pour accomplir de bonnes œuvres, comme le Christ acheva l'œuvre que le Père Lui avait confiée (Jean 4,34 ; 9,4 ; 18,4 ; Hébreux 10,5.7) ; et marcher toujours dans les voies de Dieu, car doux sont les Pieds de ceux qui annoncent la bonne nouvelle de l'Évangile.

> *Voyez où ils apportent la bonne nouvelle sur les hauteurs de la montagne, proclamant que tout va bien.*
>
> (Nahum 1:15)

Le secret pour favoriser les vocations peut se résumer dans cette cérémonie de l'Ancien Testament, à savoir l'encouragement de la sensibilité spirituelle, des bonnes œuvres et de la fuite du mal.

1. Les jeunes doivent d'abord entendre l'appel de Dieu. Il revient alors au Prêtre de garder son âme sensible à la voix de Dieu. Comme au baptême, nous touchons les deux oreilles en disant, « *Ephphetha* » (« Sois ouvert »), ainsi, en préparation aux Ordres, nous

gardons l'âme attentive au murmure de Dieu, car Il ne crie pas une vocation.

2. L'oreille a besoin des mains pour traduire en bonnes œuvres la pieuse inspiration de Dieu. Les aspirants à la prêtrise servent donc l'autel, instruisent les enfants dans la Foi, agissent comme conseillers des jeunes, préparant ainsi leurs mains à être un jour ointes par l'évêque.

3. Les vocations prospèrent également par la discipline, car le prêtre doit suivre le chemin étroit du salut, et non la voie large de la perdition (Luc 13,24). Le monde et la chair exercent une forte sollicitation sur la jeunesse. Ils doivent être protégés du péché comme Dieu protégea les Juifs lors de leur sortie d'Égypte :

> *Ainsi, le peuple obtint la permission de Pharaon de poursuivre son chemin ; mais Dieu ne les conduisit pas par la route la plus proche, celle qui passe par le pays des Philistins. Là, ils auraient rencontré une résistance armée et, peut-être, dans le désespoir de leur entreprise, seraient retournés en Égypte.*

(Exode 13,17)

Le Droit canonique impose à tout prêtre, en particulier aux pasteurs, l'obligation de favoriser les signes de vocation observés chez les jeunes avec lesquels ils entrent en contact.

Dent operam sacerdotes, praesertim parochi, ut pueros, qui indicia praebeant ecclesiasticae vocationis, peculiaribus curis a saeculi contagiis arceant, ad pietatem informent, primis litterarum studiis imbuant divinaeque in eis vocationis germen foveant (Canon 1353 from the Code of Canon Law, 1917).

Une paroisse aux États-Unis n'a connu aucune vocation en quarante ans. Un nouveau pasteur a suscité dix vocations en une seule année. La différence tenait à sa spiritualité. Son oreille entendait l'appel du Seigneur de la Moisson pour les vocations, ses mains s'activaient à promouvoir les dévotions au Sacré-Cœur, et ses pieds visitaient chaque famille de sa paroisse.

Génération spirituelle

Il y a quelques années, je dînais dans un restaurant d'hôtel lorsqu'un garçon d'environ douze ans, qui cirait des souliers pour gagner sa vie, commença à se balancer sur un rideau de velours à l'entrée. Le maître d'hôtel lui cria dessus et lui ordonna de quitter l'hôtel.

Je suivis le garçon dans la rue. Il me raconta qu'il avait été expulsé d'une école catholique par un pasteur et une religieuse qui lui assurèrent qu'il ne pourrait plus jamais fréquenter une école catholique. Je l'emmenai auprès du pasteur et de la religieuse concernés et leur rappelai trois autres « mauvais » garçons expulsés d'écoles religieuses : l'un pour avoir dessiné pendant le cours de géographie, un autre pour s'être battu trop souvent, le troisième pour avoir caché des livres interdits sous son matelas. Ils étaient respectivement Hitler, Mussolini et Staline. Combien différente, sous Dieu, aurait pu être l'histoire du monde si leurs dirigeants avaient pris davantage de peine à les réformer !

Le pasteur et la religieuse ont accepté de réadmettre le garçon. En temps voulu, il fut ordonné prêtre et aujourd'hui il est missionnaire dans l'Arctique.

Quelle vie bénie est la nôtre ! Quel rôle magnifique joue le célibat lorsqu'il facilite une génération d'un ordre supérieur, lorsqu'il inspire le prêtre à imiter le Père en engendrant la Parole, à imiter le Christ Qui nous a engendrés dans l'Esprit en tant qu'alter Christus !

Nos jours sont bénis par un approfondissement de la dévotion liturgique et une montée de la participation aux mystères eucharistiques de la part des laïcs. De tels développements sont un hommage mais aussi un avertissement pour le clergé, car à mesure que les laïcs deviennent plus spirituels, eux aussi doivent l'être. L'Église est en danger lorsque les laïcs sont plus spirituels que le clergé :

Vous êtes le sel de la terre ; si le sel perd sa saveur, avec quoi la lui rendra-t-on ? (Matthieu 5,13)

Bien plus tôt, le prophète Osée avait lancé le même avertissement :

Prêtre, désormais, il n'ira pas mieux que le peuple.

(Osée 4,9)

Il n'est pas possible de susciter de l'estime pour la prêtrise autrement que par une admiration pour la condition de victime du prêtre. Aucune mère ne met un enfant au monde sans travail. Aucun prêtre ne suscite une vocation, ne fait un converti ni ne sanctifie une âme, sinon à l'ombre de la Croix. Et en tant qu'*alter Christus*, chaque prêtre doit prendre conscience de sa capacité à engendrer dans l'Esprit. Nous sommes habituellement conscients de notre pouvoir sacramentel à la Messe et au confessionnal, mais avons-nous confiance en notre pouvoir d'éveiller des vocations ? Lorsque nous posons la main sur un garçon qui promet spirituellement et disons : « Un jour, tu seras prêtre », croyons-nous que Notre Seigneur soutiendra notre jugement et notre bénédiction ? Bien des prêtres peuvent se souvenir de la bénédiction qu'ils ont donnée à un jeune homme qui est maintenant prêtre ordonné. Il n'a pas conféré la vocation au jeune homme. C'est Dieu qui l'a fait. Mais il existe un renforcement sacerdotal de la vocation dans l'âme. Comme Notre Seigneur priait Son Père, ainsi devons-nous prier avec confiance le Seigneur :

Et Il me glorifiera, car c'est de moi qu'Il tirera ce qu'Il vous fera connaître.

(Jean 16:14)

Quelle heureuse mort pour le prêtre qui sait qu'il a transmis la flamme de vie que le Christ a allumée dans son âme. Et jusqu'à cette heure, sans même bénéficier de la grâce de s'asseoir dans le tabernacle du Seigneur, chacun de nous dira avec Paul à ceux dont nous avons favorisé la vocation :

Mes petits enfants, je suis à nouveau en travail pour vous, jusqu'à ce que l'image du Christ soit formée en vous !

(Galates 4:19)

~ 4 ~

La sainteté du prêtre

La vie morale et spirituelle du prêtre est liée de deux manières au Corps mystique du Christ. Sa sainteté contribue à rendre les fidèles saints. La sainteté de la communauté chrétienne, à son tour, contribue à le rendre saint.

Lors de la Dernière Cène, Notre Seigneur donna à Ses prêtres une raison impérieuse pour laquelle ils devaient être saints, se tenant Lui-même comme exemple :

> *Je me consacre pour eux, afin qu'eux aussi soient consacrés par la vérité. Je ne prie pas seulement pour eux ; Je prie aussi pour ceux qui croiront en Moi par leur parole.*
>
> (Jean 17:19-20)

Il s'est sanctifié non pas pour Lui seul, mais aussi pour eux. Ceux-ci devaient à leur tour se sanctifier pour l'Église et tous les croyants à venir. La spiritualité commence par le sommet, non par la base. Le miroir reflète la lumière du soleil, mais ne la crée pas. La sainteté est une pyramide :

> *Gracieux comme un baume versé sur la tête jusqu'à ce qu'il coule sur la barbe ; baume qui coulait sur la barbe d'Aaron, et atteignait les bords mêmes de son vêtement.*
>
> (Psaume 132, 2 [133, 2, RSV])

Dieu est saint ; cette sainteté vient sur la terre en Christ. Il la confère à Ses prêtres avec leur coopération ; eux, dans la mesure où ils l'acceptent, contribuent à rendre le peuple saint. Le peuple ne donne pas au prêtre les pouvoirs spéciaux de sanctification qu'il possède. C'est Notre Seigneur qui a donné ces pouvoirs, et Il les a donnés pour permettre au prêtre de sanctifier le peuple. Du mont, où l'on communie avec Dieu, descend la sainteté :

> *Ainsi Moïse redescendit vers le peuple, et le délivra de la souillure.*
>
> (Exode 19, 14)

Pour l'amour de l'Église, Notre Seigneur est venu dans le monde et (comme Il l'a dit) Il s'est sanctifié Lui-même. Mais que signifie précisément cette expression ? Comment peut-on se consacrer? Aaron pouvait-il se consacrer? Pourrais-je me consacrer? Mais Il pouvait se consacrer Lui-même, car Il est un « grand prêtre, maintenant, éternellement selon l'ordre de Melchisédek » (Hébreux 6:20). Il pouvait se sanctifier Lui-même, car Il était à la fois prêtre et Victime :

> *Ordonnez vos vies dans la charité, selon le modèle de cette charité que le Christ nous a montrée, lorsqu'Il s'est livré pour nous, un sacrifice exhalant un parfum agréable lorsqu'Il L'a offert à Dieu.*
>
> (Éphésiens 5:2)

Dans l'usage biblique, consacrer ou sanctifier signifiait mettre à part comme offrande à Dieu, un sacrifice.

> *Tu mettras à part pour le Seigneur ton Dieu tout premier-né de ton bétail et de tes brebis.*
>
> (Deutéronome 15:19)

> *Il n'y a pas de rançon pour le premier-né du bœuf, de la brebis ou de la chèvre ; ils sont mis à part pour le Seigneur.*
>
> (Nombres 18:17)

Tous les sacrifices de l'Ancien Testament étaient saints pour le Seigneur comme types du « premier-né » (Luc 2:7) qui, d'une manière spéciale, fut sanctifié, c'est-à-dire mis à part comme sacrifice pour notre salut, au Vendredi saint. Sa propre sanctification officielle, comme Il l'affirma la veille, fut la cause méritoire de la sanctification de Ses prêtres et de Son peuple. Saint Paul l'a bien compris :

> *Le Christ a manifesté son amour pour l'Église lorsqu'Il s'est livré pour elle. Il voulait la sanctifier.*
>
> (Éphésiens 5,25-26)

Le « Notre Père » du Grand Prêtre

Il ressort de ce qui précède que Notre Seigneur s'est rendu « saint » ou « sacerdotal » ou « saintifié » pour notre salut. Pour reproduire cette sainteté en nous, prêtres, l'aide du Ciel est nécessaire. La nuit de la Dernière Cène, Il s'adressa au Père céleste en notre nom, prononçant son propre « Pater Noster ». Auparavant, Il avait dit aux Apôtres, lorsqu'ils Lui demandèrent comment prier :

> *Et Il leur dit : lorsque vous priez, vous direz, Père.*
>
> (Luc 11,2)

Notre Seigneur n'a jamais dit « Notre Père » de Lui-même et de nous ensemble, mais « Mon Père » et « Votre Père », parce qu'Il est le Fils naturel ; nous, les fils adoptifs. Sa prière sacerdotale de la nuit du Jeudi saint, comme la prière qu'Il avait donnée aux Apôtres lors de l'occasion précédente, contenait sept suppliques. Le premier « Notre Père » était pour tous, mais ce « Notre Père » est réservé aux prêtres seuls. Il résume les vertus qui distinguent le prêtre.

1. *Persévérance : « Saint Père, garde-les fidèles à Ton nom ».*

   (Jean 17,11)

2. *Joie : « Que Ma joie soit en eux et qu'elle soit pleine en eux ».*

   (Jean 17,13)

3. *Délivrance du mal : « Que Tu les gardes du mal ».*

   (Jean 17,15)

4. *Sainteté par les sacrifices : « Sanctifie-les par la vérité ».*

(Jean 17,17)

5. *Unité : « Qu'ils soient tous un ; qu'ils soient aussi un en Nous, comme Toi, Père, Tu es en Moi, et Moi en Toi ».*

(Jean 17,21)

6. *Ses compagnons constants : « C'est là, Père, mon désir, que tous ceux que Tu m'as donnés soient avec Moi là où Je suis.*

(Jean 17,24)

7. *Savourez Sa gloire au Ciel : « Afin de voir Ma gloire ».*

(Jean 17,24)

Combien souvent la note de joie, de gloire et de bonheur est frappée ! Et tout est conditionné par le fait d'être « avec Lui » ; c'était Son dessein en les choisissant comme Ses prêtres. Mais avant qu'Il n'Offrît cette prière, Il nous dit que nous ne serions jamais à l'abri de l'épreuve. La « joie » qui nous est proposée est semblable à celle avec laquelle Il embrassa la Croix. Mais la victoire est certaine. Nous avons déjà gagné ! Seule la nouvelle n'a pas encore fuité !

Dans le monde, vous ne trouverez que tribulation ; mais prenez courage, J'ai vaincu le monde.

(Jean 16,33)

Ce que la Sainteté implique

Notre Seigneur s'est sanctifié pour nous, et cela — comme il a été indiqué — impliquait un sacrifice. Il s'est immolé, tout comme ce qui était consacré au Seigneur sous l'Ancien Testament était immolé.

Comme le berger, ainsi les brebis ; Tel le prêtre, tel le peuple. La direction du prêtre-victime engendre une Église sainte. Ce que les prêtres sont dans la paroisse, le diocèse et la nation, ainsi seront les fidèles. Comme les multitudes ont reçu le Pain à Capharnaüm par l'entremise des disciples, ainsi les fidèles reçoivent la sanctification du Christ par notre sanctification. Voyant ce but atteint, le dernier cri de l'âme sacerdotale de Notre Seigneur fut : « *C'est accompli* » (Jean 19,30). Les dizaines de milliers d'agneaux qui versaient leur Sang en figures n'étaient plus nécessaires. L'Agneau de Dieu s'était immolé Lui-même. Chaque prêtre doit accomplir un acte semblable d'auto-offrande, puis en transmettre les fruits à tout le peuple : « *Faites ceci en mémoire de moi* » (Luc 22,19).

Ce que le Christ a spécifiquement ordonné à chaque prêtre de répéter et de renouveler était le symbole sacramentel de Sa Mort. La vie de cette mort est la sanctification.

Mais pourquoi faut-il porter la Croix chaque jour ? Parce qu'il y a un prix de rançon sur chaque âme. Certaines coûtent cher. Elles exigent un grand sacrifice. Ce n'est pas que le Christ retienne Sa Miséricorde, mais qu'Il a voulu la distribuer par nos mains. Et à moins que les mains du prêtre ne soient des mains marquées, les miséricordes du Christ ne passent pas si aisément par elles. Les bénédictions, la puissance, la guérison, l'influence se trouvent obstruées par le mondain.

L'Église ne fait aucune impression dans le monde tant que ceux d'en dehors ne la voient que comme une « secte », une « organisation » ou « une des grandes religions ». Notre Seigneur a marqué les esprits par Sa Croix (Jean 12:32). Le Christ blessé a racheté ; et seule une Église blessée peut appliquer efficacement cette Rédemption. Lorsque l'Église progresse, où les conversions sont nombreuses, là le Christ est pauvre à nouveau, fatigué à nouveau des voyages missionnaires, victime à nouveau dans Ses prêtres saints.

Chaque prêtre mondain entrave la croissance de l'Église ; chaque prêtre saint la favorise. Si seulement tous les prêtres réalisaient combien leur sainteté rend l'Église sainte, et comment l'Église commence à décliner lorsque le niveau de sainteté parmi les prêtres descend en dessous de celui du peuple ! Dieu tonne encore à Ses prêtres :

La sainteté du prêtre

J'ai établi des veilleurs, Jérusalem, sur tes murailles, qui ne cesseront jamais de crier jour et nuit ; vous qui gardez le Seigneur en mémoire, ne prenez point de repos, et ne Lui laissez point de repos, jusqu'à ce qu'Il ait rétabli Jérusalem, et répandu sa renommée sur toute la terre.

(Ésaïe 62:6,7)

Veilleurs sommes-nous, placés sur les murailles de l'Église par le Grand Prêtre. Jour et nuit, nous devons prier et prêcher sans relâche afin de mériter la description donnée par Saint Augustin : « *aut precantes aut praedicantes.* »

Notre dévouement envers le peuple ne se limite pas aux dimanches, ni à la Messe une fois par jour, ni à l'écoute des confessions le samedi. Il nous est demandé de faire deux choses : (1) « Ne prends point de repos » — aussi étrange que cela puisse paraître. Pas de chaises ! Tu te souviens ? (2) « Ne donnez pas de repos à Dieu. » Avons-nous jamais dit à un mendiant qui voulait de l'argent : « Demande-le-moi quand je traverserai la rue ; si je ne te le donne pas, suis-moi et saisis mon manteau ; si cela ne t'obtient pas ce que tu veux, jette une pierre à ma fenêtre à minuit. » Mais Dieu dit : « Lutte avec moi, comme Jacob l'a fait. Ne me donne pas de repos. » Comme la veuve importune qui éveilla le juge, ainsi devons-nous crier au Prêtre-Victime face aux ennemis de l'Église :

Rends-moi justice contre celui qui me fait tort.

(Luc 18, 3)

Je vous le dis, même s'il ne se remue pas pour l'accorder par amitié, la demande effrontée le fera se lever et donner à son ami tout ce dont il a besoin.

(Luc 11, 8)

Ce que nous sommes, l'Église l'est ; ce que l'Église est, le monde l'est. Le monde et tout ce qu'il contient est finalement une route sur laquelle l'Épouse, l'Église, va à la rencontre de l'Époux pour les noces célestes. La politique ne détermine pas ultimement la guerre et la paix. Ce qui est décisif, c'est l'état spirituel de l'Église vivant dans le monde et le faisant lever. Lire l'Ancien Testament, c'est reconnaître que l'histoire est la main du Seigneur qui bénit et punit les nations selon leurs mérites. Ce que nous faisons pour nous sanctifier sanctifie le monde. Quand le berger est paresseux, les brebis ont faim; quand il dort, elles se perdent; quand il est corrompu, elles tombent malades; quand il est infidèle, elles perdent leur jugement. Si le berger ne veut pas être victime pour ses brebis, les loups viennent et les dévorent.

Chaque matin, nous, prêtres, tenons entre nos mains le Christ qui a versé le Sang de Ses veines, les larmes de Ses yeux, la sueur de Son Corps pour nous sanctifier. Comme nous devrions être enflammés de cet Amour, afin de l'enflammer chez les autres!

Souffrons-nous pour les brebis errantes? Nous réchauffons-nous au feu en parlant aux servantes comme Pierre, tandis que le Seigneur est crucifié de nouveau dans les âmes des pécheurs? Adoptons-nous une position intransigeante envers les ennemis de l'Église, oubliant qu'un Saül fut fait Paul ? Nous nous vêtissons de noir ; mais ce n'est pas pour pleurer le Christ, car Il a vaincu. Nous sommes en deuil pour ceux qui ferment leurs portes à notre frappe, pour ceux qui refusent encore de croire bien qu'on ressuscite chaque jour d'entre les morts, pour ceux qui nous tendent du vinaigre lorsque nous crions « Sitio ! » (Jean 19, 28). Jour et nuit, ne donnant aucun repos à Dieu, nous répéterons sans cesse :

Je me consacre pour eux, afin qu'eux aussi soient consacrés par la vérité.

(Jean 17, 19)

Des Chrétiens saints garantissent des Prêtres saints

La sainteté descend dans l'Église du Dieu tout Saint par le Christ, Ses évêques et Ses prêtres, jusqu'à toute la communauté qui est le Corps mystique. Mais il y a simultanément un mouvement ascendant

La sainteté du prêtre

de sainteté de la communauté chrétienne vers le Dieu tout Saint. Ceci est particulièrement vrai pour les vocations à la prêtrise et à la vie religieuse.

Il n'existe aucun prêtre qui ne se limite à prononcer les paroles incitant les fidèles à prier pour les vocations. Mais trop souvent, ces phrases sont formelles. Elles correspondent à ce que l'on attend de lui. Dans l'esprit du prêtre, elles font partie des annonces, au même titre que la partie de cartes de l'Association féminine ou la rencontre de patinage du CYO.

Ces autres activités ne sont évidemment pas à mépriser. Elles favorisent aussi une vie chrétienne et stimulent donc les vocations. Mais peut-on les mettre dans la même catégorie que la prière ? Parmi des centaines de manières possibles de favoriser les vocations, la prière fut la seule que Notre Seigneur spécifia :

> *La moisson, leur dit-Il, est abondante, mais les ouvriers sont peu nombreux ; il faut donc demander au Seigneur, à qui appartient la moisson, d'envoyer des ouvriers pour la moisson.*
>
> (Luc 10, 2)

Qu'est-ce qui a motivé ces paroles ? Luc rapporte que le Christ les prononça à l'occasion du choix de soixante-douze disciples (Luc 10, 1). Matthieu décrit le contexte avec plus de précision. C'était après un long voyage, nota-t-Il, et le Cœur du Seigneur fut touché de compassion pour les foules qui avaient faim de la connaissance du Ciel mais ne savaient pas où chercher ce qui leur manquait :

> *Pourtant, lorsqu'Il regarda les multitudes, Il fut ému de pitié pour elles, les voyant harassées et abattues, comme des brebis sans berger. Alors Il dit à Ses disciples : La moisson est abondante, mais les ouvriers sont peu nombreux ; vous devez demander au Seigneur à qui appartient la moisson d'envoyer des ouvriers pour la moisson.*
>
> (Matthieu 9,36-38)

La sainteté du prêtre

Non seulement ceux qui sont déjà dans l'Église, mais aussi ceux qui en sont en dehors, Le font désirer des ouvriers, de peur que le blé abondant ne pourrisse dans les champs.

Sa compassion pour la multitude était double. Parce qu'ils avaient faim, Il nourrit miraculeusement les cinq mille. Parce que leurs âmes souffraient, brebis sans berger, Il fut ému de pitié.

Chaque vrai prêtre éprouve la même compassion déchirante lorsqu'il survole une grande ville, Paris, New York ou Londres. En bas, il voit avec les yeux du Christ des millions d'âmes non nourries par l'Eucharistie, non guéries par la pénitence, vivant dans des maisons bâties sur le sable parce qu'elles ne connaissent pas le Rocher. Il voit en elles ce que Notre Seigneur a vu lorsqu'Il regardait les foules : le danger de la perte éternelle ! Voici d'innombrables hectares mûrs pour la moisson, mais combien sont les ouvriers pour la récolter !

Notre Seigneur indique que cette moisson d'âmes est convertible. Il est enthousiaste quant aux perspectives de gagner des âmes, et Ses paroles visent à transmettre cet enthousiasme à Ses prêtres. Il fit une expression similaire d'anticipation confiante lorsque les foules sortirent de Samarie pour entendre Ses paroles :

Pourquoi, levez les yeux, je vous le dis, et regardez les champs, ils sont déjà blancs pour la moisson.

(Jean 4:35)

Comme le blé ne s'oppose pas à la faucille, ainsi les foules ne s'opposeront pas à nous. On se demande si nous ne sous-estimons pas la possibilité des conversions. L'échec peut simplement résider dans notre préparation et notre approche défectueuses. Les incroyants n'iront pas écouter des philosophes, mais ils iront écouter des saints. Les prêtres qui travaillent dans les bidonvilles au milieu des exclus rapportent qu'ils rencontrent rarement une insulte. Comme le blé, les foules ne se plieront qu'à un certain type de moissonneur. Ne nous trouvant pas tels que nous devrions être, ils nous tournent le dos. Mais lorsqu'ils rencontrent un prêtre dont la vie exprime le message qu'il apporte, ils sont prêts à être moissonnés.

Ce que Notre Seigneur nous a demandé de prier, c'étaient des ouvriers. Il n'a pas dit : « Mon Père est Tout-Puissant ; Il peut faire accomplir beaucoup par peu. » Il connaissait l'étendue de la puissance de Son Père, mais Il était aussi un avec Son Père dans le plan divin de sanctification de l'homme avec l'aide des moyens humains. Dans l'Incarnation, Sa nature humaine était *instrumentum conjunctum divinitatis*. Dans la prolongation de Son Incarnation, Il nous utilise comme instruments. Bien qu'Il puisse moissonner sans hommes, Il ne le fera pas.

Mais seuls les ouvriers, et non les oisifs, sont des instruments acceptables. Le prêtre doit étudier pour parfaire son esprit, sans lasser le peuple par des répétitions usées. Il est vrai que «*les paroles vous seront données au moment venu*» (Matthieu 10,19); Mais ce que Notre Seigneur a ici promis n'était pas l'inspiration pour ceux qui ne préparent pas leur message, mais l'aide de l'Esprit pour ceux persécutés au-delà des ressources humaines. Dans les desseins de la Providence, le don de la persévérance finale peut dépendre pour un prêtre non seulement de la quantité de mal qu'il a fait, mais du bien qu'il a laissé inachevé.

Les ouvriers doivent aller dans les champs de la moisson, vers les foules, vers les incroyants, vers les abandonnés, les sans gouvernail. N'est-il pas possible que le Seigneur retienne de nombreuses vocations dans les diocèses et les sociétés missionnaires à cause de l'usage croissant des prêtres dans des activités strictement séculières? Pourquoi Dieu appelle-t-Il spécifiquement un homme à la prêtrise? Il n'est pas aisé de justifier le placement d'un prêtre dans les assurances, la construction, la comptabilité, la banque, la publicité et la promotion, alors que le besoin est si urgent de faiseurs de convertis, de missionnaires pour aller chercher les brebis perdues et les conduire doucement au sein du troupeau du Christ. Manquons-nous de laïcs dévoués et fiables capables d'accomplir ces tâches aussi bien, voire mieux? Si le Seigneur était si attentif aux fragments de Pain, qu'Il ordonna de rassembler, ne va-t-Il pas exiger jalousement que Ses prêtres accomplissent précisément ce pour quoi Il les a appelés?

Pourquoi Notre Seigneur, lorsqu'Il parlait des vocations, a-t-Il précisément souligné le mot « Priez! »? Parce que la prière est l'expression de la Communauté chrétienne et le désir ardent de l'Église. De même que l'Église reçoit le Pape qu'elle mérite, elle reçoit aussi le genre et le nombre de prêtres qu'elle mérite. Pourquoi l'Irlande et la Hollande ont-elles tant de vocations? Parce que le peuple catholique de ces petits pays, riches de leur Foi, désire des prêtres, et il prie pour recevoir les prêtres qu'il désire. Pourquoi certains pays en ont-ils si peu? Parce que peu de gens, même peu de parents, prient pour les prêtres. "Demandez, et le don vous sera accordé" (Luc 11,9). Pouvons-nous espérer recevoir si nous ne demandons pas? Il y a probablement des centaines de milliers de vocations suspendues au Ciel par des cordons de soie; la prière est l'épée qui les tranche. Les ouvriers sont potentiellement disponibles dans le Cœur du Christ; ce sont nos supplications qui les actualisent. *"... Et je n'ai jamais été consulté?"* (Ésaïe 30,2).

Y a-t-il des prières dans l'Église pour les vocations? Les mères prient-elles pour les vocations de leurs enfants? Les fidèles prient-ils le Seigneur *"pour envoyer des ouvriers à la moisson"* (Matthieu 9,38)? Les enfants d'école prient-ils pour l'appel de Dieu?

Ce que la Communauté chrétienne désire ardemment, le Seigneur de la Moisson l'accordera. C'est pourquoi Notre Seigneur nous a dit de prier. Le commandement était destiné à tous, mais il fut donné directement et spécifiquement aux Apôtres et aux disciples, en tant qu'ambassadeurs et collaborateurs parmi le peuple. La prière dans l'Église est seule primordiale; la publicité et ses méthodes sont secondaires. La recherche des vocations commence à genoux. Un évêque n'avait eu aucun candidat pour la prêtrise depuis deux ans. Il entreprit une campagne de prière dans les écoles de son diocèse, et sans aucune autre publicité, il avait suscité quarante vocations à la fin d'une année.

Le mot grec original (èkßállw) pour « envoyer » des ouvriers dans les champs est plus fort que le latin (Matthieu 9,38). Cela signifie que le Seigneur de la moisson les pousserait dehors ou les propulserait en avant. Le même mot grec est utilisé par Matthieu (8,31) pour l'expulsion d'un diable hors d'un homme (bien que des mots différents soient employés pour décrire l'incident dans Marc 5,8 et Luc 8,29); Il faut une grande puissance pour insuffler la prêtrise en un homme. Cette puissance, Notre Seigneur a dit qu'Il l'exercerait si nous priions. Il est même suggéré que, de lieux totalement inattendus et impossibles, Il inspirerait des vocations.

Effet sur la Communauté en matière de sainteté ou de péché

Chaque moindre défaillance de notre part soumet la communauté au jugement de Dieu. Chaque plus petite augmentation de vertu sacerdotale lui apporte bénédiction.

Lorsque les Israélites prirent Jéricho (Josué 6:1-21), Dieu ordonna que la ville soit détruite, et que ses richesses Lui soient données comme fruit de la victoire. Mais un Israélite désobéit. Cédant à la tentation, Acan s'appropria un vêtement et quelques ornements précieux, violant le commandement divin (Josué 7:1). Plus tard, lorsque Josué fut battu en bataille, le Seigneur révéla que la raison de sa défaite était le péché secret d'Acan. Le mal d'un seul apporta destruction et mort à toute sa communauté.

Les péchés personnels, même les plus secrets, ont des répercussions sur toute l'Église. Un doigt coupé fait souffrir tout l'homme. L'onde provoquée par une pierre jetée dans un étang touche chaque point sur la rive. Une violation cachée de la Loi du Christ par l'un de Ses membres résonne et perturbe l'équilibre de tout le Corps mystique.

Josué, sous l'inspiration de Dieu, ordonna la destruction d'Acan et des biens volés :

La sainteté du prêtre

Et là Josué dit : Tu nous as apporté le malheur, et maintenant c'est au tour du Seigneur de t'apporter le malheur.

(Josué 7:25)

Or, si le péché d'un simple laïc affectait ainsi l'ecclésia d'Israël, combien plus les manquements d'un prêtre doivent-ils affecter l'ecclésia Dei ! Mais l'influence d'une bonne âme, d'un saint, agit pour le bien de toute la communauté. Dieu était prêt à épargner Sodome et Gomorrhe pour l'amour de quelques justes. Abraham s'arrêta à dix, et les villes furent détruites (Genèse 18:16-19; 28). Mais Dieu ne s'arrête pas nécessairement à dix. Les bénédictions, les vocations et les conversions abondent, et les jugements sont évités grâce à la minorité qui est bonne. Pour l'amour de Jacob, Dieu multiplia les troupeaux de Laban (Genèse 30:27). Par respect pour Joseph, Dieu fit prospérer la maison de Potiphar (Genèse 39:5). La ville méchante de Séghor fut sauvée à cause de la prière de Lot :

Encore une fois, dit-Il, je cède à Ta supplication ; Je ne détruirai pas la ville pour laquelle Tu intercèdes.

(Genèse 19:21)

À cause de Paul, 276 âmes furent sauvées lors d'une violente tempête en mer (Actes 27:24,34).

Avant que Dieu n'envoie Jérusalem en captivité comme châtiment, Il dit à Jérémie qu'un seul homme juste la sauverait :

Fais le tour de Jérusalem, parcours ses rues en criant ; et si tu trouves là un homme qui accomplit fidèlement son devoir et garde sa foi, alors la ville sera pardonnée.

(Jérémie 5:1)

Après avoir infligé le Jugement à Jérusalem, Il en donna la raison :

Qui fermerait la brèche, intercéderait auprès de Moi pour épargner la terre de la ruine? Jamais un homme ne fut trouvé! Quelle merveille si J'ai déversé Ma vengeance, les ai consumés dans Ma colère? Ce n'était que leur juste châtiment que Je leur ai donné, dit le Seigneur Dieu.

(Ézéchiel 22,30-31)

Enfin, lorsque viendra le Jugement dernier, les jours de vengeance,

il n'y aurait eu aucune créature humaine, si le nombre de ces jours n'avait été abrégé; mais ces jours seront abrégés, à cause des élus.

(Matthieu 24,22)

Il se pourrait bien que la colère de Dieu — et n'oublions pas que la Révélation (6,16) parle de *ira Agni* — soit retenue à cause des âmes saintes parmi le clergé, les religieux et les laïcs. Dieu ne pouvait frapper tant que Moïse se tenait entre Lui et le peuple.

Ainsi le Seigneur s'est repenti, et a épargné à Son peuple le châtiment qu'Il avait menacé.

(Exode 32:14)

Quels convertis la prière pourrait-elle gagner dans les terres de mission ! Le matérialisme du Japon se briserait, comme la coquille d'un œuf, pour révéler la vie intérieure, si seulement nous priions pour le Japon. Quel sacrifice si léger, et pourtant combien cela signifierait pour le Vicaire du Christ, si chaque prêtre vivant dans le confort envoyait ne serait-ce que quelques-uns de ses offrandes de Messe au Saint-Père par l'entremise de sa Société pour la Propagation de la Foi !

Ô bienheureux intercesseurs que nous sommes ! Le sel de la terre ! Les lumières du monde ! Sans les hommes de bien, le monde serait corrompu et plongé dans les ténèbres. Nous nous sanctifions non pour nous-mêmes en tant qu'individus, mais pour tous en tant que peuple de Dieu. Nous ne sauvons pas notre âme seule ; soit nous la sauvons dans le contexte de nos prochains et du Corps mystique, soit nous la perdons. Aucune cellule de mon corps ne peut vivre normalement hors de mon corps, mais mon corps peut vivre sans aucune cellule individuelle donnée. *In toto Christo* nous vivons et œuvrons.

Négliger l'intercession, c'est pécher contre Dieu.

Jamais je ne puisse offenser le Seigneur en cessant de prier pour vous et de vous indiquer les bons chemins, les chemins justes.

(1 Rois 12:23 [1 Samuel 12;23, RSV])

Si nous, prêtres, manquons d'un cœur pour soupirer et pleurer les abominations et les misères d'autrui, grande est notre raison de craindre pour nous-mêmes. Nous ne pouvons parler d'une communion ininterrompue avec Notre Seigneur sans une communion ininterrompue avec l'Église et le monde.

Dieu a prouvé Son amour pour nous en donnant Sa vie pour nous; nous devons aussi être prêts à donner notre vie pour nos frères.

(1 Jean 3:16)

Choisir les candidats à la prêtrise

Puisque la sainteté du prêtre dans les desseins de Dieu rend l'Église sainte, ceux qui aspirent à la prêtrise mais manquent de sainteté doivent être purifiés.

Ne vous a-t-on jamais dit qu'un peu de levain suffit pour faire lever toute la pâte? Écartez le vieux levain, afin que vous soyez une pâte nouvelle, sans levain, comme vous l'êtes.

(1 Corinthiens 5,6-7)

Lorsque des techniques de relations publiques sont employées pour promouvoir les vocations, par le biais de publicités dans des publications religieuses et d'envois postaux directs destinés à encourager les jeunes à rejoindre une société ou une communauté donnée, le danger est toujours présent que l'on privilégie les chiffres au détriment de la qualité. Saint Thomas insiste sur le fait que l'élimination des candidats inaptes est une obligation pour ceux chargés de la sélection.

Deus numquam ita deserit Ecclesiam suam quin inveniantur idonei ministri sufficienter ad necessitatem plebis, si digni promoverentur et indigni repellerentur. Et sic non posset tot ministros inveniri, quot modo sunt, melius est habere paucos ministros bonos quam multos malos (Supp. q. 36, art. 4, ad I).

On ne peut qu'être frappé par la signification symbolique des instructions que Dieu donna à Gédéon pour identifier les troupes d'élite de son armée :

Sépare ceux qui lèchent l'eau comme des chiens, et ceux qui s'agenouillent pour boire.

(Juges 7,5)

Et qui furent marqués pour l'élimination ? Ceux qui se mirent à l'aise en s'allongeant à plat ventre et en buvant tranquillement. Et qui furent pris ?

Mais le Seigneur dit à Gédéon : Ces trois cents hommes qui lèchent l'eau te donneront la délivrance.

(Juges 7,7)

De grandes vérités sont révélées et confiées à la garde de quelques-uns qui se consacrent à la bataille de la foi. L'apparence imposante d'un grand nombre peut nous aveugler quant au besoin de l'aide de Dieu, peut nous faire négliger la nécessité de former les séminaristes à être des prêtres-victimes. D'où le conseil de Saint Paul à Timothée :

Quant à l'imposition des mains, ne la donne pas à la légère, de peur de partager la responsabilité des péchés d'autrui.

(1 Timothée 5:22)

Présenter des candidats à l'ordination sans un jugement dû, c'est risquer d'être tenu responsable des manquements ultérieurs de ceux qui déçoivent le grand Grand Prêtre. Le prêtre doit donc éviter les méthodes du monde dans la promotion des vocations. Il est possible de gagner des clients en affaires par des techniques publicitaires, mais les vocations exigent une approche différente. Nous ne serons peut-être jamais nombreux, nous ne serons peut-être jamais sages aux yeux du monde, mais tout ce que nous faisons doit être accompli par la folie de la Croix.

Considérez, frères, les circonstances de votre propre appel ; vous n'êtes pas nombreux à être sages selon la manière du monde, pas nombreux à être puissants, pas nombreux à être bien nés.... aucune créature humaine ne devait avoir de motif à se vanter devant Dieu.

(1 Corinthiens 1:26,29)

Valeur des prières pour les vocations dans la famille

Chaque famille est une Église au sein de l'Église. "Saluez les frères à Laodicée, ainsi que Nymphas, et l'Église qui est dans sa maison" (Colossiens 4:15).

L'exemple classique des prières d'une mère pour une vocation est Anne. Anne était stérile. "Pourquoi le Seigneur lui avait-il refusé la maternité ?" (1 Rois 1:5 [1 Samuel 1:5, RSV]). Elle promit à Dieu que s'Il lui envoyait un fils, elle le consacrerait à Dieu comme prêtre. Dans la prière, trois fois elle s'appela humblement la servante du Seigneur, s'adressant à Lui comme au « Seigneur des armées » (1 Rois 1:11 [1 Samuel 1:11, RSV]). Le Magnificat appelle la prière d'Anne. Elle priait si ardemment que le grand prêtre Élie pensa qu'elle était ivre, disant : « Seras-tu toujours ivre ? Donne un repos à ton ventre du vin qui t'égare ainsi » (1 Rois 1:14 [1 Samuel 1:14, RSV]).

Cependant, Anne n'était pas ivre. Elle ne faisait que répandre son âme devant le Seigneur (1 Rois 1:15 [1 Samuel 1:15, RSV]). En temps voulu, sa prière fut exaucée, et elle appela son fils Samuel, «

La sainteté du prêtre

en signe qu'il était un don qu'elle avait obtenu du Seigneur » (1 Rois 1:20 [1 Samuel 1:20, RSV]).

Anne n'avait pas seulement demandé un fils, mais un fils qu'elle pourrait consacrer à Dieu. Elle le mit au service du temple où « en grandissant, il avançait en faveur à la fois auprès de Dieu et des hommes » (1 Rois 2:26 [1 Samuel 2:26, RSV]). Plus tard, il y eut un déploiement formel de la vocation de Samuel, lorsque trois fois « l'appel du Seigneur vint à Samuel » (1 Rois 3:4 [1 Samuel 3:4, RSV]). À chaque fois, Samuel pensait que c'était Élie qui l'appelait, courant vers lui à chaque fois en disant :

Je viens, répondit-il ; puis il courut trouver Élie et dit : Je suis ici à ton appel.... Jusqu'alors, Samuel était étranger à la voix divine ; Le Seigneur ne lui avait fait aucune révélation.

(1 Rois 3:5,7 [1 Samuel 3:5,7, RSV])

Samuel prit la voix de Dieu pour celle d'Élie, mais Élie lui dit que la prochaine fois qu'il entendrait la voix, il devait dire : « Parle, Seigneur ; ton serviteur écoute » (1 Rois 3:9 [1 Samuel 3:9, RSV]).

Dieu appelle Ses serviteurs à des tâches qui ne se manifestent que par degrés. Trop souvent, nous disons : « Dis-moi d'abord ce que tu veux que je fasse, et je verrai si je le veux. » Mais le conseil de l'ancien prêtre à Samuel fut : « Mets-toi entre les mains de Dieu. Il te montrera ton œuvre. » Saint Paul reçut l'ordre d'aller à Damas, et sa vocation lui serait révélée. Lorsque nous ouvrons nos oreilles, Dieu ouvre Ses lèvres. Nous connaissons la Vérité de Dieu lorsque nous accomplissons Sa volonté. Plus tard, Samuel fut appelé à recréer Israël comme Moïse l'avait créé.

Le sens de cette histoire est qu'une vocation naît de la prière, souvent celle d'une mère, même lorsque tout semble désespéré. Dans une enquête menée auprès d'un groupe de séminaristes, trois sur quatre ont indiqué que leurs mères avaient été une source majeure d'inspiration dans le développement de leur vocation. Saint Paul avait déjà souligné l'influence d'une mère et d'une grand-mère dans la formation de la vocation de Timothée.

Cette Foi habitait ta grand-mère Loïs, et ta mère Eunice, avant toi ; Je suis pleinement persuadé qu'elle habite aussi en toi.

(2 Timothée 1,5)

Saint Paul loue la foi de ce jeune prêtre et en trouve la cause instrumentale dans un milieu familial pieux. C'est la troisième génération de cette famille fidèle qui porta le fruit d'une vocation. Origène conjecturait qu'elles étaient parentes de Saint Paul. À l'instar des célèbres mères d'Augustin, de Chrysostome et de Basile, et comme la mère de bien des prêtres aujourd'hui, leur sincérité et leur foi non feinte ont produit un héritage pour l'Église. Lord Shaftesbury a dit un jour : « Donnez-moi une génération de mères chrétiennes et je changerai la face de la terre en douze mois. »

La décadence du foyer est souvent tenue responsable de la rareté des vocations en notre temps. Bien que cela soit vrai, n'oublions pas les foyers chrétiens ! Nous pouvons trop facilement devenir comme Élias, déplorant la corruption d'Israël.

Voyez comme les fils d'Israël ont oublié Ton alliance, renversé Tes autels, et mis Tes prophètes à l'épée ! De tous, je ne suis resté que moi, et maintenant ma vie aussi est perdue.

(3 Rois 19:14 [1 Rois 19:14, RSV])

Le Seigneur lui dit néanmoins qu'il avait été plus fidèle qu'il ne le croyait :

Pourtant, j'ai l'intention de laisser sept mille hommes en tout Israël ; des genoux qui ne se sont jamais prosternés devant Baal.

(3 Rois 19:18 [1 Rois 19:18, RSV])

Il y a beaucoup de bien, si seulement nous le cherchions. Ce que Pascal a dit s'applique également aux vocations et aux convertis : «

Il n'y a que deux classes d'hommes qu'on puisse appeler rationnels — ceux qui servent Dieu de tout leur cœur parce qu'ils Le connaissent, et ceux qui Le cherchent de tout leur cœur parce qu'ils ne Le connaissent pas. » *

(*Pensées de Pascal, « Apologie,» no 2106, traduit par H. F. Stewart, D.D., Pantheon Books, Inc., 1950.)

Nous pouvons facilement être trop sévères envers les autres. Lorsque Jacques et Jean suggérèrent au Christ de punir les Samaritains qui ne voulaient pas Le recevoir, ils reçurent cette réprimande :

Tu ne comprends pas, dit-Il, quel esprit c'est que celui que vous partagez. Le Fils de l'Homme est venu pour sauver la vie des hommes, non pour la détruire.

(Luc 9,55)

Peu nombreux sont les prêtres dont le service envers leurs troupeaux mérite le tribut rendu par les Galates à Saint Paul, lorsqu'ils le décrivaient « comme l'ange de Dieu, comme Christ Jésus » (Galates 4,14); mais l'occasion est présente à chaque instant pour chaque prêtre de ressentir sa grandeur et sa petitesse, sa puissance et son néant.

> O sacerdos ! Qui es-tu ?
> Tu n'es pas à toi, car tu es du néant.
> Tu n'es pas pour toi, car tu es médiateur auprès de Dieu.
> Tu n'es pas pour toi-même, car tu dois vivre pour Dieu seul.
> Tu n'es pas à toi, car tu es serviteur de tous.
> Tu n'es pas toi, car tu es un autre Christ.
> Que donc es-tu ? Rien et tout,
> ô sacerdos !

~ 5 ~

Le Saint-Esprit et le Prêtre

Puisque le prêtre est un *alter Christus,* il doit connaître le rôle que l'Esprit a joué dans la vie du Christ.

À chaque instant de Sa vie sur la terre, le Sauveur était entièrement sous la conduite de l'Esprit. Tout comme le souffle de Dieu agitait les eaux à l'aube de la création et que le Seigneur dit, « *Que la lumière soit* » (Genèse 1,3), ainsi l'Esprit inspira Marie au moment même de l'Incarnation.

> *Le Saint-Esprit viendra sur toi, et la puissance du Très-Haut te couvrira de son ombre. C'est pourquoi cet enfant saint qui naîtra de toi sera appelé Fils de Dieu.*
>
> (Luc 1,35)

Lors de Son baptême, on vit :

> *L'Esprit, semblable à une colombe, descendre et reposer sur Lui.*
>
> (Marc 1,10)

Il revint du Jourdain

> *plein du Saint-Esprit, et c'est par l'Esprit qu'Il fut conduit dans le désert, où Il demeura quarante jours, tenté par le diable.*
>
> (Luc 4,1-2)

Alors que les accords de Son Cœur vibrent encore en réponse à une voix venue du Ciel, Il est conduit par l'Esprit dans le désert. N'est-ce pas Saül, au matin de sa vie en Christ, qui fut envoyé pendant trois ans en Arabie? Le caractère ne se forge-t-il pas à travers une lutte directe et personnelle, avec les forces du bien et du mal? "Nul ne sera couronné s'il n'a combattu..." Il fut conduit, sous la direction de l'Esprit, dans un désert pour une épreuve. Comme Moïse à Madian, comme David autour de Bethléem, comme Élias autour d'Horeb, ainsi l'Esprit attire le Sauveur au retrait. David doit affronter Goliath seul avant de pouvoir affronter les armées des Philistins. Chaque prêtre doit d'abord remporter la victoire spirituelle seul et en lui-même, avant de pouvoir répéter cette victoire dans la vie des autres.

Ensuite, les dons pour Sa mission sur la terre Lui furent communiqués de la même source. Comme Ésaïe l'avait prédit :

> *Un enfant naîtra, sur qui reposera l'Esprit du Seigneur ; un Esprit de sagesse et d'intelligence, un Esprit de conseil et de force, un Esprit de connaissance et de piété, et la crainte du Seigneur remplira son cœur.*
>
> (Ésaïe 11,2-3)

Après avoir chassé le tentateur, Il retourna dans sa ville natale de Nazareth et, dans la synagogue, Il lut la leçon prescrite du jour, paraphrasant Ésaïe (61,1-2), montrant par ses premiers mots que chacune de ses actions, particulièrement sa prédication, était l'œuvre de l'Esprit. Il était sorti du combat, non affaibli, mais renforcé.

> *L'Esprit du Seigneur est sur moi ; Il m'a oint et m'a envoyé pour annoncer l'Évangile aux pauvres, pour guérir ceux qui ont le cœur brisé ; pour proclamer la liberté aux captifs, et le recouvrement de la vue aux aveugles ; pour libérer les opprimés, pour proclamer une année de grâce du Seigneur, un jour de vengeance.*
>
> (Luc 4,18-19)

Plus tard, c'est par l'Esprit qu'Il triomphe des ennemis les plus puissants :

> *Quand je chasse les démons, c'est par l'Esprit de Dieu.*
>
> (Matthieu 12,28)

Le Saint-Esprit et le Prêtre

Le mal est vaincu par l'Esprit, non par des plaintes ou des invectives. Attribuer une telle victoire à une autre puissance est un blasphème contre l'Esprit. Ensuite vient le rôle de l'Esprit dans la Crucifixion — une vérité sublime souvent oubliée.

> *...le Sang du Christ, qui s'est offert, par le Saint-Esprit, en Victime.*
>
> (Hébreux 9,14)

Il est à la fois Prêtre et Sacrifice, par l'Esprit, qui seul réalise cette unité, en Lui ou en nous. C'est aussi l'Esprit qui confère au sacrifice une efficacité éternelle. L'Esprit nous aide à surmonter la difficulté créée par le fait que le sacrifice de Notre Seigneur a eu lieu sur une colline, et appartient pourtant à un sanctuaire céleste. C'est l'Esprit, indépendant du temps et du lieu, qui rend possible notre renouvellement quotidien du Calvaire.

L'Esprit a également joué un rôle dans Sa Résurrection et Sa descente aux Limbes.

> *Dans Sa nature mortelle, Il a été mis à mort, mais doté d'une Vie nouvelle en Son Esprit, et c'est en Son Esprit qu'Il est allé prêcher aux esprits qui étaient en prison.*
>
> (1 Pierre 3:18,19)

Le même Saint-Esprit agit en communiquant les mérites de la Rédemption à l'humanité, et particulièrement par le ministère de la prêtrise. Même l'annonce préalable de notre salut a été accomplie par l'Esprit. Saint Pierre, regardant en arrière sur toutes les prophéties, dit qu'elles regardaient vers le Christ par l'Esprit :

> *Le salut était le but et la quête des prophètes, et la grâce dont ils ont prophétisé a été réservée pour vous. L'Esprit du Christ était en eux, leur faisant connaître les souffrances que la cause du Christ entraîne, ainsi que la gloire qui les couronne ; Quand cela devait-il avoir lieu, et comment ce moment devait-il être reconnu ?*
>
> (1 Pierre 1,10-11)

Le Saint-Esprit et le Prêtre

Grâce à l'Esprit, les prophètes ont préannoncé le Christ ; grâce à l'Esprit, les Apôtres l'ont annoncé. Ceux qui ont l'Esprit savent que le Christ est le centre de l'univers ; que toute l'histoire jusqu'au moment de l'Incarnation le regardait, et que toute l'histoire depuis le moment de l'Ascension est une préparation à sa seconde venue. Certains érudits modernes ne voient dans les Écritures qu'un « mythe » ; Pierre nous invite à reconnaître en elles l'Esprit. Comme l'Esprit a agi pour annoncer le Christ, ainsi l'Esprit agit pour continuer le Christ. La nuit de la Dernière Cène, Notre Seigneur dit à ses prêtres que le Père enverrait l'Esprit en son nom (Jean 14,26). Après la Résurrection, Il souffla sur eux en disant :

Recevez le Saint-Esprit.

(Jean 20,22)

Il semble presque que, dans le mystère de la Rédemption, chaque Personne de la Sainte Trinité se cache derrière l'autre. Le Fils se cache derrière le Père, car c'est le Fils qui révèle le Père. De même, nous ne connaîtrions jamais l'Amour du Père s'Il n'avait pas envoyé Son Esprit. Le Fils, à son tour, se cache derrière le Saint-Esprit, car c'est par le Saint-Esprit que nous comprenons que Jésus est le Seigneur. Jésus Lui-même a insisté sur cet aspect. Il a souligné que c'était le Saint-Esprit qui Le révélerait.

À la Dernière Cène, Notre Seigneur expliqua le rôle du Saint-Esprit dans la vie de Ses prêtres. Il venait de dire à Ses disciples qu'ils seraient persécutés comme Il avait été persécuté. Maintenant, Il leur dit que, bien que l'Esprit ne se manifesterait pas visiblement sous une forme humaine, comme Il l'avait fait, l'Esprit leur ferait comprendre ce que Lui, Jésus, leur avait dit :

Eh bien, lorsque l'Esprit de vérité, qui procède du Père, viendra pour vous être ami, Celui que Je vous enverrai de la part du Père, Il rendra témoignage de ce que J'étais.

(Jean 15,26)

C'est l'Esprit qui révèle au prêtre toute l'étendue de sa mission au fil des jours, à mesure que surgissent de nouveaux problèmes et que de nouveaux ennemis le haïssent. De nouvelles dimensions de sens dans la Vie du Christ, dont nous n'avions jamais rêvé auparavant, deviendront claires. Ce témoignage intérieur de la profondeur et de la valeur du Christ sera notre soutien dans un monde hostile. Notre compréhension de la Vie du Christ ne se limitera pas aux étroites frontières de Bethléem et de Jérusalem.

Et Il me glorifiera, car c'est de moi qu'Il tirera ce qu'Il vous révélera.

(Jean 16:14)

Glorifier ou honorer le Christ signifie manifester Son excellence cachée lorsque Sa nature humaine fut admise à la pleine participation de la puissance et de la gloire du Père. Cela, l'esprit humain ne peut concevoir ni appréhender; Entrer dans ce mystère est l'œuvre de l'Esprit du Christ glorifié.

Ceux qui prétendent ne vouloir que le « Jésus des Évangiles » oublient que les Évangiles parlent de la Révélation pleine de Notre Seigneur par Son Esprit. Il proclamait même l'incomplétude de Ses paroles, insistant sur le fait qu'une connaissance plus complète viendrait plus tard.

Si Notre Seigneur était demeuré sur la terre, Il n'aurait été qu'un exemple à imiter. En quittant la terre pour le ciel, Il devient une Vie à vivre. C'est pourquoi il valait mieux qu'Il s'en aille.

L'Esprit révèle le Christ

Un prêtre rencontre souvent un homme, un homme bon, mais à qui Dieu n'a pas donné le don inestimable de la Foi. Cet homme évaluera Jésus-Christ. Il Lui sera juste dans les limites de son propre jugement humain. Le Christ était un grand penseur et un homme saint, dira-t-il, l'assimilant à Bouddha, Confucius, Socrate et Platon. Saint Paul, cependant, nous dit :

Le Saint-Esprit et le Prêtre

Ce n'est que par le Saint-Esprit que quelqu'un peut dire : Jésus est le Seigneur.

(1 Corinthiens 12,3)

Ceux qui n'ont pas l'Esprit l'appellent « un grand homme », un « enseignant », un « maître » ; mais le voir comme le Seigneur du ciel et de la terre, comme le Fils du Dieu vivant, ne vient que par le Saint-Esprit.

Cela étant, ne serait-il pas possible que notre incapacité à lire les Écritures, à prêcher la Rédemption, à inspirer les convertis, à offrir une meilleure direction spirituelle, à convertir les pécheurs, provienne du fait que nous n'avons pas suffisamment médité et assimilé les conseils que le Seigneur nous a donnés lors de la Dernière Cène ?

Pourquoi certains se sentent-ils mal à l'aise en la Présence de Dieu ? Est-ce en raison d'un amour excessif du confort, d'un esprit d'envie et de jalousie, d'un plaisir à leur statut de clercs, d'une sorte d'activisme épée en main au lieu de la prière et de la veille ? Ce manque de l'Esprit du Christ n'expliquerait-il pas une réticence à paraître plus souvent et plus joyeusement en Sa Présence eucharistique ? Une personne qui détesterait les mathématiques ne serait-elle pas malheureuse à une convention de mathématiciens ? L'âme qui haïrait la Vérité (pour parler en termes humains inadéquats) souffrirait davantage au Ciel qu'en enfer ; Par analogie, le manque de l'Esprit du Christ nous fait reculer devant Sa compagnie.

Il doit y avoir un rendez-vous, si des amis veulent se rencontrer et cheminer ensemble.

(Amos 3:3)

Le prêtre ne doit pas remettre cette union avec le Saint-Esprit à un moment plus opportun (Actes 24:25). S'il néglige sa croissance, la déchéance s'installe. Il vient un temps où il est trop tard pour se repentir, même pour demander une goutte d'eau afin de « rafraîchir ma langue » (Luc 16:24).

Le baptême fait de tout Chrétien une créature nouvelle et un ambassadeur du Ciel. L'ordination intensifie ces attributs spirituels chez le prêtre. Mais bien que nous dispensions la sainteté, nous ne sommes pas automatiquement saints. C'est l'Esprit qui nous rend chaque jour plus sacerdotaux parce qu'Il prend les choses du Christ et nous les révèle, rappelant à notre mémoire toutes les paroles du Christ (Jean 16:14 ; 14:26). Devenir un prêtre saint ne s'achève pas le jour de l'ordination, ni les bénédictions de l'Esprit ne coulent vers nous sans un grand effort de notre part. Nous sommes des « coopérateurs avec Dieu ». Nous avons besoin de connaissance si nous voulons la communiquer aux autres, si nous voulons soumettre nos appétits corporels (1 Corinthiens 7,29-31), et si nous voulons être patients sous la pression du travail, aimant chaque être humain avec cette charité qui découle de la conscience que Notre Seigneur est mort aussi pour eux. Toutes ces qualités sont progressives, et c'est celui qui lui-même a mené ce combat ardu qui a le mieux exprimé ce que cela signifie :

> *Et vous aussi devez fournir tous les efforts de votre part, couronnant votre foi par la vertu, et la vertu par l'éclairage, et l'éclairage par la continence, et la continence par la persévérance, et la persévérance par la sainteté, et la sainteté par l'amour fraternel, et l'amour fraternel par la charité. De tels dons, lorsqu'ils sont vôtres en pleine mesure, feront de vous des élèves prompts et efficaces, atteignant une connaissance toujours plus proche de notre Seigneur Jésus-Christ ; Celui qui en est dépourvu n'est pas mieux qu'un aveugle tâtonnant ; Ses anciens péchés ont été purgés, et il les a oubliés. Éveillez-vous donc, frères, toujours plus ardemment, pour ratifier l'appel et le choix de Dieu à votre égard par une vie bien vécue.*

(2 Pierre 1:5-10)

Le rôle du Saint-Esprit dans l'intensification du conflit

Chaque prêtre, bien qu'ordonné pour être un Pierre, conserve en lui la fragilité de la nature simonienne. Saint Paul décrit la guerre civile qui en résulte entre Pierre et Simon.

Intérieurement, j'applaudis la disposition de Dieu, mais j'observe une autre disposition en mon moi inférieur, qui fait la guerre à la disposition de ma conscience, et ainsi je suis livré captif à cette disposition au péché que mon moi inférieur contient. Créature pitoyable que je suis, qui me délivrera d'une nature ainsi vouée à la mort ? Rien d'autre que la grâce de Dieu, par Jésus-Christ notre Seigneur. Si je suis laissé à moi-même, ma conscience est à la disposition de Dieu, mais mes puissances naturelles sont à la disposition du péché.

(Romains 7,22-25)

Même avant Paul, Platon avait observé qu'il y a en chacun de nous une guerre contre lui-même. Quiconque ne prend pas l'épée contre cette nature inférieure est détruit par elle. Le péché prend d'abord possession de la chair ; et une fois enraciné là, il attaque l'esprit et finit par le déloger de sa position d'autorité.

Un homme peut posséder des pouvoirs sacerdotaux et pourtant être gouverné par la nature, car la grâce de l'ordination ne détruit pas la chair :

Vivre la vie de la nature, c'est penser les pensées de la nature ; vivre la vie de l'Esprit, c'est penser les pensées de l'Esprit ; et la sagesse naturelle n'apporte que la mort, tandis que la sagesse de l'Esprit apporte la vie et la paix.

(Romains 8,5-6)

Le prêtre est comme un alpiniste. Le Saint-Esprit l'invite à monter plus haut, mais en dessous de lui se trouvent les abîmes. Ce que le Saint-Esprit accomplit dans l'âme d'un prêtre n'est pas seulement de le rendre plus conscient du combat intérieur, mais aussi de le rendre plus conscient du péché. La grâce divine n'agit pas de manière à empêcher absolument un homme de pécher, mais l'Esprit lui enlève le plaisir. Il n'est pas possible pour un prêtre d'aimer un être humain avec toute la puissance de son âme, précisément parce qu'il est déjà tombé amoureux du Parfait, à savoir le Christ par Son Esprit. Tout autre amour est insatisfaisant et amer.

Un péché commis par un prêtre le fait souffrir plus intensément que ce même péché ne le ferait pour quelqu'un qui n'est pas prêtre. Cela tient au don plus grand de l'Esprit. Imaginez deux hommes épousant deux mégères identiques dans leur nature mécontente. L'un avait connu l'amour d'une épouse belle et dévouée qui était décédée ; l'autre s'était marié pour la première fois.

Lequel des deux souffre le plus ? Évidemment celui qui avait auparavant connu le meilleur amour. Il en est de même pour le prêtre. Ayant goûté à l'extase de l'Esprit d'Amour, il ne peut jamais se satisfaire de substituts humains.

À la Dernière Cène, Notre Seigneur a dit à ceux qu'Il avait choisis comme Ses premiers prêtres comment l'Esprit intensifierait le conflit.

Il viendra, et ce sera à Lui de convaincre le monde de son erreur au sujet du péché...

(Jean 16, 8)

Nul homme ne comprend vraiment le péché s'il le considère seulement comme la transgression de la Loi. C'est un défaut qui résulte du fait de fonder la théologie morale exclusivement sur les Commandements. Cela développe chez les jeunes une attitude qui les pousse à demander : « Est-ce un péché mortel ou véniel ? » Jusqu'où puis-je aller sans commettre un péché grave ? La pleine compréhension du péché ne vient que par le Saint-Esprit, et tant qu'Il n'éclaire pas l'âme, celle-ci demeure aveugle à notre péché. Peu importe la grandeur de nos facultés de raison, nous ne pouvons produire une véritable conviction du péché que par l'Esprit.

Mais que fait l'Esprit dans l'âme ? Notre Seigneur a dit que le Saint-Esprit convaincrait les hommes de péché parce qu'« ils n'ont pas cru en Moi » (Jean 16:9). En ne croyant pas en Lui, les hommes L'ont crucifié. Ainsi, c'est le crucifix qui apporte à l'âme la conscience profonde de la culpabilité. Il devient pour chacun son autobiographie. La peau du Christ est le parchemin, Son Sang l'encre, les clous la plume. Là s'écrit l'histoire de notre vie. Cette relation étroite entre le sens du péché et le crucifix permit à Saint Pierre de gagner trois mille âmes pour le Seigneur le jour de la Pentecôte. Il rappela à ses auditeurs qu'ils avaient crucifié le Christ (Actes 2:36). Pécher contre la foi signifie ainsi refuser de croire en Christ au point de Le rejeter et de Le crucifier.

À moins que l'Esprit ne domine dans cette guerre de Simon et Pierre, le prêtre demeure un enfant dans la nurserie, non un ambassadeur dans le sanctuaire. Le Seigneur lui donne du lait, comme Saint Paul donnait aux Corinthiens *non de la viande; tu n'en étais pas assez fort.... La nature vit encore en toi.* (1 Corinthiens 3,2)

Comme certains glands germent, mais ne deviennent jamais de grands chênes, ainsi certaines ordinations ne produisent que des semis spirituels, non des arbres plantés près des eaux de la vie. Le prêtre spirituellement immature présente deux caractéristiques :

1. Une enfance prolongée. Il y a un assentiment complet au Credo, mais manque la beauté de la sainteté sacerdotale par l'habitation de l'Esprit de Dieu. En raison de cette longue enfance, il y a une oscillation continue entre péché et amendement, échec et rétablissement dans la grâce, petitesse et domination de l'état sacerdotal. Il y a une confession des péchés personnels, mais pas de reconnaissance du fait qu'il présume de la miséricorde de Dieu et qu'il vit dans un état mondain. La chair est la règle de vie et non l'Esprit.

2. Le second signe de cette vie charnelle est qu'elle rend le prêtre incapable de recevoir davantage de vérités spirituelles ; N'étant jamais complètement détaché de la chair, il n'a jamais ce vide qui est essentiel pour recevoir l'Esprit. Un homme peut être vide

d'âme comme le Grand Canyon, mais un tel vide est inutile. Le genre de vide fécond est celui d'un nid, que la colombe du Saint-Esprit peut remplir, ou le vide d'une flûte, à travers lequel le souffle du Saint-Esprit peut jouer les airs joyeux de l'union avec le Christ.

L'Esprit et la Réparation des Péchés

Parce que le Saint-Esprit approfondit notre conscience du péché en relation avec la Crucifixion, le résultat pratique devrait être d'engager le prêtre dans une réparation constante de ses péchés. L'Épître aux Hébreux (5:3) ordonne précisément cela au prêtre ; dans notre langue, elle lui dit d'offrir parfois la Messe pour lui-même. Nos péchés sont plus graves que les mêmes péchés chez les laïcs, c'est pourquoi Dieu a prescrit des sacrifices plus grands pour les prêtres. Le peuple ordinaire pouvait offrir un chevreau pour ses péchés (Lévitique 4:28). Même un chef de nation pouvait faire de même. Mais le prêtre devait offrir un taureau.

> *Une telle transgression, si elle est commise par le Grand Prêtre alors en fonction, entraîne la culpabilité sur tout le peuple, et il doit en faire réparation en offrant au Seigneur un jeune taureau sans défaut.*
>
> (Lévitique 4:3)

La responsabilité est proportionnelle au privilège. Le prêtre représente le peuple, et donc son péché affecte toute l'Église. Il est l'incarnation de la sainteté du peuple en tant que communauté d'adorateurs.

Il serait tout à fait erroné d'imaginer que ceux qui ne vivent pas selon l'Esprit ne ressentent pas de remords, ou que le conflit est absent de leur vie. Le péché qui ne se manifeste pas correctement dans la confession pour être lavé par la contrition et l'absolution se manifeste souvent anormalement dans des complexes, tels que l'imputation de mauvaises intentions aux autres, l'hypercritique ou l'amour des plaisirs distrayants. Une telle condition peut facilement conduire au désespoir. Le diable s'élance alors joyeusement sur sa proie. La Révélation (12,10) appelle le diable « l'accusateur de nos frères ». Avant le péché, Satan nous assure que cela n'a pas d'importance ; après le péché, il nous persuade que c'est impardonnable. Avant le péché, il se présente comme l'ami de l'homme, l'incitant à la révolte ; après le péché, il étouffe l'âme dans la fausse croyance que la délivrance est impossible.

Douter du pardon est le commencement de l'enfer. L'Écriture nous dit que Caïn ne trouva aucun lieu pour la repentance, bien qu'avec des larmes il la cherchât (Genèse 4:13). Le remords, et non la contrition, engendre des larmes inutiles, comme ce fut le cas pour Saül à cause de la perte de sa royauté, pour Judas à cause de la perte de son apostolat, et pour Caïn à cause de la perte de la faveur de Dieu. Mais le Saint-Esprit voit la culpabilité en relation avec le Calvaire pour nous donner une espérance urgente, puis le pardon, car sur cette colline nous entendons le cri :

Père, pardonne-leur ; car ils ne savent pas ce qu'ils font.

(Luc 23:34)

Cet éveil d'un sens du péché par l'Esprit ne s'applique pas seulement au prêtre, mais aussi aux fidèles qu'il conduit comme berger. Les sermons sur le feu de l'enfer éveillent la crainte, mais à moins que l'Esprit soit avec le prédicateur, cette crainte est servile, non filiale. Les âmes sont conduites à la repentance uniquement par « l'Épée de l'Esprit, la Parole de Dieu » (Éphésiens 6:17). Que fait donc cette Épée de l'Esprit dans les âmes ? Elle intensifie le conflit entre le Corps et l'Âme, entre l'esprit du monde et l'Esprit du Christ.

La Parole de Dieu pour nous est vivante, pleine d'énergie ; elle peut pénétrer plus profondément qu'aucune épée à double tranchant, atteignant la division même entre Âme et Esprit, entre jointures et moelle, rapide à discerner toute pensée et dessein dans nos Cœurs.

(Hébreux 4,12)

Les pécheurs sont fondus en contrition par l'Esprit ; ils voient la guerre civile dans leurs propres Âmes par l'Esprit ; l'Esprit révèle les péchés cachés qu'ils espéraient que personne ne pourrait détecter ; l'Esprit montre que l'homme est une créature déchue et a besoin de la puissance d'en haut. L'Esprit convaincra les athées de leur incrédulité. Aucun mal ne peut être crucifié tant qu'il n'est pas reconnu, diagnostiqué et mis en lumière. Le moi se revêt de tant de déguisements que rien d'autre que l'Esprit ne peut le contraindre à révéler son vrai caractère pécheur. Un prêtre animé de l'Esprit du Christ conduira un pécheur à la confession dans des circonstances où le prêtre sans l'Esprit échouera. Réprimander un pécheur dans le confessionnal peut le repousser, mais l'élever dans l'Esprit du Christ fera de lui un véritable pénitent. Même un prêtre naturellement peu éloquent peut, par l'Esprit du Christ, rendre ses paroles efficaces au-delà de ses talents oratoires :

> *Nous sommes certes humains, mais ce n'est pas par une force humaine que nous combattons nos batailles. Les armes avec lesquelles nous combattons ne sont pas des armes humaines ; elles sont divinement puissantes, prêtes à renverser des forteresses. Oui, nous pouvons abattre les prétentions des hommes, chaque barrière d'orgueil qui s'oppose à la vraie connaissance de Dieu ; nous faisons plier tout esprit au service du Christ...*
>
> (2 Corinthiens 10:3-6)

L'Esprit et l'Amour des Âmes

Chaque prêtre, lorsqu'il se présentera devant le Seigneur pour le Jugement, se verra demander : « Où sont tes enfants ? » La vocation du prêtre est avant tout de engendrer des âmes en Christ. Monterons-nous en chaire pour dénoncer la contraception contre nature dans la chair, alors que nous la pratiquons dans l'esprit ? Doit-on blâmer les mères de ne pas avoir plus d'enfants lorsque nos registres baptismaux ne montrent aucune âme engendrée en Christ depuis des années? Les limites de notre paroisse et la frontière de notre devoir ne sont pas seulement les fidèles, mais aussi « d'autres brebis qui ne sont pas de ce pli » (Jean 10,16). Chaque âme est notre responsabilité, et beaucoup entreraient dans l'Église, si seulement nous les en priions. L'erreur de nombreux prêtres est qu'ils se préoccupent davantage de l'administratif que de l'évangélique.

Organisons-nous pour le salut des âmes avec le même zèle que pour les « collectes »? Quand il faut de l'argent, un prêtre n'hésite pas à organiser un porte-à-porte; mais à quelle fréquence organise-t-il un porte-à-porte pour les convertis? Notre paroisse est-elle continuellement renouvelée par des âmes qui viennent témoigner de ce que Dieu a fait pour elles? Là où est le Saint-Esprit, il y a des conversions :

> *Et chaque jour, le Seigneur ajoutait à leur communauté d'autres qui devaient être sauvés.*
>
> (Actes 2,47)

Nos conversions par prêtre et par année aux États-Unis sont moins de trois. Mais qui parmi nous ne connaît pas beaucoup de ceux qui ont quitté le seul Plis et le seul Berger, à cause de vœux brisés, de la convoitise d'un second ou troisième mariage, de l'orgueil puéril, ou de l'un des sept porteurs du cercueil d'une âme, communément appelés les sept péchés capitaux? Avons-nous des centres catéchétiques et les utilisons-nous pour former les laïcs à être apôtres et à assumer pleinement les responsabilités du Sacrement de la Confirmation? Chaque paroisse devrait être une pépinière d'âmes qui ne sont pas du Plis; chaque prêtre, un berger en quête des brebis perdues; chaque Messe, une proclamation que la Rédemption doit être répandue dans le monde :

> *Que disent-ils de Jacob : le Seigneur est-il si facilement offensé?*
>
> (Michée 2,7)

Le Saint-Esprit est-il moins généreux pour sauver les âmes maintenant qu'à la Pentecôte? Le ton de notre vie sacerdotale retient-il ces feux et ces vents puissants de la conversion? Pourquoi les feux pentecôtistes brûlent-ils si vivement dans les terres de mission et si faiblement dans nos paroisses? Le flot de l'Esprit s'est-il tari dans

Le Saint-Esprit et le Prêtre

nos ports? La faute n'est pas dans l'Esprit, car «*Dieu ne se repent pas des dons qu'Il fait*» (Romains 11,29). Le souffle des vents puissants ne s'est pas calmé ni figé dans la stagnation ou la stérilité. Le Saint-Esprit est toujours prêt à couvrir notre prêtrise, afin que nous puissions engendrer ceux qui sont saints.

Le prêtre agit de l'extérieur, le Saint-Esprit de l'intérieur. Nous nous souhaitons des bénédictions; Lui, Il donne des bénédictions. Lui seul peut planter dans un cœur, par Sa culture divine, la semence qui fleurira en une « nouvelle créature en Christ » (2 Corinthiens 5,17). L'égoïsme et la paresse qui nous font reculer devant la recherche des âmes peuvent être consumés par Son Esprit. Tout autour de nous, dans nos paroisses, dans nos contacts quotidiens avec les hommes, se trouvent d'innombrables masses d'âmes semblables à des lingots d'or couverts de scories. Et nous, si nous possédions le feu de l'Esprit, les polirions en joyaux du Royaume de Dieu !

✠ J.M.J. ✠

~ 6 ~

L'Esprit et la Conversion

Puisque l'Esprit ne fait jamais défaut et est donné à ceux qui le demandent, les âmes ne sont pas plus difficiles à convertir aujourd'hui qu'en tout autre temps. L'approche doit être différente, tout comme celle envers le Romain différait de celle envers le Juif. En termes psychologiques, toute conversion commence par une crise, morale ou spirituelle. La crise morale débute par un moment ou une situation impliquant une forme de souffrance, qu'elle soit physique, émotionnelle ou spirituelle, accompagnée d'une dialectique, d'une tension, d'une attraction, d'une dualité ou d'un conflit. La crise s'accompagne, d'une part, d'un profond sentiment d'impuissance personnelle, et d'autre part, d'une conviction tout aussi certaine que Dieu seul peut combler ce qui fait défaut à l'individu.

S'il n'y avait que ce sentiment d'impuissance, il y aurait désespoir, pessimisme, et éventuellement suicide. Telle est, en effet, la condition du païen post-chrétien : il ressent l'insuffisance totale de ses propres ressources intérieures face aux forces écrasantes d'un univers cruel et sombre dans le désespoir. Il possède une moitié de la condition nécessaire à la conversion — à savoir, un sentiment de crise — mais il ne parvient pas à relier son impuissance à la Puissance divine qui soutient et nourrit l'âme. Dans une telle situation, le paganisme cède la place à ce que l'on pourrait appeler un désespoir créatif : « désespoir », parce que l'homme reconnaît sa maladie spirituelle ; « créatif », parce qu'il sait qu'un Médecin divin seul peut apporter la guérison.

La crise de conversion est parfois spirituelle plutôt que morale. Cela est fréquent chez ceux qui cherchent la perfection mais ne possèdent pas encore la plénitude de la Foi et des sacrements.

L'Esprit et la Conversion

Certaines de ces âmes ont mené une bonne vie sur le plan naturel ; elles ont été généreuses envers les pauvres, bienveillantes envers leurs voisins et ont favorisé au moins une vague communion avec tous les peuples. D'autres ont eu un aperçu de la vie surnaturelle ; Ils ont mené une vie aussi À l'image du Christ qu'ils le pouvaient, vivant leur Foi en Lui à la lumière qu'ils percevaient. La crise dans leur âme commence au moment où ils reconnaissent soit qu'ils ont d'immenses potentialités encore inexploitées, soit qu'ils commencent à aspirer à une vie religieuse qui exigera davantage d'eux.

Jusqu'à ce moment de crise, ils ont vécu à la surface de leur âme. La tension s'approfondit lorsqu'ils réalisent que, comme une plante, ils ont des racines qui demandent des profondeurs spirituelles plus grandes et des branches destinées à la communion avec les Cieux d'en haut. Le sentiment croissant d'insatisfaction face à leur propre ordinarité s'accompagne d'un désir passionné d'abandon, de sacrifice et de remise à la Volonté de Dieu. Le passage de la médiocrité à l'Amour peut être suscité par l'exemple d'un saint, l'inspiration d'un livre spirituel, le désir d'échapper aux simples symboles pour atteindre la réalité divine. Quelle que soit son origine, une dualité est présente dès l'instant où l'âme entend le Christ dire :

> *Mais vous devez être parfaits, comme votre Père céleste est parfait.*

(Matthieu 5,48)

La conversion est l'introduction d'un nouvel Esprit. L'homme non converti possède un facteur Rh spirituel incompatible dans sa nature humaine, qui est corrupteur ; il est surmonté en le faisant « participer à la Nature divine » (2 Pierre 1,4) par une infusion de Sang du Calvaire et de la Pentecôte. La conversion est donc totalement différente du prosélytisme, qui n'est qu'un changement d'appartenance à un groupe, ou le port d'une nouvelle étiquette. Mais la conversion est une *métanoïa*, un changement de caractère, le devenir un homme nouveau.

C'est l'Esprit qui convertit, pas nous.

L'œuvre de la conversion est accomplie par le Saint-Esprit, par l'usage de moyens humains. L'Esprit peut placer un bâton dans les mains d'un berger. Son action peut susciter une prise de conscience de l'absence de Dieu dans l'âme, ou elle peut créer un sentiment de la Présence de Dieu et de Sa grâce actuelle agissant dans l'âme. En toutes circonstances, le Saint-Esprit illumine l'esprit pour faire voir une vérité auparavant invisible et fortifie la volonté pour accomplir des choses jamais tentées auparavant. Job parle d'une manière dont l'Esprit touche l'âme dans la souffrance :

> *Parfois, dans des visions nocturnes, lorsque le profond sommeil s'empare des hommes couchés, Il prononce des paroles de révélation, pour leur enseigner la leçon dont ils ont besoin. C'est un moyen par lequel Il détournera un homme de ses desseins, le purgera de son orgueil ; et la tombe est déçue, l'épée manque sa proie. Ou bien Il utilisera les douleurs du lit de souffrance pour la correction d'un homme, et laissera tout son corps consumé par la maladie.*
>
> (Job 33:15-19)

Le prêtre ne doit jamais penser que sa prédication et son zèle ont gagné le converti. Lydie écoutait Paul, mais l'Écriture dit :

> *et le Seigneur ouvrit son cœur pour qu'elle fût attentive à la prédication de Paul.*
>
> (Actes 16:15)

Voici une Femme déjà religieuse, décrite comme une femme de prière ; pourtant son esprit avait besoin de l'enseignement du Saint-Esprit afin de comprendre ce qu'elle avait entendu. Incidemment, Lydie fut la première convertie en Europe, et c'est de sa maison que commença l'évangélisation de l'Europe.

Parfois, la révélation de l'Esprit est progressive, comme avec la Femme au puits. Elle appela d'abord Notre Seigneur un « Juif » (Jean 4,9), puis un « homme » (Jean 4,12), ensuite un gentilhomme

L'Esprit et la Conversion

lorsqu'elle s'adressa à Lui en disant « Seigneur » (Jean 4,15), puis « un prophète » (Jean 4,19), puis le « Messie » (Jean 4,25), et enfin le « Sauveur du monde » (Jean 4,42).

Le geôlier de Philippes fut le second converti en Europe (Actes 16,27-34), et il fut touché par l'Esprit par la crainte et par la parole de Paul. Le trésorier éthiopien illustre comment le Saint-Esprit conduit un prêtre vers celui dont la conversion est voulue divinement :

L'Esprit dit à Philippe : Monte auprès de ce char et tiens-toi près de lui.

(Actes 8,29)

L'Éthiopien avait déjà une certaine notion de religion, car il lisait le cinquante-troisième chapitre d'Ésaïe. Le Saint-Esprit agit même sur les âmes consacrées à la sorcellerie et à la magie. De telles âmes, dans leur obscurité, peuvent être en quête de la Vérité. Un sorcier nommé Élymas avait tenté d'éloigner le Proconsul, Sergius Paulus, de la Foi, dont il avait reçu les rudiments par la prédication de Paul. « Alors Saül, appelé aussi Paul, rempli du Saint-Esprit, … » (Actes 13,8) frappa le sorcier. Incidemment, c'est la première fois que les Écritures donnent à Saül le nom romain de Paul. En dénonçant Élymas comme fils du diable, Paul le rendit aveugle — son premier miracle. On se demande si Paul se souvenait qu'il avait lui-même été frappé d'aveuglement au moment de sa conversion. Était-ce afin que la cécité temporaire puisse donner la lumière, comme ce fut le cas pour lui-même ? Le vénérable Bède dit : « L'Apôtre, se souvenant de son propre cas, savait que par l'obscurcissement de l'œil, l'obscurité de l'esprit pouvait être ramenée à la lumière. » Sergius Paulus fut alors fortifié dans sa Foi. Ce fut la première manifestation du Christianisme devant un aristocrate et officiel romain.

Aucune âme n'est au-delà de la conversion. Le Seigneur nous assure par le prophète Joël qu'Il réparera les années mauvaises.

Les années sans profit, lorsque la sauterelle t'a ravagé, le dévoreur et le destructeur, cette grande armée que j'ai lâchée contre toi, elles seront réparées.

(Joël 2:25)

Convertir des âmes conformément à notre vocation d'être « pêcheurs d'hommes » n'est pas facile, car chaque prise exige un effort considérable. Mais perdre est la condition pour gagner dans le domaine de l'Esprit. Nous ne profitons jamais à autrui sans être « intérieurement conscients de la puissance » qui est sortie de nous, comme Notre Seigneur l'était lorsqu'Il guérit la femme atteinte d'une perte de sang (Marc 5:30). Mais qui sont les prêtres énergiques ? Ne sont-ils pas les prêtres zélés ? Rien n'est aussi fatigant que l'ennui. Rempli de l'Esprit du Christ, un prêtre travaillant avec les âmes est comme le buisson ardent qui brûlait sans se consumer (Exode 3,2). Chaque épuisement d'énergie spirituelle par un prêtre crée un vide pour une dotation plus riche de l'Esprit, jusqu'à ce que les âmes deviennent sa passion :

C'est Lui Qui donne à l'épuisé un Esprit nouveau, Qui entretient force et vigueur là où il n'y en a plus.

(Ésaïe 40,29)

Tout pasteur devrait, de temps à autre, consulter le registre baptismal et voir combien de brebis ont été amenées au Berger au cours de son ministère. Combien de fois trouve-t-il un nom inscrit dans le Livre de la Vie avec son propre nom inscrit dans la colonne qui dit : « Baptisé par ___ » ? Une paroisse peut dépérir sans convertis pendant des années, comme la Maison de Dieu est restée inachevée pendant quinze ans, jusqu'à ce que Dieu parle au peuple en disant :

Le Seigneur des armées vous exhorte à mettre du Cœur dans le travail ; n'est-Il pas, le Seigneur des armées, à vos côtés ?

(Aggée 2,5)

Ainsi, dans une paroisse où aucune pierre spirituelle ne s'ajoute à une pierre spirituelle, le Seigneur nous exhorte à travailler. Il ne peut y avoir de travail sans force. Nous fournissons le travail, Dieu la puissance. C'est le réconfort qui nous fait fuir l'œuvre de conversion. Nous sommes vêtus, mais sommes-nous réchauffés par le feu de la Pentecôte ? Le salaire que nous gagnons — est-il mis dans un sac percé, ou accumulons-nous le trésor plus riche des âmes et couvrons-nous la montagne de nos propres manquements ? Sauver les âmes est l'assurance de notre salut.

> *Mes frères, si l'un de vous s'égare de la Vérité, et qu'un homme réussit à le ramener, qu'il en soit bien certain ; ramener des pieds errants sur le droit chemin signifie sauver une âme de la Mort, signifie jeter un voile sur une multitude de péchés.*
>
> (Jacques 5,19-20)

Nous, prêtres, ne sommes que des cultivateurs spirituels ; nous labourons la terre, Dieu dépose la semence. Nous ne faisons pas de convertis. Nous ne devons jamais compter nos convertis, sinon un jour nous commencerons à penser que c'est nous, et non le Seigneur, qui les avons faits. La même énergie divine qui a opéré la Création et la Rédemption sauve les âmes.

L'Esprit et l'Instruction

Instruire n'est pas argumenter. On peut gagner un argument et perdre une âme. Le prêtre doit faire preuve de patience envers les bigots. Si nous croyions les mensonges qu'ils croient à propos de l'Église, nous la détesterions mille fois plus qu'eux.

Le prêtre doit tenter de découvrir si les objections contre la foi exprimées par un interrogateur sont en fait intellectuelles, ou si elles sont plutôt morales, c'est-à-dire si elles trouvent leur source dans un comportement inapproprié. Les soi-disant « raisons » sont parfois des rationalisations pour justifier le mode de vie des gens. Il est important de découvrir non seulement ce que les gens disent à propos du Christ et de Son Église, mais pourquoi ils le disent. C'était la méthode utilisée par Notre Seigneur avec la femme au puits. Elle a soulevé un problème théologique alors que son véritable problème était moral, à savoir ses cinq maris. Il ne l'a néanmoins pas rejetée, bien qu'Il ait discerné sa prétention. Au contraire, Il lui a révélé quel était son véritable problème, et elle s'est convertie.

La meilleure approche du prêtre envers les interrogateurs n'est ni de prouver qu'ils ont tort, ni de prouver qu'il a raison, mais simplement d'offrir du Pain aux affamés et de l'eau aux assoiffés. Notre Foi est la satisfaction du désir de l'âme, non la présentation didactique d'un syllogisme. Le prêtre doit se préparer soigneusement à chaque discussion avec un interrogateur. Avant de commencer à instruire, il doit consacrer une Heure à réfléchir à des analogies, des exemples et des réponses aux objections possibles.

Pour sauver des âmes, nous devons être saints. Le Seigneur n'emploie pas d'outils souillés. Comment pouvons-nous aller vers les pécheurs s'ils disent : « Médecin, guéris-toi toi-même » (Luc 4, 23) ? Nous ne pouvons pas non plus inviter les apostats à revenir à l'obéissance qu'ils doivent à l'Église s'ils sont capables de remettre en question notre propre manière de vivre et d'agir :

> *Une mission que ces prophètes ont accomplie, mais aucun d'eux n'était de Moi ; un message qu'ils ont donné, mais non de Mon envoi. S'ils avaient été au courant de Mon dessein, ah, alors ils auraient dû prononcer Mes propres avertissements, et ainsi J'aurais pu détourner Mon peuple des faux chemins et des pensées erronées !*

(Jérémie 23:21,22)

L'instruction donnée à l'interrogateur doit être formulée de manière à prouver que nous aimons ce que nous croyons. Si nous manifestons peu d'enthousiasme pour la vérité sublime que nous communiquons, comment le converti apprendra-t-il à aimer cette vérité ?

L'Esprit et la Brebis perdue

Notre amour des âmes doit être persévérant. Nous nous habituons à lire la parabole du Bon Pasteur, mais comprenons-nous que pour nous, prêtres, elle explicite notre obligation de chercher la brebis perdue ? Quitter un dîner, interrompre un divertissement du soir, suspendre une sieste, tous ces efforts se résument à laisser *ces quatre-vingt-dix-neuf autres sur la montagne et sortir à la recherche de celle qui s'égare*. (Matthieu 18:12)

Rien de ce qui est non spirituel n'est sacré face à un besoin spirituel. Même ceux « bannis », ceux qui sont en dehors de l'Église à cause de mariages invalides, ceux qui ont rejeté le Sacré-Cœur bien qu'Il ne les ait pas rejetés — ne font-ils pas partie de notre ministère?

Jamais une âme ne sera perdue dans le décompte par Dieu; Il s'occupe toujours de remèdes pour sauver la vie de celui qui est banni.

(2 Rois 14,14 [2 Samuel 14,14, RSV])

Le fils banni de l'Église demeure un fils, et le vrai prêtre s'attriste tant qu'il est éloigné de sa maison. Combien sont les couples en mariages invalides qui sont prêts à vivre comme frère et sœur, si seulement cette possibilité leur était présentée correctement? L'Amour de Dieu agit même en faveur des âmes les plus mauvaises et les moins dignes. La grâce est donnée à beaucoup qui furent abandonnés par des prêtres de peu de foi, car Dieu a dit : « la mort du pécheur n'est pas de mon dessein! » (Ézéchiel 33,11). Dieu n'est-il pas un Père et le prêtre n'est-il pas un « père » ? Nous ne devons jamais imiter l'aîné qui refusait de recevoir le fils prodigue. Voici deux fils qui ont perdu l'amour du Père : l'un parce qu'il était « trop bon » et l'autre parce qu'il était « trop mauvais » ; mais c'est ce dernier qui a retrouvé cet amour (Luc 15, 11-32).

En tant que serviteurs, nous avons confiance en Sa puissance :

Il y a une puissance plus forte à l'œuvre en vous que dans le monde. (1 Jean 4, 4)

L'Esprit et la Conversion

Notre zèle pour les conversions passera par trois étapes : une prière céleste, une identification épuisante aux autres, et enfin, la guérison de l'âme. Saint Marc nous dit (7, 34) que Notre Seigneur, confronté à un homme sourd et muet, a également accompli le miracle de sa guérison en trois étapes. «... Il leva les yeux vers le Ciel, et soupira ; Il dit : Ephphatha, (c'est-à-dire, ouvre-toi)."

La condition de tout apostolat est la conscience que le Ciel le concède. Chercher d'abord ailleurs, par exemple dans la publicité ou l'organisation, c'est manquer la source de la puissance. Si nous commettons cette erreur, nous pouvons ensuite prévoir cette pitié coûteuse et cette compassion dans lesquelles nous sommes unis aux ignorants, aux lents et aux sourds. Ce n'est qu'alors que l'œil s'ouvre à la Foi, que l'oreille perçoit le son de la Parole de Dieu. Nul ne peut donner la vue aux aveugles spirituels s'il ne regarde vers le Ciel. Ce que nous donnons dépend de ce que nous recevons.

Combien de fois les soupirs de Notre Seigneur sont-ils mentionnés dans l'Écriture, par exemple, à la vue de la dureté des cœurs et de l'incrédulité, à la vue d'un lépreux, d'une foule affamée, face à l'hostilité et devant le corps mort de Lazare ! Tous les maux et le mal du destin et de la conduite de l'homme pesaient sur Son Cœur sacerdotal. Ainsi, la valeur de nos efforts est proportionnelle à l'étendue de la sympathie et du sentiment que nous avons pour les âmes non converties. La profondeur de la compassion d'un prêtre est la mesure de son succès apostolique.

Ici aussi, il est pertinent de méditer sur la relation entre l'amour du Saint-Esprit et la Présence eucharistique d'une part, et notre sympathie pour les âmes d'autre part. Le regard et le soupir allaient de pair en Notre Seigneur. De même, le regard vers le tabernacle et la sympathie pour les malades sont des jumeaux. Celui qui prie, sympathise ; celui qui a l'Esprit a un corps qui porte chaque jour une croix pour son peuple ; celui dont les yeux scrutent les cieux pour l'Esprit a un regard plus vif pour la brebis perdue de la terre. La communion habituelle avec Dieu est la racine de la compassion du prêtre. La pitié vient en second ; Notre Seigneur est premier.

L'Esprit et la Conversion

Quand l'Esprit cherche à agir en nous pour les âmes, notre nature recule devant la tâche. Mais c'est un peu comme nager : cela devient une joie après le choc du premier plongeon. Nous nous lassons, bien sûr, mais Dieu ne se lasse jamais de nous donner une force nouvelle. L'âge n'est pas le facteur déterminant. Les jeunes qui manquent de l'Esprit se fatiguent plus vite que les anciens qui le possèdent.

> *La jeunesse elle-même peut s'affaiblir, le guerrier faiblir et chanceler, mais ceux qui se confient au Seigneur renouvellent leur force, comme les aigles qui prennent leur envol ; hâte-toi, et ne te lasse jamais de te hâter, marche, et ne faiblis jamais en marchant.*
>
> (Ésaïe 40:30,31)

L'homme naturel tend constamment à l'épuisement. Toute vie vécue au niveau de la créature creuse sa propre tombe. Mais l'homme qui se confie en Dieu inlassable ne suit pas la loi terrestre de la fatigue. Les prêtres peu zélés sont fatigués d'esprit avant d'être fatigués de corps. Leur épuisement est un ennui dû à la perte de l'Esprit. Mais le véritable apôtre, bien qu'il puisse s'asseoir comme son Maître, « fatigué de son voyage, près du puits » (Jean 4:6), peut néanmoins considérer une âme convertie comme « *nourriture à manger dont tu ne sais rien* » (Jean 4:32). La grâce abhorre le vide, tout comme la nature. La maison vide de l'Évangile, qui n'a pas été remplie par l'Esprit, fut occupée par sept démons.

Grâce à l'Esprit, bien que le prêtre vieillisse en années, il rajeunit par l'ascension à l'autel de Dieu où la jeunesse est renouvelée. L'effort sans l'Esprit est impatience ; l'impatience, touchée par l'Esprit, est zèle pour les âmes.

Comme le tailleur de diamants travaille les diamants et le sculpteur la pierre, ainsi le prêtre travaille les âmes.

> *Comme un berger, Il les soigne, rassemble les agneaux et les porte dans Son sein.*
>
> (Ésaïe 40:11)

Dans la paroisse, dans l'école, le prêtre veillera à ce qu'aucune âme de ce genre ne soit arrachée de ses mains (Jean 10:11-28). L'autorité sur l'Église et ses âmes ne fut donnée à Pierre qu'après qu'il eut fait une triple promesse d'amour. Toute autorité que le prêtre exerce a la même fondation. Le prêtre sera aussi tendre dans l'Amour envers son peuple que Jacob l'était envers son troupeau :

Je pourrais perdre tout un troupeau si je les pousse trop.
(Genèse 33:13)

L'Esprit et l'Écriture

On a dit qu'un geste caractéristique de nombreux prêtres, lorsqu'ils prennent la Bible d'une étagère (après l'avoir cherchée pendant plusieurs minutes), est de la tapoter de la main pour en faire tomber la poussière. Cela pourrait expliquer pourquoi les orateurs de la chaire affectionnent tant certains textes routiniers, tels que : « Venez, vous qui avez reçu une bénédiction de Mon Père » (Matthieu 25,34), ou « Venez à moi, vous tous qui peinez et êtes chargés » (Matthieu 11,28) ; et lors du Dimanche des missions : « Allez, faites de toutes les nations des disciples » (Matthieu 28,19). Pourquoi le prédicateur est-il d'autant plus enclin à reprocher à ses paroissiens qu'il est moins préparé ? Et moins il examine sa propre conscience en méditation, plus il recourt au reproche moralisateur.

Le prêtre saint, au contraire, dit à son troupeau : « Nous sommes donc les ambassadeurs du Christ, et Dieu vous adresse sa parole par notre intermédiaire ». (2 Corinthiens 5,20).

Mais si Dieu s'adresse à vous, Il le fait par Sa Parole : « J'ai prêché l'Évangile de Dieu parmi vous » (2 Corinthiens 11,7).

Le prédicateur fera bien de méditer la méthode employée par saint Paul à Thessalonique :

Pendant trois sabbats, il discuta avec eux à partir des Écritures, les expliquant et apportant des preuves que les souffrances du

Christ et Sa résurrection étaient prédestinées ; le Christ, disait-il, n'est autre que Jésus dont je vous fais l'annonce.

(Actes 17,2-3)

Lorsqu'il s'adressa au roi Agrippa, Paul utilisa exactement la même méthode de prédication :

Pourtant, il n'y a rien dans mon message qui dépasse ce dont les prophètes ont parlé, et ce dont Moïse a parlé, comme choses à venir ; un Christ souffrant, et Celui Qui doit éclairer Son peuple et les païens en étant le premier à ressusciter des morts.

(Actes 26,22)

Saint Pierre utilise les Écritures de la même manière exacte pour développer les vérités de la Foi :

Le salut était le but et la quête des prophètes, et la grâce dont ils ont prophétisé a été réservée pour vous. L'Esprit du Christ était en eux, leur faisant connaître les souffrances que la cause du Christ entraîne, ainsi que la gloire qui les couronne ; Quand cela devait-il avoir lieu, et comment ce moment devait-il être reconnu ?

(1 Pierre 1,10-11)

Le prédicateur d'aujourd'hui peut-il faire mieux que Pierre et Paul ? Peu importe combien de fois les gens entendent les Écritures, ils peuvent toujours y découvrir quelque chose de nouveau. Saint Paul a exposé la raison pour laquelle cela est ainsi :

Tout dans l'Écriture a été inspiré divinement, et a ses usages ; pour nous instruire, pour exposer nos erreurs, pour corriger nos fautes, pour nous éduquer à la vie sainte ; afin que le serviteur de Dieu devienne un maître dans son art, et que chaque noble tâche qui se présente le trouve prêt à l'accomplir.

(2 Timothée 3,16-17)

L'Esprit et la Conversion

Les Écritures ne sont pas simplement un récit d'événements historiques passés. Elles constituent pour chaque époque une Révélation de l'Esprit et de la Volonté de Dieu à chaque individu. Plusieurs des incidents rapportés dans l'Ancien Testament offrent une perspective qui nous permet de mieux comprendre des événements survenus plus tard et décrits dans le Nouveau Testament. Genèse 21,10-12, par exemple, relate une querelle dans la famille d'Abraham. Ismaël, son enfant d'Agar, se moquait et insultait son plus jeune frère Isaac, le fils de la promesse, dont la mère était Sarah. Sarah prit parti pour Isaac et décida que Agar et Ismaël devaient être chassés de la maison d'Abraham. De telles querelles familiales et cette vengeance maternelle peuvent ne pas sembler très pertinentes jusqu'à ce que nous lisions Galates 4,30, où Saint Paul explique que l'expulsion de la servante et de son fils devait montrer qu'ils étaient encore soumis à la Loi et, par conséquent, n'avaient pas droit à l'héritage de l'Évangile.

Non seulement l'Écriture tire son inspiration de l'Esprit, mais c'est l'Esprit seul qui en éclaire le sens. Avant sa conversion, Paul connaissait bien les Écritures, mais ne pouvait y voir que le Seigneur était le Christ. Notre Seigneur béni dit aux Pharisiens qu'ils étudiaient les Écritures sans se rendre compte qu'elles parlaient de Lui (Jean 5,39). Tout effet bénéfique produit sur l'auditeur venait toujours par le Saint-Esprit.

> *Notre prédication à votre égard ne reposait pas sur un simple argument ; il y avait là puissance, l'influence du Saint-Esprit, et un effet de pleine conviction.*
>
> (1 Thessaloniciens 1,5)

Lorsque Saint Paul rappelait l'effet de sa prédication sur les Corinthiens, il avait probablement en tête son manque de succès à Athènes. Saint Paul avait donné un discours très érudit à Athènes, citant plusieurs poètes grecs, mais l'effet se limita à une ou deux conversions. Saint Paul quitta alors Athènes pour Corinthe. Pendant ce trajet de quarante milles, il dut méditer sur son manque de succès et tenter de comprendre pourquoi il avait échoué. Plus tard, lorsqu'il

L'Esprit et la Conversion

écrivit aux Corinthiens, il opposa la prédication par la philosophie et l'éloquence à la prédication par la puissance de l'Esprit.

Ainsi donc, frères, lorsque je suis venu vers vous et que je vous ai prêché le message du Christ, je l'ai fait sans aucune prétention d'éloquence ou de philosophie. Je n'avais pas l'intention de vous apporter une autre connaissance que celle de Jésus-Christ, et de Lui comme Crucifié.

(1 Corinthiens 2,1-3)

Il existe deux sortes de connaissance du Christ : la spéculative et la pratique. La première s'acquiert par l'étude, la seconde uniquement par le Saint-Esprit qui nous conduit à accepter Jésus comme Seigneur et Sauveur.

✠ J.M.J. ✠

~ 7 ~

L'Esprit de pauvreté

La pauvreté n'est pas une condition économique, mais spirituelle. Le vœu de pauvreté ne permet pas seulement ce qui est nécessaire pour subvenir aux besoins matériels, mais permet à un homme de vivre selon son état de vie. La pauvreté, en relation avec la prêtrise, est un esprit. C'est pourquoi le Christ a dit :

Heureux les pauvres en esprit.

(Matthieu 5,3)

Tous les hommes sont pauvres dans le sens où ils n'ont aucun droit naturel à ce qui est essentiel pour le Royaume des Cieux. Par eux-mêmes, ils ne savent même pas ce qui leur manque. Ce n'est que lorsque l'Esprit prend possession d'eux, de sorte qu'ils deviennent pauvres en esprit, qu'ils reconnaissent qu'ils sont démunis, aveugles et nus. C'est pourquoi la béatitude qui fait référence à la pauvreté d'esprit est immédiatement suivie de celle destinée à consoler ceux qui pleurent. Ainsi que la pauvreté implique l'impuissance, le deuil implique un sentiment de culpabilité et de corruption. Les deux sont liés comme l'humilité et la patience, comme le souligne Ésaïe :

Rien de ce que tu vois autour de toi, je ne l'ai façonné, dit le Seigneur ; c'est Ma Main qui lui a donné l'être. De qui donc accepterai-je une offrande ? Il doit être patient et humble, celui qui craint Mes avertissements.

(Ésaïe 66:2)

Le prêtre qui est pauvre en esprit est un mendicant plutôt qu'un mendiant. Ses moments de conscience les plus profonds témoignent de son vide, de sa dépendance envers Dieu et de son indignité. Seuls entreront dans le Royaume des Cieux ceux qui ont rejeté la volonté propre, l'autonomie, la sécurité économique comme substitut à la confiance Divine. Les deux attitudes sont présentées en contraste saisissant dans le message à l'ange de l'Église de Laodicée consigné dans l'Apocalypse (3:17), un message que nous, dans la nation la plus riche du monde, pouvons bien prendre à cœur. À ceux de l'Église de Laodicée qui se glorifient de leur propre réussite, disant

> « *Je suis devenu riche ; rien ne me manque à présent* », *l'ange est chargé de dire : « Et pourtant, si tu le savais, c'est toi qui es misérable, toi qui es digne de pitié. Tu es un mendiant, aveugle et nu ; et mon conseil pour toi est de venir et d'acheter de moi ce dont tu as besoin ; de l'or éprouvé par le feu, pour t'enrichir, et des vêtements blancs, pour te vêtir et couvrir la nudité qui te déshonore ; une pommade pour oindre tes yeux, afin qu'ils recouvrent la vue. Ceux que j'aime, je les reprends et je les châtie ; allume ta générosité et repens-toi. »*

La pauvreté d'esprit s'inspire de l'exemple de Notre Seigneur béni.

> *Tu n'as pas besoin qu'on te rappelle combien Notre Seigneur Jésus-Christ fut gracieux ; comment Il s'est appauvri pour vous, alors qu'Il était si riche, afin que vous deveniez riches par Sa pauvreté.*

(2 Corinthiens 8,9)

Il était l'enfant d'une mère pauvre, né en voyage, d'abord bercé parmi les animaux. Sa pauvreté était volontaire. Celui qui avait fait les eaux demanda à boire ; Celui qui avait fait les bêtes en emprunta une pour une procession ; Celui qui avait fait les arbres emprunta une Croix. Satan Lui offrit toutes les richesses du monde — le raccourci vers la popularité — et Il les refusa, bien qu'épuisé par un jeûne de quarante jours. Joseph Lui trouva une grotte pour naître ; et un autre Joseph, une grotte pour déposer Son Corps brisé — car la naissance et la mort Lui étaient également étrangères en tant que Dieu.

Si telle fut la pauvreté d'esprit du Christ, il est évident que le prêtre, l'*alter Christus*, n'a d'autre choix que de cultiver un esprit semblable. Le prêtre est déjà riche — riche de la grâce de la vocation, de la grâce de l'ambassade, de la grâce des Ordres. Étant riche en Christ, il n'a pas besoin d'être riche en Mammon. La Bible rapporte que la tribu de Lévi ne reçut point de terre, car le Seigneur était la richesse de ceux choisis pour être Ses prêtres :

> *Cela aussi, le Seigneur dit à Aaron : Tu ne posséderas point de terres, aucune portion ne te sera assignée parmi tes frères israélites. Je suis ta part ; Ces autres ont leurs possessions diverses, toi tu M'as.*
>
> (Nombres 18:20)

Les richesses du Prêtre

Bien plus grande est la richesse des prêtres du Nouveau Testament qui jouissent de l'intimité du Seigneur incarné et des richesses de l'Esprit : «... combien riche est la gloire qu'Il accorde » (Romains 9,23) ; « *Si riche est la grâce de Dieu, qui a débordé sur nous en un flot abondant* » (Éphésiens 1,8).

Le prêtre catholique doit se distinguer autant par son détachement des choses du monde que par son amour de la chasteté… L'avarice, que le Saint-Esprit appelle la racine de tous les maux, peut conduire un homme à n'importe quel crime. Le prêtre qui laisse ce vice s'emparer de lui, même s'il s'arrête avant le crime, fait cause commune, qu'il le sache ou non, avec les ennemis de l'Église, les aidant dans leurs desseins maléfiques. (Pie XI, Encyclique sur la prêtrise catholique, 20 décembre 1935)

Quelle abondance possède le prêtre ! Il dispense le pardon du Christ à ceux qui se repentent de leurs péchés. Il a à sa disposition la richesse de la sagesse du Christ ! Assis à Ses Pieds, le prêtre entend ce que Platon ne pouvait enseigner et ce que Socrate n'a jamais appris.

L'Esprit et la Conversion

Pourquoi les quelques riches soutiennent-ils si rarement les missions ? Pourquoi l'Église doit-elle si souvent lutter contre la pauvreté, et pourquoi les conversions se multiplient-elles plus rapidement dans les pays pauvres, comme le Vietnam, que dans les pays prospères ? La raison en est qu'il existe une sorte d'équilibre établi entre la richesse du Ciel et la richesse de la terre.

Tu as reçu ta bonne fortune durant ta vie, et Lazare, non moins, sa mauvaise fortune ; maintenant il est dans le confort, toi dans le tourment.

(Luc 16,25)

Le Ciel aussi a sa propre économie. Les paroles les plus cruelles des Écritures seront prononcées au dernier jour contre ceux qui ont obtenu toutes les choses mondaines qu'ils désiraient :

Ils ont déjà leur récompense.

(Matthieu 6,16)

S'adressant à ses frères partout, Saint Jacques confirme que les poches riches ont souvent des cœurs pauvres, que les poches pauvres ont des cœurs remplis des richesses de la Foi :

Écoutez-moi, mes chers frères ; Dieu n'a-t-il pas choisi les hommes pauvres aux yeux du monde pour être riches en Foi, pour être héritiers de ce Royaume qu'il a promis à ceux qui l'aiment ?

(Jacques 2,5)

Notre Seigneur béni insistait sur le fait que Son amour pour les pauvres et Ses efforts pour les sauver étaient la preuve de la Vérité de Sa prétention à être le Messie :

Les pauvres ont l'Évangile prêché pour eux.

(Matthieu 11,5)

Mais malheur à vous qui êtes riches ; vous avez déjà votre consolation. Malheur à vous qui êtes rassasiés ; vous aurez faim. Malheur à vous qui riez maintenant ; vous serez dans le deuil et vous pleurerez. Malheur à vous, lorsque tous les hommes diront du bien de vous ; leurs pères ne traitaient pas autrement les faux prophètes.

(Luc 6,24-26)

La pauvreté d'esprit attire le prêtre à une union plus étroite avec la Personne du Christ. Une fonction de toute propriété est d'étendre la personnalité. Un homme est libre intérieurement parce qu'il a une âme ; il est libre extérieurement, ou économiquement, parce qu'il possède des biens. La personnalité humaine s'enrichit par les choses.

Le prêtre, cependant, a une autre manière d'étendre sa personnalité : non pas en acquérant des actions et des obligations, mais par une plus grande reproduction en lui-même de l'Union hypostatique. Il écrase son ego et ses désirs, de sorte qu'en lui il y a deux « natures » en une seule personne : d'une part, sa nature humaine ; D'autre part, sa « participation à la Nature divine » par la grâce et la perte de sa personnalité humaine dans la Personne du Christ. Moins dépendant des choses, il devient de plus en plus un *instrumentum Divinitatis*.

C'est le Christ qui vit en moi.

(Galates 2,20)

Crucifié à l'extension extérieure de la personnalité, le prêtre grandit intérieurement et devient l'extension de la Personne du Christ. Moins le prêtre a de béquilles sur lesquelles s'appuyer — et des béquilles qui transpercent ses mains — plus le Seigneur s'appuie sur lui. Pauvre en lui-même, il est riche en Christ. Les paroissiens ne voient alors pas la personne humaine en lui : ils voient le Christ, vivant, enseignant, visitant, consolant, renouvelant le Calvaire. L'instinct des paroissiens est infaillible : ils savent en qui le Christ habite. D'un prêtre, on dit : « C'est un bon Joe » ; D'un autre, « Il est un autre Christ. »

Dans la mesure où la richesse d'un prêtre consiste dans les choses de l'Esprit, dans la même mesure le besoin d'un complément extérieur pour parfaire sa personnalité est réduit. La confiance du prêtre, lorsqu'il affronte la vie, découle moins de la puissance de ce qu'il tient en réserve que de sa totale confiance en la Providence et en la Bonté du Père céleste.

La prospérité défavorable à la prêtrise

Une autre raison d'être pauvre en esprit est que la prospérité temporelle est défavorable à l'avancement spirituel. Prenons le cas de Salomon. L'Écriture nous informe qu'il a décliné par la multiplication. D'abord, il multiplia l'or et l'argent pour lui-même ; puis il multiplia les chevaux qu'il acheta d'Égypte ; ensuite, il multiplia les épouses. Il y a ici une indication certaine que la chair suivit l'amour de la richesse. Enfin, il adora les faux dieux de ses concubines. Confucius dit que la luxure est le péché de la jeunesse, le pouvoir le péché de l'âge mûr, et l'avarice le péché de la vieillesse. L'avarice chez les vieillards peut même représenter la sublimation des désirs de leur jeunesse.

Ainsi, le Seigneur s'ira de colère contre Salomon pour l'avoir trompé.

(3 Rois 11:9 [1 Rois 11;9, RSV])

La suggestion est que Dieu était en colère précisément à cause des grandes bénédictions qu'Il avait conférées à Salomon, car tout péché est aggravé par les miséricordes que nous avons reçues. Combien plus, donc, le péché est-il aggravé après le don d'une vocation? Notre Seigneur a dit que, s'Il n'était pas venu et n'avait pas parlé à Son peuple, ils auraient été relativement sans péché (Jean 15:22).

L'accumulation, en une occasion rapportée dans la Bible, reçut un châtiment terrible. Après que les Juifs eurent traversé le Jourdain, Josué remporta une victoire puis se dirigea vers Hai où il fut

L'Esprit et la Conversion

ignominieusement défait. La défaite jeta Josué et son peuple dans le découragement, et Josué se plaignit au Seigneur :

> *Il aurait mieux valu que nous restions à notre ancien poste au-delà du Jourdain. Ô Seigneur mon Dieu, que je voie Israël tourner le dos devant ses ennemis!*
>
> (Josué 7:7,8)

Alors le Seigneur expliqua la raison de ce renversement. Ils étaient punis à cause de la violation d'un commandement divin selon lequel aucun soldat juif ne devait s'approprier pour son usage personnel les dépouilles de Jéricho. Cependant, un homme avait enfreint ce commandement ; tenté par la vue d'un vêtement babylonien précieux, d'un peu d'argent et d'un peu d'or, il les cacha pour son usage personnel.

Bien qu'un seul homme dans toute l'armée fût coupable, toute l'armée fut punie par la défaite. Le péché fut imputé et retomba sur toute la nation :

> *Mais le Seigneur dit à Josué : Lève-toi ; pourquoi es-tu couché là, face contre terre ? La culpabilité repose sur Israël ; ils ont transgressé Mon Alliance, en prenant pour eux-mêmes des dépouilles confisquées ; elles ont été volées en secret, et cachées parmi des biens privés.*
>
> (Josué 7:10,11)

Si le péché d'un seul, qui n'était même pas prêtre, affecta tout Israël, la cupidité d'un prêtre n'affectera-t-elle pas la paroisse ? Si l'armée a été vaincue à Haï à cause d'une telle avarice, les projets de construction et l'organisation sociale ne subiront-ils pas la défaite à cause de l'agressivité matérielle d'un serviteur de Dieu ? La culpabilité d'un seul, même personnelle et cachée, peut attirer des jugements divins sur toute la paroisse. La violation par Saül de l'accord qu'il avait conclu avec les Gabaonites n'a-t-elle pas occasionné, bien plus tard, une famine qui a duré trois ans (2 Rois 21:1 [2 Samuel 21:1, RSV]) ? L'obstination de David à faire un recensement qu'on lui avait conseillé de ne pas faire n'a-t-elle pas occasionné une peste qui a détruit soixante-dix mille de ses sujets (2 Rois 24:10-15 [2 Samuel 24:10-15, RSV]) ?

La cupidité du soldat de Josué, Acan, était cachée, mais Dieu avait été témoin du vol sacrilège d'or et d'argent qu'Il avait ordonné de réserver à Son usage propre dans le sanctuaire. Le crime avait, de plus, été commis immédiatement après la célébration de la Pâque, le reliant encore plus étroitement à l'autel et au culte. S'approprier ce qui appartient à l'autel de Dieu est plus grave aux yeux de Dieu que le pécheur ne le réalise toujours.

Sans nommer la personne, Dieu révéla le fait et laissa à l'Église d'Israël le soin de découvrir le coupable. La justice suivit son cours, et la sentence fut exécutée. Acan, avec ses enfants et son bétail, fut lapidé à mort; puis sa tente, les biens volés et tous ses effets furent consumés par le feu.

Le Prêtre ne fait pas que supplier, Il donne aussi.

Lorsque le prêtre, dans la chaire, demande au peuple de contribuer à un plan d'expansion diocésain, va-t-Il d'abord dans sa propre poche? Lorsqu'au Dimanche des missions, Il exhorte les paroissiens à faire un sacrifice pour répandre l'Église en Afrique, en Asie ou ailleurs, joue-t-Il son rôle premier dans le sacrifice? Il n'est pas convenable de demander aux autres de donner pour une cause sans donner l'exemple. Le Seigneur peut-Il nous regarder avec plus de faveur qu'Il n'a regardé Acan, si nous cachons nos comptes bancaires alors que les besoins du monde sont si pressants? Et quelles bénédictions accorde-t-Il aux prêtres qui donnent jusqu'à ce que cela fasse mal, puis un peu plus encore? Heureusement, ces prêtres sont plus nombreux qu'on ne le reconnaît parfois. Les Acan font les gros titres, les accumulateurs scandaleux deviennent notoires; mais il existe une grande armée de prêtres-victimes dont l'identité ne sera révélée qu'au jour de la grande révélation.

La pauvreté d'esprit ne commence pas par un acte de volonté visant à se contenter de moins; elle commence par l'Esprit du Christ en nous. La pauvreté extérieure suit la pauvreté intérieure. L'indifférence à l'accumulation des biens suit le zèle pour le Christ. Plus la préoccupation des choses matérielles est grande, moins la dévotion à l'esprit est profonde. Certains prêtres peuvent manifester les apparences de la pauvreté, ou ce qui en tient lieu. Ils peuvent être négligents dans leur manière de s'habiller et d'agir, soupe sur l'aube, soutane déchirée, allées non balayées dans l'église, mais ces choses n'ont aucun rapport avec la pauvreté d'esprit. Ils peuvent simplement refléter un manque de dignité et de culture, une avidité pour l'épargne ou une négligence générale envers la dignité de la personne. L'indifférence à la saleté porte atteinte à la personnalité ; la pauvreté d'esprit l'exalte.

Trois aspects de la pauvreté sacerdotale peuvent être distingués. Dans sa vie personnelle, la pauvreté invite le prêtre à se limiter au strict nécessaire. Dans son apostolat, la pauvreté d'esprit l'inspire à recourir aux moyens spirituels pour atteindre ses objectifs apostoliques. Dans l'usage de ses ressources, la pauvreté l'oblige à ne compter que sur Dieu. Comme l'a dit Saint Augustin, les pauvres en esprit sont ceux qui n'ont d'espérance qu'en Dieu.

Le prêtre peut convaincre une génération incrédule, perverse et luxurieuse uniquement par des actes de vertu opposés à ces vices. C'est pourquoi, de toutes les vertus, la vertu de pauvreté semble être celle dont on a le plus besoin en nos jours. Pie XI affirmait que sa pratique était essentielle pour vaincre le Communisme.

Le prêtre américain vit à un niveau de confort matériel supérieur à celui de ses frères prêtres partout dans le monde, mais il ne s'ensuit pas nécessairement que chaque prêtre américain soit attaché à ses commodités. Beaucoup les quitteraient demain si les circonstances l'exigeaient. La croissance de l'esprit missionnaire parmi les prêtres aux États-Unis en témoigne. Mais la tentation est toujours présente, et le prêtre qui permet à son âme d'être possédée par un désir de richesse peut causer le plus grave scandale. Le danger de donner scandale est particulièrement grand dans le cas du prêtre diocésain. Il ne peut cacher sa convoitise derrière une corporation, une société ou un groupe. Les violations du vœu individuel de pauvreté peuvent parfois être dissimulées derrière un égoïsme collectif. Mais le prêtre diocésain ne dispose pas d'une telle façade. S'il aime le luxe, cela se voit, cela choque et cela scandalise. En revanche, son exemple est d'autant plus grand lorsqu'il manifeste le détachement exigé par sa condition et sa charge.

Pauvreté de temps et de talents

Mais l'esprit de pauvreté ne doit pas être compris uniquement en termes matériels. L'Esprit nous invite à rechercher d'autres buts, non moins importants. Le prêtre doit rechercher en particulier un esprit de pauvreté à l'égard du temps et de la satisfaction personnelle.

Le temps peut devenir un objet d'accumulation, tout comme les actions et les obligations. Le prêtre peut établir un horaire pour le repos, la sieste, le sommeil et les loisirs, et la routine peut devenir une habitude au point que quiconque la dérange s'expose au jugement. Mais le prochain a des droits; la faim a des droits; le deuil a des droits. Notre Seigneur a vu Son repos troublé, car Il ne pouvait être caché. Deux de Ses convertis remarquables furent gagnés alors qu'Il était fatigué, une autre conversion résulta d'une interruption. Le temps de la sieste n'est pas sacré; le « jour de congé » n'est pas sacré. Ces loisirs légitimes sont sacrifiables, si une âme peut être sauvée. Comme Saint Paul l'a dit, nous devons racheter le temps,

> *... saisissant l'occasion qui vous est donnée, en des temps mauvais comme ceux-ci.*
>
> (Éphésiens 5:16)

Beaucoup de prêtres ont pris la résolution de ne jamais perdre une minute, particulièrement lorsque le bien d'une âme est en jeu. Faire attendre les visiteurs dans le salon, retarder un appel pour un malade, se plaindre parce qu'un pénitent est en retard — ce sont toutes des formes d'avarice.

Pratiquons la générosité envers tous, tant que nous en avons l'occasion, et surtout envers ceux qui font partie de notre famille dans la Foi.

(Galates 6,10)

Le pasteur qui croit que le fait d'être fait berger des âmes le dispense d'entendre les confessions ou d'administrer le Sacrement des malades montre cette avidité du temps que Saint Pierre ressentit avec l'âge, et contre laquelle il avertit :

Veillez donc avec soin à la conduite de votre vie pendant que vous séjournez sur la terre.

(1 Pierre 1,17)

Dieu insiste sur «*Aujourd'hui*» (Hébreux 3,13). Le diable dit : «*Plus pour le moment*» (Actes 24,25), comme Félix qui remit à plus tard l'écoute de Paul.

Le prêtre paresseux a toujours moins de temps que le prêtre zélé, parce que le premier pense en termes d'interruptions à son loisir, tandis que le second cherche l'occasion d'être un autre Christ. Le temps du prêtre n'est pas à lui; il appartient à Notre Seigneur. Plus nous nous enrichissons de temps, plus nous appauvrissons le Royaume de Dieu.

La vertu de la pauvreté est trop riche en contenu pour se limiter à l'argent. Le dicton selon lequel le temps, c'est de l'argent prend un nouveau sens lorsque nous comprenons ce que signifie la pauvreté de temps. Aucun prêtre n'a été ordonné pour une journée de huit heures ni pour cinq jours par semaine. Il est ordonné pour le Royaume de Dieu, qui est « ouvert à la force » (Matthieu 11,12). Le temps est pour le pardon.

Nous prenons soin de ne scandaliser personne, de peur de discréditer notre ministère ; en tant que ministres de Dieu, nous devons tout faire pour nous rendre agréables. Nous devons faire preuve d'une grande patience, dans les temps d'affliction, de besoin, de difficulté ; sous le fouet, en prison, au milieu du tumulte ; lorsque nous sommes épuisés, sans sommeil, et jeûnant.

> *Nous devons avoir l'esprit pur, éclairé, pardonnant et gracieux envers les autres ; nous devons nous appuyer sur le Saint-Esprit, sur l'amour sincère, sur la vérité de notre message, sur la puissance de Dieu.* (2 Corinthiens 6,3-7)

Pauvreté de l'autosatisfaction

Non moins importante pour le prêtre que la pauvreté du temps est la pauvreté de l'autosatisfaction. Il n'existe rien dans la spiritualité sacerdotale qui corresponde à la satisfaction parce que nous avons accompli notre devoir. Il ne suffit pas d'accomplir les activités les plus essentielles, de travailler à la chancellerie, d'administrer les cimetières, de faire des convertis, de remplir ses heures « de service ». À une occasion (Matthieu 25,30 ; Luc 17,10), les Apôtres cherchaient une couronne de mérite avant que leur œuvre ne soit terminée, recherchant les applaudissements avant que leur mission ne soit achevée. Notre Seigneur dut leur rappeler qu'ils n'avaient pas le droit de s'asseoir au banquet de la vie simplement parce qu'ils avaient accompli leurs devoirs. Même lorsqu'ils avaient fait tout ce qu'ils étaient censés faire, ils devaient encore se considérer comme des « serviteurs inutiles ». Une récompense spéciale exige plus que le simple accomplissement du devoir.

> *Si l'un de vous avait un serviteur qui le suit à la charrue ou qui garde les brebis, lui dirait-il, à son retour des champs, Va, et mets-toi à table tout de suite? Ne lui dirait-il pas plutôt : prépare mon souper, puis ceins-toi et sers-moi pendant que je mange et bois; toi, tu mangeras et boiras ensuite? Se considère-t-il redevable envers un tel serviteur parce qu'il a obéi à ses ordres? Je ne le pense pas; et vous, de même, lorsque vous aurez fait tout ce qui vous a été ordonné, dites : Nous sommes des serviteurs inutiles; nous n'avons fait que notre devoir.*
> (Luc 17,7-10)

Notre service est ardu; il exige non seulement le travail des champs le jour, mais aussi le service aux tables la nuit. Il est du devoir du prêtre de travailler matin et soir. Lorsqu'il est épuisé, il ne peut pas dire : « Eh bien, j'ai déjà accompli mon devoir de scout aujourd'hui. » Il doit plutôt se dire : « Je ne vaux rien, un serviteur inutile. » Moins il y a d'autosatisfaction, plus grand est le zèle dans Son service. Compter les convertis que nous avons faits peut finir par nous faire croire que c'est nous, plutôt que la grâce de Dieu, qui les avons faits. « J'ai construit trois presbytères ; maintenant je peux prendre ma retraite ; J'ai entendu des confessions pendant trois heures aujourd'hui ; J'ai accompli mon devoir. » Les règles des syndicats pourraient considérer cela comme suffisant ; mais nous appartenons à un syndicat différent, où l'amour, et non les heures, est la norme. Quand nous pensons à tout ce que le Seigneur a fait pour nous, nous ne pouvons jamais en faire assez. Le mot « assez » n'existe pas dans le vocabulaire de l'amour. C'est comme dire à la mère qui veille sur son enfant malade qu'elle a fait son devoir et qu'elle devrait se reposer.

Dans la parabole du serviteur inutile (Matthieu 25:14-30), Notre Seigneur décrit un élément fréquemment ignoré de la prêtrise. Le prêtre a l'habitude de s'entendre appeler ambassadeur. Il est aussi rarement rappelé qu'il est une victime qu'il est rappelé qu'il est un serviteur inutile. Mais la servitude que le Christ décrit est une servitude d'amour, non de devoir. Notre Seigneur refuse de distinguer entre « travail » et « travail supplémentaire », entre « en service » et « en attente », entre huit heures et dix-huit heures. Aucune attitude d'autosatisfaction ne lui est permise divinement. Pas d'apitoiement sur soi-même, pas de vanité à propos de notre talent administratif, pas de dire : « J'ai construit un lycée ; maintenant l'évêque devrait me faire monseigneur. » Dès que nous devenons autosatisfaits de nos réalisations, le travail se gâte entre nos mains.

Nous sommes des serviteurs sans valeur même lorsque nous avons fait de notre mieux. Que sommes-nous alors lorsque nous ne faisons pas de notre mieux ? Nous devenons indignes même d'être Ses serviteurs, Ses prêtres. Au seul Rédempteur appartiennent le mérite et la gloire de nos services ; à nous ne revient que la gratitude et l'humilité d'être des rebelles pardonnés.

~ 8 ~

L'Esprit, la Prédication et la Prière

Prêcher n'est pas l'acte de prononcer un sermon ; c'est l'art de former un prédicateur. Le prédicateur devient alors le sermon.

C'est de l'abondance du cœur que la bouche parle.

(Luc 6:45)

Le prédicateur sans l'Esprit du Christ est comme Guéhazi que Élias envoya ranimer un mort. Bien qu'il ait apporté avec lui le bâton du prophète, aucun miracle ne se produisit, car la vertu du bâton fut annulée par les mains qui le tenaient (4 Rois 4:25-38 [2 Rois 4:25-38, RSV]). On peut tenir les Écritures du Seigneur dans la chaire, comme Guéhazi tenait le bâton en main, mais aucune âme n'est sauvée. L'absence d'une vie spirituelle intérieure rend la prédication terne, fade, plate et infructueuse.

Il est possible que le prêtre éprouve un *durcissement* en raison de son contact intime avec le spirituel, sans pour autant devenir spirituel. Les sacristains ont le privilège de travailler près du Seigneur eucharistique, mais cela n'empêche pas certains sacristains d'être superficiels dans leurs génuflexions. Les bijoutiers s'habituent aux bijoux. Les époux s'ennuient de leurs belles épouses, s'il n'y a pas de « réveil du premier zèle ». Le contact avec le Divin est un privilège qui peut également se transformer en indifférence, à moins que chaque jour on ne cherche à s'approcher un peu plus du Seigneur. Traficoter avec la Parole de Dieu un dimanche après l'autre, sans prière ni préparation, ne laisse pas le prêtre intact ; cela le laisse pire. Ne pas gravir signifie reculer. Il n'y a pas de défense contre *l'acédie,* contre la perte tragique de la réalité Divine, sinon un renouvellement quotidien de la foi en le Christ. Le prêtre qui ne s'est pas tenu près des feux du tabernacle ne peut allumer aucune étincelle depuis la chaire.

Quelle réponse au Jugement le prêtre donnera-t-il, lui qui gaspille des heures chaque jour à lire les journaux, regarder la télévision et les magazines, mais ne peut consacrer une demi-heure du temps du Seigneur pour préparer son âme à la chaire ? Il n'est pas étonnant qu'il produise des moralismes bâclés et bon marché ainsi que des réprimandes ulcéreuses qui nuisent à son alliance avec l'Esprit et déshonorent le Christ dont il est l'ambassadeur. N'est-il pas plutôt semblable au mercenaire qui « prend la fuite parce que... il ne se soucie pas des brebis » (Jean 10,13) ? Quel droit avons-nous de prêcher aux autres qui « peinent et sont chargés » (Matthieu 11,28), si nous-mêmes fuyons le fardeau de notre appel ? Être pris dans la machinerie tourbillonnante de « l'occupation » est-il une excuse valable pour ce qui est en réalité de la paresse ?

Mais que dire du sentinelle qui, voyant l'envahisseur venir, ne sonne pas l'alarme pour avertir ses voisins ?

(Ézéchiel 33,6)

Et pourtant, à chaque prêtre, le Seigneur a dit :

Tu es mes veilleurs ; l'avertissement que tu entends de mes lèvres, transmets-le à eux. Pécheur, si je menace de mort, et que tu ne lui donnes aucune parole pour qu'il cesse de pécher, il mourra, comme il mérite de mourir, mais toi, pour sa mort, tu devras rendre compte à Moi.

(Ézéchiel 33,7-8)

Au moment de l'ordination, on a dit au prêtre de prêcher. La charge doit être prise si sérieusement que chaque prêtre s'écrie avec Paul :

Il me serait bien difficile de ne pas prêcher l'Évangile.

(1 Corinthiens 9:16)

Si un pasteur ne nourrit pas ses paroissiens de la Parole de Dieu, ils pourraient bien être les premiers, au jour du Jugement, à réclamer sa punition pour les avoir laissés spirituellement affamés. Rendons-nous grâce pour notre Rédemption, notre vocation et nos autres bénédictions du Seigneur par un tel mépris de Ses commandements ? Comment appellerons-nous les rochers et les montagnes pour qu'ils nous couvrent de Sa juste indignation !

Combien plus nos paroles brûleraient-elles lorsque nous prêchons, si nous préparions nos sermons devant le Seigneur eucharistique ; si notre méditation chaque matin portait sur le sujet du sermon du dimanche suivant ; si, avant de prêcher, nous priions pendant cinq minutes le Saint-Esprit pour le feu de la Pentecôte ; si nous gardions toujours les Écritures ouvertes près de nous, afin de nous ceindre de leur vérité en montant à la chaire ? Chaque personne à qui nous prêchons, nous la retrouverons au jour du Jugement. Quelle grande joie alors, si nous avons redressé leurs consciences et les avons élevés à l'étreinte du Sacré-Cœur. Il n'est pas étonnant que Moïse, Élias et Jérémie aient tous tenté de fuir le fardeau écrasant de livrer la Parole du Seigneur.

Et substituerons-nous le registre à la Bible, le sermon de mendicité à la convocation pénitentielle, les platitudes vulgaires au scandale de la Croix ? Dans l'Ancien Testament, Dieu ordonna que le feu sur l'autel ne s'éteigne jamais. Ne sommes-nous pas ministres du Grand Prêtre Qui jeta le feu sur la terre et voulut qu'il s'enflamme ?

Les Écritures, notre inspiration

Quels sujets inépuisables pour les sermons l'Esprit nous offre-t-il dans les Écritures. Il n'existe aucune occasion pour laquelle la Bible manque d'un thème approprié, d'une application pertinente. Il y a, par exemple, le Jugement sur les hommes qui défient Dieu, tels que Balaam (Nombres 23:7-24:25; 31:8), Goliath (1 Rois 17:10-55 [1 Samuel 17:10-55, RSV]), Sennachérib (2 Paralipomènes 32:1-21 [2 Chroniques 32:1-21, RSV]).

Puis il y a les paraboles de l'Ancien Testament, par exemple, les sept paraboles de Balaam (Nombres 23:7,18; 24:3; 15:20-23); celle de Samson (Juges 14:12); l'Agneau (2 Rois 12:3 [2 Samuel 12:3, RSV]); la femme sage de Tekoé (2 Rois 14:6 [2 Samuel 14:1-20, RSV]); les arbres choisissant un roi (3 Rois 20:39 [Juges 9:7-15, RSV]); la parabole de la vieillesse (Ecclésiaste 12:1-7); le pauvre homme sage dans une petite ville (Ecclésiaste 9:14).

Merveilleux serait en effet le prédicateur qui pourrait surpasser les cinq cris de miséricorde dans l'Évangile : Bartimée l'aveugle (Marc 10:46-47); dix lépreux (Luc 17:11-13); la femme de Canaan (Matthieu 15:21-22); le père d'un garçon possédé par un démon (Matthieu 17:14-15); et l'homme riche en enfer (Luc 16:23-24).

Quoi de plus applicable aujourd'hui que l'histoire de Rahab (Josué 2:21 et Hébreux 12:27), dont le fil rouge symbolisait le long courant de sang réclamant la Rédemption; la femme pleine de bonnes œuvres — la seule personne que Pierre ait jamais ressuscitée (Actes 9:36-42); ou Naaman le lépreux (4 Rois 5:1-14 [2 Rois 5:1-14, RSV]) qui ridiculisait l'idée que Dieu puisse utiliser les « sacrements » pour manifester Sa puissance salvifique ?

La leçon des sept grands intercesseurs demeure tout aussi pertinente à notre époque : Abraham pour Sodome (Genèse 18), Juda pour Benjamin (Genèse 44:18), Moïse pour Israël (Exode 32:11), Jonathan pour David (1 Rois 20:32 [1 Samuel 20:32, RSV]), Joas pour Absalom (2 Rois 14 [2 Samuel 14, RSV]), Esther pour les Juifs (Esther 5), et le Christ pour Ses prêtres (Jean 17).

Prêcher la repentance

Mais de tous les sujets possibles pour les sermons, l'étude de la Bible conduit inévitablement à la conclusion que le plus important est la repentance. Ce fut le sujet de la prédication de Jean le Baptiste (Matthieu 3:8). Le premier sermon de Notre Seigneur portait sur la pénitence (Matthieu 4:17). Notre Seigneur l'a donné comme raison de Sa venue (Luc 5:32). Ce fut le sujet du premier sermon de Pierre à ses frères Juifs (Actes 2:38) et de son premier sermon aux païens

L'Esprit, la Prédication et la Prière

(Actes 11:28). Ce fut le sujet que Paul disait ne jamais manquer de prêcher devant Juifs et païens (Actes 20:21); Ce fut le thème du dernier message de Pierre (2 Pierre 3:9) dans lequel Il affirmait que la seule raison pour laquelle Dieu nous accordait plus de temps pour vivre était de nous repentir. Ce fut le sujet à la fois du premier et du dernier sermon de Notre Seigneur. « La pénitence et la rémission des péchés doivent être prêchées à toutes les nations » (Luc 24:47).

Le message de Notre Dame à Lourdes fut « Faites pénitence »; Les mêmes paroles furent répétées à Fatima : « Faites pénitence. » Mais à quelle fréquence la pénitence est-elle prêchée ? La tendance actuelle est plutôt de minimiser la nécessité de la pénitence, de réduire la rigueur du jeûne ainsi que le nombre de jours de jeûne obligatoire. Rendre la religion confortable suffit pourtant à faire crier de nouveau l'Ange à toute Église telle qu'Éphèse :

Repens-toi, et reviens aux premières œuvres.

(Apocalypse 2,5)

À l'Église de Pergame, le même avertissement fut lancé :

Toi... repens-toi ; sinon je viendrai bientôt te visiter.

(Apocalypse 2,16)

Pourquoi la repentance ? Parce que c'est le premier acte d'une âme qui revient à Dieu, le premier coup qui sépare le péché du cœur. Les Écritures ne contiennent pas d'expressions de vengeance contre d'autres pécheurs aussi terrifiantes que celles adressées par l'Esprit de Dieu dans le Deutéronome (29,20-21) contre ceux qui retardent obstinément la repentance.

Mais la prédication de la terreur n'est pas essentielle à la repentance. Les âmes n'ont pas besoin d'être comme Dante, qui traversa l'enfer avant d'atteindre le paradis. L'allumage de charbons sulfureux dans la chaire n'est pas le chemin de Notre Seigneur vers la repentance. Saint Paul dit à Timothée comment attirer les âmes hors d'une vie mauvaise, et la douceur était l'approche qu'il recommandait.

> *Un serviteur du Seigneur ne doit pas se mêler de querelles ; il doit être bienveillant envers tous les hommes, persuasif et tolérant, avec une main douce pour corriger ceux qui sont obstinés dans leurs erreurs.*
>
> (2 Timothée 2,24-25)

Avant le tonnerre, nous voyons la lumière. Mais tonner contre les âmes sans leur apporter la lumière de la vérité de Dieu et l'amour révélé par le Sacré-Cœur peut seulement leur arracher un sourire. Cela ne les mettra cependant pas à genoux dans la repentance.

Le Prêtre en prière

Trois sortes de prière dans l'Esprit devraient particulièrement concerner chaque prêtre : ses prières non dites ; ses prières composées de croix et de son Bréviaire.

1. Les prières non dites du Prêtre.

Parce que le prêtre n'est jamais exempt des infirmités d'une nature déchue, malgré son appel sublime, l'Écriture lui ordonne souvent de prier. Mais peu d'aide se trouve dans la nature humaine faible, dans les livres spirituels, ou même dans la volonté elle-même, pour inspirer la prière nécessaire. Car l'un des aspects les plus négligés de la prière sacerdotale est le rôle que seul le Saint-Esprit peut jouer dans sa fructification.

Les mauvaises habitudes, l'acédie et la tiédeur peuvent tous conspirer pour empêcher une augmentation du niveau de prière, mais l'Esprit Divin peut éclairer l'âme la plus obscure et purifier le cœur le plus souillé. Le Saint-Esprit n'est pas indifférent aux obstacles créés par la nature charnelle de l'homme. Comme une infirmière soulève doucement un patient dans son lit, ainsi le Saint-Esprit soutient le prêtre dans sa faiblesse.

> *... Lorsque nous ne savons pas quelle prière offrir, comment prier comme il faut, l'Esprit Lui-même intercède pour nous, avec des soupirs inexprimables : et Dieu, qui peut lire nos cœurs,*

connaît bien l'intention de l'Esprit. Car en effet, c'est selon l'esprit de Dieu qu'Il intercède pour les saints.

(Romains 8,26-27)

Souvent, nous ne savons même pas pour quoi prier. Saint Paul lui-même était dans cette condition lorsqu'il demanda la suppression de l'écharde dans la chair. Lorsque Jacques et Jean demandèrent les places à droite et à gauche auprès du Sauveur, Notre Seigneur leur dit qu'ils ne savaient pas ce qu'ils demandaient. Mais reconnaître que nous ne savons pas pour quoi prier est déjà un signe que nous sommes sur le chemin pour être guidés par l'Esprit. Trop souvent, nos prières tendent à n'être que de simples plans que nous présentons à Dieu pour qu'Il les approuve. Mais lorsque le Saint-Esprit guide, la prière s'élève immédiatement au-delà du simple niveau de la demande.

Nos deux intercesseurs

Nous avons deux intercesseurs : l'un est le Christ Lui-même ; l'Autre est l'Esprit. Le Christ parle en notre nom. L'Esprit intercède en nous afin que nous puissions prier. Il dispose nos cœurs à la prière. Il accroît notre audace pour nous approcher du trône de la grâce. Il suggère les intentions pour lesquelles nous devons prier, multiplie nos prières et nous donne Sa Puissance.

Que signifient les gémissements du Saint-Esprit (Romains 8, 26) ? Très probablement, les opérations secrètes du cœur tourné vers Dieu dans une prière sans paroles ni expression vocale. Très souvent, dans une profonde affliction et détresse, le cœur humain ne parle pas, mais gémit. Comme le Christ intercède pour nous au Ciel, ainsi le Saint-Esprit, dans les afflictions et les épreuves, intercède en nous sur la terre, nous révélant notre besoin, suscitant des aspirations saintes, sondant nos cœurs pour exposer ce qui fait défaut à notre prêtrise.

Le Saint-Esprit transforme l'insatisfaction que chaque prêtre porte en lui en une prière inarticulée. Tandis que la création aspire à son développement, le prêtre — conscient de sa faiblesse — soupire après le salut. Son profond gémissement témoigne d'un désir de l'Infini. Avec Augustin, Il sait qu'Il a été créé pour le Divin Grand Prêtre et Il demeure inquiet jusqu'à ce qu'Il trouve son repos en Lui. Très souvent, nous prions avec l'illusion de savoir ce que nous devons demander. Saint Paul suggère qu'au contraire, nous ignorons souvent ce que nous devons demander ; d'où la nécessité de l'illumination et de la direction de l'Esprit.

Pythagore interdisait à ses disciples de prier pour eux-mêmes, car ils ne savaient pas ce qui leur était avantageux. Socrate enseignait plus sagement à ses disciples de prier simplement pour de bonnes choses, car Dieu connaît mieux que quiconque ce qui est bon. Notre ignorance et notre faiblesse sont également des motifs pour demander l'illumination de l'Esprit afin de nous accorder à la Volonté de Dieu, que ce soit dans la paix ou dans l'épreuve. Les pluies du Ciel ne sont pas moins fertilisantes parce qu'elles tombent la nuit ; de même, les inspirations de l'Esprit ne sont pas moins réelles ni moins bénéfiques lorsqu'elles atteignent l'âme durant des périodes de ténèbres spirituelles et d'ignorance. Quelle consolation de savoir que le Christ délègue l'Esprit pour intercéder en nous sur la terre, tandis qu'Il-même intercède pour nous au Ciel !

Il n'existe aucun prêtre au monde qui ne ressente, à un moment donné et sous une forme indicible, ce désir d'une communion plus profonde avec le Christ. Cela défie toute supplication. Dans ce cri indicible, l'Esprit perçoit un désir de communion avec Lui plus complet que celui qui a jusqu'ici été satisfait. Lorsqu'Il intercède pour nous, ce n'est pas par une supplication directe de Lui-même au Père ; c'est en devenant l'Esprit de supplication en nous. Lorsque le Bréviaire devient difficile, lorsque nous peinons dans la prière et que l'âme semble perdre contact avec Dieu, nous avons atteint le point où nous devons prier pour l'Esprit de prière. Enfin, l'Esprit nous rend si intimes avec Dieu que nous ne passons guère par une expérience sans Lui en parler, que ce soit en visitant les malades, en prêchant, en confessant, en commençant l'office ou en écoutant les peines d'un visiteur dans le salon.

L'Esprit, la Prédication et la Prière

Les sous-entendus de la prière sacerdotale

Les prêtres sont souvent réticents à révéler leur vie spirituelle intérieure, même à leurs frères prêtres. Ils ont tendance à la cacher aux autres et peut-être même à eux-mêmes, si bien que peu savent ce qui se passe dans leur cœur. Pourtant, même les plus faibles nourrissent des aspirations au bien insoupçonnées de leurs critiques. Et beaucoup des meilleurs hésitent à être vus en prière par leurs frères. Mais tout au long, des pensées de sainteté, ou une tristesse de ne pas être plus saints, inondent leur cœur. Ces sous-entendus doivent être articulés, ces fardeaux ont besoin d'une aile, ces murmures doivent être exprimés; et c'est l'œuvre du Saint-Esprit.

L'effort de cacher la sainteté aux autres naît souvent d'une conscience de ses imperfections, si bien que nous les remettons au Saint-Esprit pour qu'Il les éclaire dans notre solitude. Peu de prêtres aiment les prières verbales ou vocales. C'est un fait. Ce n'est pas parce que les bons prêtres manquent de prière. Mais parce que leurs prières sont des soupirs, leurs aspirations sont des inspirations. Ils n'ont pas le sentiment de crier vers Dieu à travers un abîme. Toujours conscients de leur mission, ils ressentent le profond travail silencieux de l'Esprit en eux. Ils ont peu de suppliques. Ils font rarement une neuvaine pour quelque chose qu'ils désirent ; ils font faire les neuvaines au peuple. Leurs meilleures prières sont non dites ; Leurs prières sont dans leurs prières — le dialogue avec le Père, comme le fait le Fils par l'Esprit Qui les inspire sur ce qu'il faut dire.

Ainsi, nous avons le Père à Qui nous prions et Qui entend la prière. Nous avons le Fils par Qui nous prions, *per Christus Dominum Nostrum,* et nous avons le Saint-Esprit en Qui nous prions, Qui prie en nous selon la Volonté de Dieu avec des soupirs si profonds et indicibles. L'intercession du Saint-Esprit en nous est aussi Divine que l'intercession du Christ au-dessus. Notre faiblesse même, notre humiliation et la grossièreté de notre chair constituent le champ d'action du Saint-Esprit, Qui éveille l'âme à sortir et à rencontrer son Seigneur. À mesure que nous grandissons dans la connaissance de l'Esprit qui habite en nous, dans la réalité de Sa respiration en nous, nous commençons à reconnaître combien, au-delà de toute notre théologie, existe cette faim divine par laquelle Il nous attire vers le Ciel.

Comme la prêtrise devient différente lorsque nous partons du principe que nous ne savons pas ce que nous voulons ! Alors, nous prions l'Esprit afin que nous puissions comprendre correctement nos besoins. Avant qu'une école ou un couvent ne soit construit, avant que la paroisse ne planifie une activité sociale, la première prière est de demander au Saint-Esprit si le projet est conforme à la Volonté de Dieu. Nous perdons souvent le bénéfice des prières en nous proposant des fins inappropriées. Comme l'a dit Saint Jacques :

Ce que vous demandez vous est refusé, parce que vous le demandez avec de mauvaises intentions.

(Jacques 4,3)

L'Écriture nous assure que le véritable signe de la participation à la Nature divine est le suivi de l'Esprit :

Ceux qui suivent la conduite de l'Esprit de Dieu sont tous fils de Dieu.

(Romains 8, 14)

Alors que le Christ poursuit Son œuvre d'intercession dans le Ciel, Il l'applique par l'Esprit Qui ne pouvait venir avant qu'Il ne fût glorifié (Jean 7,39). L'œuvre que le Sang de Notre Seigneur a accomplie dans le Ciel lorsqu'Il est entré au-delà du voile continue maintenant d'être appliquée par Son Esprit, afin que les prières du Christ deviennent les nôtres et que les nôtres soient faites Siennes. Mais Son Esprit est nôtre non seulement au temps de la prière, mais en chaque instant de la vie.

2. Nos Croix

Le prêtre dévoué à l'Esprit a une réponse lorsque les épreuves, les injustices, les trahisons, les déceptions, la santé défaillante ou les tentations l'assaillent : il sait que l'Esprit les a préparées. Il se rappelle aussitôt que

par l'Esprit, Il fut conduit dans le désert, où Il demeura quarante jours, tenté par le diable.

(Luc 4,1)

Le vieux pasteur grincheux à qui un assistant a été assigné, le téléspectateur indolent que le pasteur zélé n'a d'autre choix que d'accepter — ces épreuves apparemment diaboliques et d'autres semblables sont permises par l'Esprit, tout comme l'Esprit a conduit Notre Seigneur vers le diable. Sous la conduite de l'Esprit, chaque épreuve enrichit l'âme du prêtre. Il guérit le mieux les blessures qui a ressenti une blessure semblable.

Le prêtre ne se plaint jamais ni de son évêque, ni de ses frères prêtres, ni de son peuple, s'il voit que l'Esprit est l'auteur de ses épreuves. Regardez le pauvre Jonas, et voyez pourtant combien Dieu avait à faire avec sa mission de prêcher la pénitence ! Ses épreuves semblaient provenir de causes purement naturelles, et pourtant le Seigneur avait décrété chacune d'elles : «*Mais maintenant le Seigneur fit souffler un vent impétueux sur la mer....*» (Jonas 1:4); «*Sur l'ordre du Seigneur, une grande bête marine l'avait englouti....*» (Jonas 2:1); «*Et maintenant, sur l'ordre du Seigneur, la bête marine rejeta Jonas....*» (Jonas 2:11); *... sur l'ordre de Dieu un ver... frappé à la racine de la plante et l'a tuée"* (Jonas 4,7); *"... à l'ordre du Seigneur, le sirocco est venu..."* (Jonas 4,8).

Une fois que nous comprenons que toutes les épreuves viennent du Seigneur, elles perdent leur amertume, et notre Cœur est en paix. Lorsque de telles épreuves surgissent, nous devons supplier les fidèles de combattre avec nous par leurs prières. Une mesure de la valeur que nous accordons à la prière est l'insistance avec laquelle nous demandons au troupeau confié à nos soins de prier pour nous. Saint Paul, en prison, écrivit aux Philippiens qu'il n'aurait plus d'inquiétude quant à la santé de son âme s'il les avait « pour prier pour moi, et Jésus-Christ pourvoir à mes besoins par son Esprit » (Philippiens 1,19). Il savait qu'il ne pouvait pas agir sans

L'Esprit, la Prédication et la Prière

l'intercession de ses convertis. Il appréciait les prières de Lydie et de sa maisonnée; il appréciait les prières du geôlier; Il désirait les prières d'Euodia, de Syntchée et de Clément ; et aux Éphésiens il écrivit :

> *Priez aussi pour moi, afin qu'il me soit donné de parler avec assurance, pour faire connaître la Révélation de l'Évangile, pour laquelle je suis ambassadeur enchaîné.*
>
> (Éphésiens 6:19,20)

Le prêtre peut réclamer les prières de son peuple, car c'est par leurs prières qu'il reçoit de l'Esprit tout ce dont il a besoin. Pourtant, combien rares sont les paroisses qui accordent la priorité à la prière lorsqu'on construit un lycée ou qu'on prêche une mission ! Des campagnes de financement sont organisées pour obtenir l'argent et des démarcheurs téléphoniques sont engagés ; Mais les prières sont-elles présentées comme la première priorité afin d'attirer la bénédiction de Dieu ? Le prêtre peut sauver des âmes sans éloquence, mais il ne peut les toucher sans la prière et le Saint-Esprit. Pour bâtir une Église, nous avons besoin de « pierres vivantes et respirantes » (1 Pierre 2:5), mais que sont les « pierres vivantes compactées dans la charité » sinon la communauté chrétienne unie dans la prière ? Pour bâtir une Église, il nous faut la sainteté, mais d'où vient la sainteté sinon de l'Esprit ? Combien de paroissiens prient-ils jamais pour le pasteur ou ses assistants ? Si certains ne le font pas, la raison ne serait-elle pas que, depuis nos cellules de prison de besoin spirituel, nous, prêtres, ne les avons pas exhortés à prier pour nous, comme Paul le fit pour les Philippiens ?

3. Le Bréviaire

Peu aiment admettre qu'ils s'ennuient devant quelque chose qu'on s'attend à ce qu'ils apprécient. Le Bréviaire appartient à cette catégorie. On attend des prêtres qu'ils s'extasient sur leur amour pour lui, mais beaucoup d'entre nous sont comme ces personnes affectées qui prétendent aimer l'opéra, alors qu'elles ne l'apprécient ni ne le comprennent. Pourquoi ne pas admettre la vérité à propos du Bréviaire : beaucoup d'entre nous le trouvent « paroles étranges » (Jean 6:61). Mais lorsqu'on nous demande si nous allons partir, nous avons le courage de refuser, et de répéter avec Pierre : « Seigneur, vers qui irions-nous ? » (Jean 6:69).

Peut-être que le Bréviaire était destiné à être difficile pour le prêtre ordinaire. Ne pourrait-il pas s'agir d'une lutte avec Dieu semblable à celle de Jacob (Genèse 32:24) ? Si nous apprenons à le voir sous cet angle, cela peut demeurer une lutte constante, mais elle relèvera alors de l'intercession incessante et prolongée. Nous le prions alors comme Notre Seigneur pria dans le Jardin, avec des gouttes de sang pourpre qui teintaient la terre, comme l'ami qui frappait sans cesse à la porte la nuit pour un morceau de pain, comme la veuve infatigable dans sa supplique au juge, comme la Femme syro-phénicienne qui se contentait des miettes tombées de la table du Maître. L'importunité ne signifie pas la rêverie, mais le travail soutenu. Si *laborare est orare,* alors n'est-il pas parfois vrai du Bréviaire que *orare est laborare ?*

Notre foi s'attache au Bréviaire comme la pauvre Femme de Tyr et de Sidon s'attachait au Seigneur (Matthieu 15:21-28). Elle avait trois obstacles à surmonter : le silence du Christ ; la résistance des disciples ; et enfin le rejet apparent du Christ envers elle, la jugeant indigne de partager Sa gloire. Ces trois difficultés ne sont-elles pas aussi les nôtres avec le Bréviaire ? Notre Grand Prêtre semble silencieux ; l'Église nous fait utiliser une langue difficile ; et trop souvent, nous nous laissons convaincre que Notre Seigneur n'est pas très content de nous. Pourtant, nous persévérons, jour après jour, inspirés par un sens du devoir et la Foi. Et si nous le faisons, Notre Seigneur ne nous dira-t-Il pas en fin de compte, comme Il l'a dit à cette femme :

Pour cette grande foi que tu as, que ta volonté soit accordée.
(Matthieu 15:28)

Le Bréviaire est lourd

Le Bréviaire ne serait-il pas aussi difficile parce qu'en lui nous rassemblons non seulement toutes les intentions de l'Église, mais aussi celles des non-prieurs, des pécheurs, de ceux qui tournent le dos à Dieu, de ceux qui retardent leur repentir ? Il ne nous est pas plus facile de faire cela qu'il ne fut facile pour Notre Seigneur, Qui était sans péché, d'être « fait péché » (2 Corinthiens 5,21). Chacun aimerait ressentir une dévotion lorsqu'il prie, mais que faire si nous prions pour ceux qui n'ont que la sensibilité et non la dévotion?

Chaque fois que nous prenons ce livre, nous prenons le Japon et l'Afrique, deux milliards d'incroyants, d'apostats, le fardeau des Églises à travers le monde. Si des millions hésitent à prier, ne ressentons-nous pas leur hésitation? Si les non-convertis traînent les pieds, comment pourrions-nous prendre notre envol et voler? Trois fois durant Son Agonie, Notre Seigneur revint vers Ses trois Apôtres en quête de consolation. Le Bréviaire n'est pas une prière personnelle; c'est une prière officielle et, par conséquent, elle est alourdie « du fardeau des Églises ». Et tant que nous ne comprendrons pas que nous vocalisons la prière de l'Église, comprendrons-nous à la fois sa beauté et son fardeau?

Notre Seigneur a versé Ses prières personnelles à Son Père sur la montagne, mais lorsqu'Il priait pour Ses ennemis, Il saignait sur un gibet (Luc 23,34). Plus Sa prière était liée à la Rédemption, plus Il souffrait. Il est en effet facile pour nous d'aimer Dieu de manière solitaire et isolée, mais supposons que nous devions prier pour ceux qui n'aiment pas? Ne prenons-nous pas sur nous leur absence d'amour? Et cela ne serait-il pas bon pour nous, car si toutes nos prières étaient personnelles, ne seraient-elles pas égoïstes? Alors nous pourrions essayer de négocier avec Dieu comme Jacob l'a fait :

Si Dieu est avec moi, dit-il, et veille sur moi dans ce voyage, et me donne du Pain à manger et des vêtements pour me couvrir, jusqu'à ce que je retourne sain et sauf à la maison de Mon Père, alors le Seigneur sera mon Dieu.

(Genèse 28,20-21)

Jacob aimait Dieu tout en s'aimant lui-même. Mais dans le Bréviaire, nous faisons un acte d'Amour, non seulement pour l'Église, mais aussi pour ses ennemis. Le Bréviaire, comme l'ange, est l'épreuve de notre force ; ainsi que l'ange secoua Jacob et le fit chanceler et rouler, ainsi le Bréviaire met à l'épreuve notre endurance. Si le Bréviaire est abordé comme un travail, comme une lutte avec Dieu, comme une intercession sur la Croix, comme quelque chose destiné non pas à nous consoler mais à nous faire lutter, nous finirons par apprendre à aimer la bataille et à la tourner à la gloire de Dieu.

Malgré toutes nos plaintes, nous aimons le Bréviaire. Notre vie a deux « critiques » principales : l'une, la nourriture au séminaire avant notre ordination ; la deuxième, le Bréviaire après notre ordination. Mais nous grossissons avec les repas, et nous progressons en sainteté avec le Bréviaire. Nous en attendons trop au début, comme une épouse de son époux. Mais une fois que nous réalisons que lorsque nous prenons le « livre », nous ne sommes pas des moineaux chantant pour nous seuls, que notre mélodie est plutôt le chant des anges montant au trône de Dieu pour le Corps mystique et le monde, cela devient plus facile. Nous ne comprenons peut-être pas chaque mot, mais Dieu comprend ce que nous ne saisissons pas.

S'il est vrai que seul l'Esprit peut rendre notre lecture du Bréviaire fructueuse, il y a beaucoup de choses que nous pouvons faire pour nous préparer à la douce caresse de Son souffle.

Aides au Bréviaire

1. Lisez l'office du jour en la Présence de Notre Seigneur dans le Saint-Sacrement, une pratique pour laquelle une indulgence plénière est accordée. De plus, puisque le Bréviaire est le Corps du Christ en prière, il se lit avec plus de foi lorsqu'il est étroitement uni

à la Tête Qui « vit encore pour intercéder en notre faveur » (Hébreux 7, 25).

2. Notez que la plupart des Psaumes nous confrontent à deux figures : l'une est le Souffrant ; l'autre est le Roi. Cela nous aide à interpréter les psaumes de souffrance comme l'Église, et les psaumes royaux comme le Christ. Ce long Psaume 118 [RSV 119] deviendrait ainsi l'Église implorant son amour pour le Christ, la Nouvelle Loi. Et lorsque nous rencontrons des « psaumes de malédiction », il est bon de nous rappeler que parmi tous les hommes mauvais, les hommes religieux mauvais sont les pires, et que le Juge prend le péché au sérieux.

3. Faites souvent appel au Saint-Esprit durant la récitation. Comme une mère prie d'abord pour son enfant avant même qu'il ne puisse comprendre ce qu'elle fait, puis lui enseigne à prier afin qu'elle puisse ensuite prier avec lui, ainsi l'Esprit prie dans le Bréviaire d'abord en nous, puis par nous.

Continuez à prier dans la puissance du Saint-Esprit ; pour vous maintenir dans l'amour de Dieu, et attendre la miséricorde de Notre Seigneur Jésus-Christ, ayant pour but la vie éternelle.
(Jude 20,21)

4. Offrez certaines Heures de l'office pour des intentions spécifiques. Combien de fois un prêtre n'est-il pas sollicité pour prier pour quelqu'un : un garçon passant un examen, une mère avant l'accouchement, un père partant en voyage, ou un jeune couple sur le point de se marier ? Le Bréviaire, prière de l'Église, rassemble toutes ces intentions de la paroisse, du diocèse, de la nation et du monde. Il aide à offrir un psaume particulier pour une personne déterminée.

5. Le Bréviaire ne peut jamais être correctement lu en écoutant la radio ou en regardant la télévision, ni avec une oreille et la moitié de l'esprit concentrée sur un match de baseball. *Magna abusio est habere os in Brevario, cor in foro, oculus in televisifico.*

L'Esprit, la Prédication et la Prière

Il n'est pas nécessaire que Je te déclare coupable, tes paroles le prouvent ; tes propres lèvres t'accusent.

(Job 15:6)

Ce peuple M'honore des lèvres, mais son cœur est loin de Moi.

(Matthieu 15:8)

Des moments d'élévation mentale peuvent parfois accompagner la récitation du Bréviaire, mais en général la vision du Mont de la Transfiguration est suivie de la descente vers la plaine. Les moments d'exaltation sont rares et espacés. Nous devons nous contenter d'avancer comme des pèlerins, généralement à pied, parfois avec des bottes usées.

Le Bréviaire n'est cependant pas seulement un joug et un fardeau ; C'est aussi un devoir — un devoir d'amour. Les deux aspects semblent presque contradictoires, mais l'épreuve de l'amour est le sacrifice de soi, non l'émotion. D'ailleurs, le devoir lui-même est un bien. Lorsque nous perdons la Foi, nous perdons le sens du devoir. La manière dont ce devoir est accompli dépendra du niveau de comportement. Si un prêtre est égoïste, le Bréviaire sera récité par simple devoir ; S'il est conscient qu'il s'agit de la prière de l'Église, le devoir sera empreint d'amour ; S'il est un prêtre-victime, l'Amour enflammera le devoir d'une ardeur qui ne connaît aucune obligation. Jacob dut travailler sept ans pour Rachel, pourtant *«ils lui parurent comme quelques jours, à cause de la grandeur de son Amour »* (Genèse 29,20).

✠ J.M.J. ✠

~ 9 ~

L'Esprit et l'accompagnement spirituel

Tous ceux qui consultent un psychiatre n'ont pas besoin de ses services, tout comme certains qui viennent au prêtre ont besoin d'un psychiatre. Les catholiques qui ne sont pas perturbés émotionnellement consultent parfois un psychiatre parce que le pasteur et le clergé ont abandonné l'accompagnement spirituel. Autrefois, les deux conseillers réguliers, chacun dans son domaine d'action, étaient le médecin de famille et le pasteur. Aujourd'hui, le médecin s'intéresse souvent davantage aux maladies qu'aux malades, tandis que trop de prêtres se fient plus à leurs fiches qu'au Don du Conseil. Les psychiatres comblent parfois le vide créé par le manque de véritable sollicitude à l'égard des maux et des souffrances des personnes de la part du clergé. L'État a largement pris en charge l'éducation ; maintenant, la psychologie voudrait enlever l'âme au prêtre.

Permettre que cela arrive serait un manquement à un devoir majeur. Pourtant, comment préserver cet aspect de notre ministère sinon par le Saint-Esprit ? De nombreux traités sur l'accompagnement psychologique sont bien sûr disponibles ; mais, tout en offrant beaucoup d'aide, de la même manière qu'un haut-parleur aide le prédicateur, ils demeurent néanmoins dans l'ordre naturel. À moins qu'ils ne soient utilisés sous la conduite de l'Esprit, ils ne serviront à rien.

Toute personne troublée émotionnellement ou spirituellement ne relève pas nécessairement de la compétence du prêtre-accompagnateur spirituel, mais le nombre de ceux qu'il pourrait aider est plus grand que ce que l'on soupçonne généralement. Deux causes majeures de malheur mental sont l'absence de but dans la vie et un sentiment de culpabilité non résolu. Le Saint-Esprit seul peut révéler le plein dessein de la vie en Christ, et le Saint-Esprit seul peut nous convaincre du péché. Il est surprenant de constater combien peu d'ouvrages catholiques sur l'accompagnement spirituel font référence à l'ordre surnaturel, à la grâce, à la Foi, à la mortification et à la prière. L'insistance sur des aides telles que « garder la tête haute », « la confiance en soi », « se relever par ses propres moyens » tend à faire oublier au Chrétien les influences invisibles qui seules peuvent ultimement donner un repos durable aux âmes fatiguées.

La préoccupation du prêtre en tant qu'accompagnateur spirituel concerne uniquement les âmes qui ne relèvent pas du domaine de la médecine et de la psychiatrie. Cependant, cela ne le limite pas à la prise en charge des âmes ordinaires, car celles qui sont anormales en raison d'un refus de reconnaître leur culpabilité relèvent également de sa juridiction. Il incombe au prêtre, et Il jouit de la puissance de l'Esprit, de régénérer et de remodeler progressivement toutes ces âmes à l'image divine. Et une fois restaurées à l'héritage céleste, elles peuvent dire avec Paul :

> *Nous, après tout, étions autrefois comme les autres, insouciants, rebelles, dupes de l'erreur ; esclaves d'un mélange étrange de désirs et d'appétits, nos vies pleines de bassesse et d'envie, haineux, et nous haïssant les uns les autres. Puis la bonté de Dieu, notre Sauveur, s'est levée sur nous, Son grand amour pour l'homme. Il nous a sauvés ; et ce n'était pas grâce à quoi que ce soit que nous avions fait pour notre propre justification.*
>
> (Tite 3,3-5)

Aucune sagesse charnelle dans l'accompagnement spirituel

Le but de tout accompagnement spirituel est de faire passer la personne du royaume de la chair à celui de l'Esprit :

Vivre la vie de la nature, c'est penser les pensées de la nature ;
Vivre la vie de l'Esprit, c'est penser les pensées de l'Esprit.

(Romains 8:5)

La thérapie de l'Esprit cherche « un renouvellement dans la vie intérieure de vos esprits ».

(Éphésiens 4:23)

D'où le prêtre tire-t-il les dons du conseil, le discernement des esprits, la sagesse pour comprendre les cœurs humains ? En partie de l'étude, mais principalement de la prière au Saint-Esprit :

Y en a-t-il un parmi vous qui manque encore de sagesse ? Dieu donne à tous, librement et sans reproche ; qu'il la demande donc à Dieu, et le don lui sera accordé.

(Jacques 1:5)

L'Esprit vient au secours de notre faiblesse.

(Romains 8:26)

Les attitudes, jugements et valeurs des hommes sont déterminés par l'esprit qui les anime. Leur esprit est soit celui du Christ, soit celui du monde (1 Corinthiens 2:12). Quel esprit est-ce qui conduit les jeunes à la luxure, à l'esclavage du plaisir et à la rébellion contre l'autorité, qui plonge les hommes d'âge mûr dans les soucis, et rend les vieillards avares ?

Notre siècle pourrait bien être témoin d'un phénomène aux proportions alarmantes : une augmentation de la possession diabolique et un regain d'intérêt pour Satan. On peut s'attendre à ce que les pièces de théâtre, romans, livres et films utilisent de plus en plus son nom, non pas comme quelque chose de maléfique, mais comme quelque chose de fascinant, pour jouer avec les flammes de l'enfer comme les enfants jouent avec le feu.

Le but du prêtre conseiller

Le conseil sacerdotal fondé uniquement sur la connaissance naturelle ne peut affronter un tel ennemi. La possession diabolique doit être confrontée par la possession du Christ dans le prêtre, afin qu'il soit pressé d'ouvrir aux cœurs les trésors de la bonté de Dieu ; de dévoiler le péché pour qu'il soit racheté ; de quitter les quatre-vingt-dix-neuf pour aller chercher celui qui est perdu ; de dénicher des leaders et de les former à l'apostolat et à la conversion ; de les envelopper du manteau du Sacré-Cœur ; d'écouter sans interruption les affligés, en reconnaissant la dignité de la personne qui parle ; de réconcilier le mari et la femme en leur révélant comment ils peuvent se sanctifier mutuellement, comme Saint Paul l'a fait pour les couples malheureux de Corinthe (1 Corinthiens 7:14) ; agir de manière à ce que deux marées se rencontrent dans son cœur sacerdotal comme elles se sont rencontrées à Bethléem : la marée du besoin humain et la marée de l'accomplissement Divin ; regarder les déchus comme Notre Seigneur regardait Pierre et le poussait aux larmes (Luc 22, 61) ; avoir la même patience paulinienne qui a rendu Marc utile ; s'opposer partout au terrible gaspillage, à l'usure et à la dégradation causés par le péché ; prier pour ceux qui le cherchent (car l'absence de prière est l'insomnie de l'âme) ; faire en sorte que les gens pensent, en quittant le salon, qu'ils ont été avec le Christ ; comprendre que le Saint-Esprit donne la force à ceux qui la dépensent ; réaliser que, tout comme il n'y a aucune beauté dans l'animal paresseux, il n'y a aucun pouvoir dans le prêtre paresseux ; prier quotidiennement le Saint-Esprit de lui apprendre à ne trouver de plaisir qu'en les âmes ; être convaincu qu'il ne peut atteindre un pécheur du bout du doigt de l'organisation paroissiale, ni élever une âme à la sainteté par une dépense excessive de conseils faciles ; Ne jamais hésiter à recevoir un visiteur au détriment de son propre confort, sachant que Dieu ne donne aucune récompense sans la poussière du labeur ; En un mot, être « un autre Christ » et non simplement « un autre Joe ».

Il est bien beau de dire aux pauvres et aux affamés de la paroisse de s'inscrire auprès des œuvres catholiques, mais le prêtre sera tenu personnellement responsable devant Dieu de sa compassion envers les pauvres. On ne peut jamais utiliser une agence sociale pour échapper à un devoir sacerdotal. On se demande ce qui passait par l'esprit du prêtre juif qui passa près de l'homme blessé sur la route de Jérusalem à Jéricho (Luc 10,31). En continuant son chemin, se disait-il, pour employer des équivalents modernes, qu'il demanderait au centre social de la ville voisine d'envoyer une ambulance ? Mais il est éternellement inscrit dans l'Évangile comme celui qui a failli à son prochain dans son heure de besoin. En négligeant notre prochain, nous détournons notre « propre chair et sang » (Ésaïe 58,7). Ce n'est pas seulement la bourse qu'il faut ouvrir pour aider les pauvres ; la bourse ne vaut rien sans le cœur.

Les impitoyables seront jugés avec impitoyabilité.
(Jacques 2:13)

Les prêtres saints sont recherchés par les affligés

Les meilleurs conseillers ne sont pas les sages du monde avec leurs magnétophones, ni ceux qui maîtrisent tous les stratagèmes psychologiques de l'entretien, plus préoccupés par un cadre agréable que par la Présence de l'Esprit. Les meilleurs guides d'âmes sont les prêtres saints et ceux qui ont souffert en union avec le Christ. C'est par eux que le Saint-Esprit répand ses sept dons. Ceux qui vivent près du Christ transmettent le Christ. Comme l'a dit Saint Augustin : « Ce par quoi je vis, je le transmets. » La souffrance apporte la sagesse, tandis que les livres n'apportent qu'une compréhension naturelle. Le prêtre qui a été crucifié et qui a enduré sa passion avec patience sera toujours reconnu comme le prêtre miséricordieux. S'il y a une longue file devant un confessionnal le samedi et seulement une ou deux devant un autre, il est temps pour un prêtre de se poser quelques questions. La sainteté attire les pénitents vers les prêtres saints. L'attraction de tels prêtres est l'attraction du Christ Lui-même.

Si seulement Je suis élevé de la terre, J'attirerai tous les hommes à Moi.
(Jean 12,32)

Aucun prêtre ne perçoit les problèmes avec autant de sympathie que le prêtre qui se tient sur la tour de guet du Calvaire. Comme le soleil, il ne peut être vu, et pourtant il illumine tout le reste.

Combien d'âmes disent de cette grande armée de prêtres saints : « Il m'a montré mon cœur », ou « Il m'a révélé la beauté du Christ », ou « C'était comme parler à Notre Seigneur ». Il n'est pas possible pour un prêtre, à la fois, d'être habile et de montrer que Notre Seigneur est puissant pour sauver. Avec une noble répétition, pas moins de trente-trois fois Saint Paul emploie l'expression « en Christ ». Pour lui, c'est le secret de « *encouragement, de sympathie aimante, de communion commune dans l'Esprit* » (Philippiens 2:1). Le prêtre imprégné de ce concept, parce qu'il a «*crucifié la chair avec toutes ses passions et tous ses désirs*» (Galates 5,24), oriente toujours les autres à l'ombre de la Croix et à la lumière de l'Esprit.

Accompagnement spirituel et conscience

L'accompagnement spirituel sacerdotal est essentiellement l'application de la Rédemption à l'individu. Il ne s'agit pas simplement de prêcher à une personne plutôt qu'à une foule ; car dans l'accompagnement, l'individu présente son problème comme un patient le fait auprès d'un médecin. Le prêtre établit les faits, comme le fait le médecin ; puis il présente son diagnostic et son traitement, toujours attentif aux paroles de Notre Seigneur :

> *L'Esprit est celui qui donne la vie ; la chair ne sert de rien ; et les paroles que je vous ai dites sont Esprit et Vie.*
>
> (Jean 6,64)

L'Esprit est particulièrement important lorsque le prêtre traite un problème de comportement plutôt qu'un problème intellectuel. Dans presque neuf cas sur dix, ceux qui ont eu la Foi mais la rejettent maintenant, ou prétendent qu'elle n'a pas de sens, sont poussés non par la raison mais par leur manière de vivre. Les catholiques s'éloignent généralement non pas à cause d'une difficulté avec le Credo, mais à cause d'une difficulté avec les Commandements. Lorsque cela arrive, la tâche du prêtre est d'éveiller la conscience par l'Esprit. Il n'y a pas beaucoup de références à la conscience seule dans l'Écriture, mais il existe un témoignage abondant que la conscience est éveillée par le Saint-Esprit. Saint Paul nous dit que c'est sa conscience qui a été illuminée par le Saint-Esprit, le rendant prêt à être condamné afin de sauver ses frères :

> *Je vous dis la vérité au nom du Christ, avec la pleine assurance d'une conscience éclairée par le Saint-Esprit.*
>
> (Romains 9:1)

Il appartient à la conscience de témoigner de notre accomplissement de notre devoir envers Dieu ; mais il appartient à l'Esprit de témoigner de l'acceptation par Dieu de notre foi en Christ et de notre obéissance envers Lui. Grâce à l'Esprit, le témoignage de la conscience et la proclamation du Christ, dans notre vie, deviennent identiques. La conscience seule chez une personne peut être comparée à une pièce très mal éclairée, où les Commandements sont imprimés sur le mur en petits caractères. Lorsque le Saint-Esprit illumine la conscience, une lumière éclatante se répand sur ces caractères. Le Saint-Esprit restaure les consciences, afin qu'elles acceptent la direction de la Loi du Christ. Le Saint-Esprit révèle également à la conscience la relation entre le péché et sa purification par le Sang du Christ, de sorte qu'il n'y ait plus de conscience du péché (Hébreux 9:14 ; Hébreux 10:2-22).

Il ne suffit jamais qu'un prêtre dise à son peuple qu'il doit suivre sa conscience ; il doit constamment rechercher l'illumination de leur conscience par l'Esprit.

> *La fin à laquelle notre avertissement vise est la charité, fondée sur la pureté de cœur, sur une bonne conscience et une foi sincère.*
>
> (1 Timothée 1:5)

On ne comprend jamais l'ampleur du péché que par l'Esprit, une vérité que Notre Seigneur expliqua à Ses prêtres la nuit de la Dernière Cène. Le péché se traite et se surmonte mieux, non seulement en relation avec la transgression d'un commandement, mais en termes de rupture de nos liens avec le Père, le Fils et le Saint-Esprit. Le péché perturbe nos liens avec le Père céleste parce qu'il nous aliène en tant que fils. Tel est le message de la parabole du fils prodigue (Luc 15, 11-32). Le péché rejoue également le Calvaire :

> Voudraient-ils crucifier le Fils de Dieu une seconde fois, le livrer à la dérision une seconde fois, pour leurs propres fins ? (Hébreux 6, 6)

Une relation personnelle doit s'établir entre l'âme et le crucifix. Les péchés d'orgueil se comprennent à travers la couronne d'épines ; les péchés de luxure à travers la chair déchirée ; les péchés d'avarice à travers la pauvreté de la nudité ; et les péchés d'alcoolisme à travers la soif. De plus, le péché doit être considéré comme une résistance à l'Esprit d'Amour (Actes 7, 51) ; comme un étouffement de l'Esprit d'Amour (1 Thessaloniciens 5, 19) ; et comme un chagrin infligé à l'Esprit d'Amour (Éphésiens 4, 30).

La conscience s'éclaire toujours lorsque le péché est perçu comme blessant quelqu'un que nous aimons. Aucun péché ne peut toucher une des étoiles de Dieu ni faire taire une de Ses paroles, mais il peut cruellement blesser Son Cœur. Une fois que le pénitent comprend cette Vérité, il peut voir pourquoi il ressent un tel vide et une telle désolation dans son âme : il a blessé celui qu'il aime.

Beaucoup de ceux qui s'approchent d'un prêtre tentent encore de dissimuler leur conscience. Ils offrent des raisons fallacieuses pour expliquer leurs actions. Le prêtre qui demeure à un niveau purement psychologique ne peut pas toujours percer de telles tromperies, et par conséquent il ne peut pas aider celui qui est venu à lui. Il faut une radiographie spirituelle pour pénétrer un tel esprit :

> *Qui d'autre peut connaître les pensées d'un homme, sinon l'esprit même de l'homme qui est en lui ? Ainsi, personne d'autre ne peut connaître les pensées de Dieu, sinon l'Esprit de Dieu. Et ce que nous avons reçu n'est pas un esprit de sagesse mondaine ; c'est l'Esprit qui vient de Dieu, pour nous faire comprendre les dons de Dieu pour nous ; des dons que nous faisons connaître, non*

pas par des paroles que la sagesse humaine enseigne, mais par des paroles enseignées par l'Esprit, faisant correspondre ce qui est spirituel avec ce qui est spirituel. L'homme seul, avec ses dons naturels, ne peut pas saisir les pensées de l'Esprit de Dieu ; Ils lui paraissent de simples folies, et il ne peut les saisir, car ils exigent un examen qui est spirituel. Tandis que l'homme qui possède des dons spirituels peut tout examiner, sans être lui-même soumis à l'examen d'un autre homme. Qui a pénétré dans l'esprit du Seigneur, pour pouvoir l'instruire? Et l'esprit du Christ est le nôtre.

(1 Corinthiens 2:11-16)

Des milliers afflueraient vers nous chaque année, des lettres d'âmes frustrées arriveraient à nos portes, les jeunes viendraient à notre rencontre, des cœurs innombrables chercheraient du réconfort dans notre confessionnal, si seulement nous réalisions les pouvoirs extraordinaires de direction, d'accompagnement spirituel et de guidance qui viennent de la vie dans l'Esprit du Christ.

Accompagnement spirituel par la sympathie

La compassion est l'identification aux autres, qu'ils rient ou pleurent :

Réjouissez-vous avec ceux qui se réjouissent, pleurez avec ceux qui pleurent.

(Romains 12:15)

Une telle unité de cœur avec les malheurs d'autrui, comme l'enseigne la parabole du Bon Samaritain, est indépendante de nos sentiments naturels. Les Psaumes nous inspirent également une sympathie semblable pour tous ceux que nous rencontrons.

Autrefois, lorsqu'ils étaient malades, que faisais-je alors? Le sac était mon vêtement; je jeûnais rigoureusement, je priais du fond de mon cœur. Je m'en allais tristement, comme celui qui pleure un frère ou un ami, courbé de chagrin, comme celui qui déplore la perte d'une mère.

(Psaume 34:13-14 [35:13-14, RSV])

Lorsque Élisabeth, après avoir longtemps été stérile, enfanta enfin Jean le Baptiste,

ses voisins et ses parents, apprenant combien Dieu lui avait merveilleusement manifesté Sa Miséricorde, vinrent se réjouir avec elle.

(Luc 1:58)

La femme qui avait perdu une pièce d'argent et l'avait retrouvée n'a-t-elle pas appelé ses voisines à se réjouir, tout comme le berger qui retrouva la brebis perdue? Notre Seigneur béni n'a-t-Il pas pleuré sur Ses ennemis qu'Il savait sur le point de souiller leurs mains de Son Sang (Luc 19:41)? N'a-t-Il pas aussi dit que les anges au Ciel ne sont pas de simples spectateurs indifférents à la conversion des pécheurs (Luc 15:7-10) ? Lorsque Notre Seigneur béni vit le tombeau de son ami, Lazare, ne pleura-t-Il pas au point que les Juifs s'exclamèrent : «*Comme Il l'aimait*» (Jean 11:37) ?

Les mariages et les funérailles dans la paroisse, les convertis et les déchus, les jeunes fidèles et les délinquants juvéniles, les bigots et les hommes de bonne volonté — à tous ceux-là, la sympathie du Christ s'exprime dans le prêtre qui accomplit les paroles de Paul :

Portez les fardeaux les uns des autres ; ainsi vous accomplirez la Loi du Christ.

(Galates 6:2)

Partout dans la Bible, le prêtre est représenté comme celui qui panse les blessés, ramène ceux qui ont été égarés, porte les agneaux sur son sein, et conduit doucement celles qui ont des petits (Ézéchiel 34:2, 4 ; Ésaïe 40:11). C'est une grande inquiétude pour un bon prêtre, et il peut ressentir un tel fardeau qu'il s'écrie, comme Moïse :

Seigneur, dit-il, pourquoi me traites-Tu ainsi ? Dois-je porter tout un peuple comme un poids sur mon dos ? Je n'ai pas fait naître cette multitude d'hommes dans le monde ; je ne les ai pas engendrés ; et Tu voudrais que je les nourrisse sur mon sein comme un enfant.... Je ne puis supporter, seul, la charge d'un si grand nombre ; c'est un fardeau trop lourd pour moi.

(Nombres 11:11-14)

À d'autres moments, le prêtre spirituel, plein d'angoisse pour ses convertis, comparera ses sentiments aux douleurs d'une femme en travail :

Mes petits enfants, je suis en travail pour vous à nouveau, jusqu'à ce que je voie en vous l'image du Christ formée.

(Galates 4:19)

Un tel prêtre manifestera une sympathie particulière lors des visites aux malades envers ceux qui souffrent. Aucun prêtre ne peut compatir s'il est « en dehors » de la souffrance des autres. « La Crucifixion avec le Christ » par le zèle, le travail et le renoncement, éclairera les autres en leur rappelant que Notre Seigneur porta Ses cicatrices avec Lui au Ciel. Lorsque donc, Il pose Sa main affectueusement sur un cœur, Il y laisse l'empreinte de Ses clous. Les malades seront assurés que leurs souffrances ne sont pas tant une punition pour leurs propres péchés qu'une occasion de s'unir en réparation pour les péchés du monde.

Le prêtre montrera à de telles âmes qu'il n'y a pas d'accidents dans la vie, que la Providence de Dieu gouverne la chute d'un moineau ou la perte d'un cheveu, qu'Il fit le vent qui fit prendre Jonas, qu'Il fit la bête marine qui l'engloutit, que toutes les souffrances qui nous viennent même de nos amis doivent être vues comme venant de Sa main. Dans le Jardin, ne dit-Il pas à Pierre :

Ne dois-je pas boire cette coupe que Mon Père Lui-même m'a destinée ?

(Jean 18:11)

Même la coupe de douleur qui vient de ceux qui devraient nous offrir le vin de l'amitié doit être considérée comme un don de Dieu, amer qu'il soit.

La vie même du prêtre peut être pleine d'une souffrance particulière « de faux frères » (2 Corinthiens 11, 26) qui ridiculisent son zèle, le critiquant s'il interrompt un repos mérité pour venir en aide à une âme tourmentée, ou s'il rend deux visites en une semaine à une mère mourante de sept enfants. Mais aucune de ces piques ne le rendra amer. Sa patience envers ceux qui rompent le Pain avec lui l'armera de sympathie pour les autres. Son attitude sera semblable à celle de David lorsque Shimei ramassa des pierres pour les jeter sur lui et le maudit. Un des généraux de David demanda s'il devait lui couper la tête. David répondit :

Qu'il maudisse comme il veut ; le Seigneur lui a ordonné de maudire David, et qui donc l'appellera à rendre compte pour cela ?

(2 Rois 16, 10 [2 Samuel 16, 10, RSV])

Toutes choses, toutes personnes, même nos propres frères prêtres, sont parfois utilisées pour notre châtiment, afin que nous puissions mieux consoler les autres. Ainsi seront vérifiées en nous, comme en un autre Christ, les paroles de Siméon :

... être un signe que les hommes refuseront de reconnaître ; et ainsi les pensées de plusieurs cœurs seront manifestées....

(Luc 2,34-35)

Accompagnement spirituel du pécheur

On raconte qu'une femme est allée à la confession après une absence de trente ans. Le confesseur, un prêtre qui en trente ans n'avait jamais fait de méditation avant la Messe, lui lança une question amère : « Pourquoi êtes-vous restée éloignée de l'Église pendant trente ans ? » Sa réponse fut logique : « Parce que, Père, il y a trente ans, j'ai rencontré un prêtre comme vous. »

Une histoire espagnole rapporte qu'un prêtre qui montrait peu de Miséricorde à un pénitent entendit une voix venant du crucifix : « Moi, pas toi, je suis mort pour ses péchés. »

Dieu est si jaloux de Sa miséricorde qu'Il permet parfois aux prêtres de tomber dans les péchés mêmes qu'ils condamnent injustement et de manière excessive. Si la dévotion au Sacré-Cœur apporte quelque chose au prêtre, c'est Sa miséricorde et Son amour pour les pécheurs.

Peu importe la force de l'emprise du vice, le pénitent doit toujours être assuré qu'aucune montagne de culpabilité n'est si grande qu'elle ne puisse être ôtée par le Sang du Christ. Toujours conscient des trésors de miséricorde qu'il a reçus du Sacré-Cœur, le confesseur rassurera chaque pécheur que « même les boiteux emporteront du butin » (Ésaïe 33, 23), comme on l'a dit au peuple de Jérusalem lorsque la victoire semblait impossible.

Beaucoup de pécheurs, particulièrement ceux coupables de péchés qui provoquent une introversion excessive, sont enclins à adopter le langage de Caïn :

Une culpabilité comme la mienne est trop grande pour trouver le pardon.

(Genèse 4, 14)

Ils peuvent même maudire le jour de leur naissance, comme l'ont fait Job (3, 1 ; 27, 2) et Jérémie (20, 1-18), ou même demander à Dieu de leur ôter la vie, comme l'a fait Élie (3 Rois 19, 4 [1 Rois 19, 4, RSV]). Mais Notre Seigneur Lui-même, sur la Croix, en excluant les consolations de la Divinité, n'a-t-Il pas crié (alors qu'Il souffrait pour les ténèbres des athées et des agnostiques) :

Mon Dieu, mon Dieu, pourquoi m'as-Tu abandonné?

(Matthieu 27,46 ; Marc 15,34 ; Psaume 21,2 [22,1, RSV])

De telles âmes doivent être assurées :

L'Esprit et l'accompagnement spirituel

Y a-t-il jamais eu un Dieu si prêt à pardonner les péchés, à fermer les yeux sur les fautes ?... Il aime pardonner.

(Michée 7,18-19)

Et après tout, s'ils n'avaient jamais péché, ou si nous n'avions jamais péché, comment pourrions-nous tous appeler Jésus « Sauveur » ?

Nous venons d'un monde où Dieu agit toujours dans l'Amour, où Sa sympathie ne se refroidit jamais, où Sa Miséricorde ne se lasse jamais, où Sa tendresse ne s'épuise jamais.

Mon Père n'a jamais cessé de travailler, et moi aussi je dois être à l'œuvre.

(Jean 5,17)

Il se sert de la moindre espérance, des jarres d'eau à un festin de noces, des pains et des poissons dans le panier d'un garçon, d'un Matthieu à son bureau, d'un homme assis sous un arbre, d'un étudiant avec Ésaïe en main — Il les remarque tous avec compassion. La clé de son apostolat n'est pas « le contact humain », mais le contact du Christ.

Il tendit la main et le toucha.

(Marc 1,41)

Un contact proche, intime et personnel avec l'affliction et le chagrin est la clé de l'accompagnement spirituel dans l'Esprit. L'élan spontané de compassion qui brise les barrières de la maladie et du dégoût est le contact du Christ poursuivi dans le prêtre. Il touche le lépreux et n'est pas souillé, puisqu'Il a pris sur Lui le péché et était sans péché ; ainsi le prêtre, tel un rayon de soleil, traverse une humanité souillée sans tache.

L'accompagnement spirituel consiste à toucher là où il y a maladie ou malheur ; ce n'est pas le simple fait de donner un conseil. Une poignée de main peut être plus une occasion de grâce qu'un repas envoyé avec condescendance par une agence. Le prêtre prend la main du malade qu'il souhaite aider ; il descend à leur niveau, voit les vieillards avec leurs yeux, et les cancéreux avec leurs pensées, sachant tout le temps qu'il ne peut les sanctifier que dans la mesure où le Christ l'a déjà touché.

✠ J.M.J. ✠

~ 10 ~

Le Prêtre en tant que Simon et Pierre

Aucun autre apôtre ne suscite autant de sympathie dans le cœur du prêtre que Pierre. Il semble très proche de chacun de nous dans ses conflits et ses émotions, sa force et sa faiblesse, sa résolution d'être héroïque et son échec désastreux à être à la hauteur de son aspiration. À un moment, il est humble; à un autre, il est orgueilleux. Il affirme sa fidélité à son Seigneur, puis Le renie. Il est si surnaturel, et pourtant si faible et naturel. Il exalte comme Divin le Maître qu'il aime, pour être ensuite effrayé par une servante au point de dire qu'il ne connaît pas « l'homme ». Aucune chaîne n'est plus forte que son maillon le plus faible, et le maillon le plus faible de toute la chaîne apostolique était le premier maillon, Pierre — et le Fils de Dieu s'y accroche. D'où le « les portes de l'enfer ne prévaudront point ».

Deux « natures » de chaque Prêtre

Comme Pierre, chaque prêtre possède deux « natures » : une « nature humaine » qui fait de lui un autre homme, et une « nature sacerdotale » qui fait de lui un autre Christ. L'Épître aux Hébreux identifie ces deux aspects. Le prêtre est *différent* des hommes ordinaires en tant que celui qui offre le sacrifice en leur nom.

> *Le but pour lequel tout grand prêtre est choisi parmi ses semblables, et fait représentant des hommes dans leurs relations avec Dieu, est d'offrir des dons et des sacrifices en expiation de leurs péchés.*
>
> (Hébreux 5:1)

Néanmoins, le prêtre est semblable à tout homme dans sa faiblesse.

Il est qualifié pour cela en pouvant compatir à eux lorsqu'ils sont ignorants et commettent des erreurs, puisqu'Il aussi est tout assailli d'humiliations, et, pour cette raison, doit nécessairement présenter des offrandes pour le péché pour lui-même, tout comme Il le fait pour le peuple.

(Hébreux 5:2-4)

Un ange ne ferait pas un prêtre approprié pour agir au nom des hommes. Il ne possède pas un corps sujet aux tentations, ni n'a une connaissance expérimentale de la souffrance humaine. Il manquerait la faiblesse qui engendre la compréhension compatissante. Mais bien qu'un prêtre soit semblable aux hommes, Il doit aussi leur être différent. Il est retiré du milieu des hommes, afin qu'il agisse au nom du Christ et apparaisse comme le Christ aux hommes.

Il est significatif que le premier choisi par Jésus pour être prêtre chrétien ait reçu un nouveau nom pour représenter son nouveau caractère. Il n'a cependant pas perdu son ancien nom. Au contraire, il avait désormais deux noms. Il était à la fois Simon et Pierre. Simon était son nom naturel; Pierre était sa vocation. Comme Simon, il était le fils de Jonas. Comme Pierre, il était le prêtre du Fils de Dieu. Pierre ne s'est jamais complètement débarrassé de Simon. Mais une fois appelé, Simon n'a jamais cessé d'être Pierre. Parfois, c'est Simon qui domine; à d'autres moments, c'est Pierre.

Il convient de noter en passant que le frère de Pierre, André, était celui qui faisait constamment les présentations. Il présenta son frère Simon à Notre Seigneur (Jean 1:41). Lorsqu'un groupe de païens s'adressa à Philippe pour rencontrer Jésus, Philippe consulta André et ensemble ils allèrent vers Jésus (Jean 12:20-22). André présenta aussi le jeune garçon qui avait les pains et les poissons (Jean 6,8). André commença son œuvre de témoignage au sein du cercle familial.

Le Prêtre en tant que Simon et Pierre

Il trouva d'abord son propre frère Simon, et lui dit : nous avons découvert le Messie (ce qui signifie le Christ), et l'amena à Jésus. Jésus le regarda attentivement et dit : Toi, tu es Simon, fils de Jona ; tu seras appelé Céphas (ce qui signifie la même chose que Pierre).

(Jean 1,41-42)

Peut-être que quelqu'un dans notre cercle familial, un parent ou un enseignant, nous a conduits au Christ, qui, par vocation, a changé notre nom. Aussi grande que soit la dignité de notre office à l'image du Christ, nous portons toujours en nous la nature humaine descendue de notre propre Jona. Tout comme Notre Seigneur fit de Pierre le rocher sur lequel Il bâtit Son Église, Il lui rappela qu'il avait été pris parmi des hommes faibles :

Béni sois-tu, Simon, fils de Jona.

(Matthieu 16:17)

Nous traînons notre héritage physique, nos faiblesses congénitales, notre tempérament et notre corps jusqu'à l'autel. L'élément simonien ne nous quitte jamais, même lorsque nous assumons le rôle de Pierre. Le pécheur et le sans péché, l'humain et le divin, le vieil Adam et le nouvel Adam, notre lien à une mère terrestre et notre filiation à une Mère céleste — sous ces deux aspects, nous gravissons les marches de l'autel, portons le Seigneur eucharistique au chevet d'un malade, et restons de longues heures fastidieuses à distribuer miséricorde et espérance aux pécheurs.

Le jour de l'ordination, nous avons à tort imaginé que la nature simonienne avait disparu. Mais la réalité s'est vite rappelée à nous. Le conflit Simon-Pierre est réapparu.

Les impulsions de la nature et celles de l'Esprit sont en guerre l'une contre l'autre; chacune est purement contraire à l'autre, et c'est pourquoi tu ne peux pas faire tout ce que ta volonté approuve.

(Galates 5:17)

De cela je suis certain, qu'aucun principe de bien n'habite en moi, c'est-à-dire en ma nature humaine; Les intentions louables sont toujours à portée de main, mais je ne parviens pas à les accomplir.

(Romains 7:18)

Le passage des années et la croissance dans la maturité spirituelle font décliner certains types de tentations, mais d'autres prennent leur place. Le démon du milieu du jour cède la place au démon de la nuit. Lorsque Pierre, vers la fin de son apostolat, écrivit sa première Épître, il suggéra par les mots d'ouverture qu'il croyait que Simon en lui était mort, car il s'identifiait comme « Pierre, apôtre de Jésus-Christ » (1 Pierre 1:1). Cependant, dans sa deuxième et dernière Épître, peu avant son martyre, il reconnut la lutte continue de l'homme de chair contre l'homme de Dieu : « Simon Pierre, serviteur et apôtre de Jésus-Christ » (2 Pierre 1:1).

En chaque prêtre, soit Simon a la maîtrise, soit Pierre. Dans le prototype, en Simon Pierre lui-même, Pierre a progressivement obtenu la domination sur Simon grâce au Saint-Esprit. Après la Pentecôte, on entend moins parler de Simon, et lorsque le nom est mentionné, il y a une raison. Ainsi, Corneille est invité à envoyer chercher « Simon, appelé Pierre » (Actes 10:5), car les étrangers le connaîtraient mieux par un nom, les chrétiens par l'autre. Jacques, au Concile de Jérusalem, emploie le nom Simon par une ancienne et familière amitié. Ailleurs, le nom est Pierre. L'audace impulsive qui caractérisait Simon se transforme en un courage ferme et maîtrisé. Dans cette dernière Épître, cependant, Il répète lui-même ce nom si longtemps délaissé, qui avait dû s'effacer de toutes les mémoires sauf les plus tenaces. Mais s'Il y est revenu, c'était dans un dessein précis : rappeler humblement, à travers la brume des années, son ancien moi non sanctifié.

Le tournant dans la vie spirituelle d'un prêtre n'est pas seulement sa vocation, son appel. C'est aussi ce moment où Il devient obéissant à l'Esprit. C'est une sorte de seconde ordination, une crise qui le fait passer d'un prêtre simplement par fonction à la possession et à la manifestation de l'Esprit du Christ.

Avant que Pierre ne possédât l'Esprit du Christ, la lutte entre sa nature terrestre et sa nature sacerdotale s'est révélée à Césarée de Philippe, lorsqu'il confessa le Christ divin mais nia le Christ souffrant. Le Père avait illuminé son esprit pour reconnaître et proclamer que

Tu es le Christ, le Fils du Dieu vivant.

(Matthieu 16:16)

Mais lorsque Notre Seigneur annonça qu'Il serait crucifié, Pierre, Le tirant à lui,

... commença à L'engager au remords : « Jamais, Seigneur, » dit-il ; « il ne t'arrivera pareille chose. »

(Matthieu 16:22)

Ici, dans une vignette, nous avons tout le paradoxe, qui a été pour plusieurs une pierre d'achoppement, un scandale, d'infaillibilité et de peccabilité. Nous avons le vicaire du Christ, guidé divinement dans son office de portier des portes du Ciel et de la terre. Nous avons aussi ce même Pierre, le Rocher, le porteur des clefs, laissé à lui-même et sans guide, stigmatisé comme Satan. Paradoxe il y a, mais aussi fait. Quel Simon Pierre y a-t-il dans toute la prêtrise qui n'ait pas vu cette scène rejouée mille fois en sa propre personne : à ce moment, un autre Christ ; à celui-là, un autre Satan ?

Pierre était prêt à confesser le Christ prêtre, mais non le Christ victime. Les hommes appelés à être des rochers peuvent devenir des pierres d'achoppement. Le Seigneur lui-même, cependant, a défini ses conditions de service en des termes clairs. La prêtrise signifie imitation du Christ, et l'imitation signifie auto-crucifixion. Un refus de la part d'un prêtre de Le suivre jusqu'au Calvaire ne peut, aux oreilles de Notre Seigneur béni, n'être que la voix du diable lui-même, c'est-à-dire la voix de Simon répétant les sentiments avec lesquels Satan, au tout début de Sa Vie publique, avait tenté de Le détourner de la Croix. Notre Seigneur n'a pas retiré la vocation de Pierre. Il s'est contenté de l'avertir que la chair était avec lui et que, dans un moment de confiance excessive, il tomberait. Pierre est ainsi présenté par Notre Seigneur béni comme un rappel constant que c'est dans leurs qualités les plus fortes, à moins qu'elles ne soient périodiquement renouvelées par la grâce divine, que les hommes sont les plus susceptibles de faillir.

Le Prêtre compromis

Nul homme ne peut servir deux maîtres. Le prêtre, néanmoins, tentera parfois de concilier le Simon et le Pierre qui sont en lui. Le Christ ne le veut pas ainsi. En Son prêtre, il n'y a pas de place pour un calcul de moins ou de plus. Notre Seigneur exige un amour sans mesure, mais parfois notre nature demande un compromis. C'est un tel esprit que Notre Seigneur béni avait en vue lorsqu'Il exhortait Ses disciples à ne pas se contenter de faire seulement ce qu'ils sont obligés de faire.

Si quelqu'un... te contraint à faire un mille, fais-en deux avec lui de bon gré.

(Matthieu 5:41)

Notre Seigneur faisait peut-être ici allusion au transport forcé du bagage militaire, et non simplement à la présence ou à la compagnie forcée de quelqu'un. L'exemple suprême serait Simon de Cyrène, qui fut contraint de porter la Croix (Marc 15:21).

Saint Luc donne un tableau saisissant du prêtre qui refuse de faire tout ce que le Seigneur exige de lui, de la tentative de compromis et de la demi-obéissance à la Volonté Divine. Il est remarquable que dans la présentation initiale, le protagoniste soit désigné par le seul nom de Simon. Voici le passage (Luc 5:1-6) :

Il arriva qu'Il se tenait au bord du lac de Génésareth, alors que la foule se pressait autour de Lui pour entendre la Parole de Dieu ; et Il vit deux barques amarrées au bord du lac ; les pêcheurs étaient descendus à terre et lavaient leurs filets. Et Il monta dans l'une des barques, qui appartenait à Simon, et Lui demanda de s'éloigner un peu du rivage ; puis, s'asseyant, Il commença à enseigner les foules depuis la barque. Lorsqu'Il eut fini de parler, Il dit à Simon : Éloigne-toi en eau profonde, et laisse tomber tes filets pour la pêche. Simon Lui répondit : Maître, nous avons peiné toute la nuit sans rien prendre ; mais à Ta Parole, je vais laisser tomber le filet. Et lorsqu'ils eurent fait cela, ils prirent une grande quantité de poissons.

Après avoir été rejeté dans sa propre ville natale de Nazareth, Notre Seigneur béni dirigea ses pas vers Capharnaüm, qui deviendrait désormais sa base d'opérations. Il se trouva si pressé par la foule qu'Il prit refuge dans une barque appartenant à Simon. S'éloignant un peu du rivage, Il commença à enseigner le peuple. Puis, lorsqu'Il eut fini de parler, Il se tourna vers Simon et lui dit de s'aventurer en pleine mer. « Abaisse tes filets pour la pêche », Lui ordonna-t-Il.

Simon, cependant, était loin d'être convaincu. Il n'était pas prêt à Le défier, mais il ne voulait pas non plus obéir de tout cœur. Même le mot qu'il utilisa en répondant à Jésus reflétait l'ambivalence de son attitude : « Maître », dit-il. C'était le même mot que Judas utiliserait pour Le trahir, un mot sans la moindre reconnaissance du Divin, au plus une admission de Son statut de maître, de rabbin. Les paroles de Simon révèlent ses pensées. « Que sait-Il, venant de Nazareth, de la manière de pêcher à Capharnaüm ? », pensait-il sûrement. « À cette heure de la journée, qui rêverait de prendre du poisson ? » Le pêcheur professionnel sait que la nuit est le moment propice pour pêcher, et nous avons travaillé toute la nuit sans rien trouver.

Pierre connaissait tout de la pêche sur le lac de Génésareth. Ce fut donc, en signe de respect envers le Maître, pour ainsi dire pour Lui faire plaisir, qu'il accepta d'aller un peu plus loin : « mais à Ta parole, je jetterai les filets. » Notre Seigneur avait demandé des filets ; Pierre fit un compromis avec un filet. Notre Seigneur demande une obéissance complète ; le serviteur répond à contrecœur. La chair n'est pas esprit ; la raison n'est pas Foi. Pierre, s'appuyant sur la raison, jeta un filet. Il lança au visage du Seigneur le cri amer des heures infructueuses de la vie. Mais lorsque le filet attrapa une telle quantité de poissons qu'il faillit se rompre, soudain apparut, derrière la masse de Simon, la forme sacerdotale de Pierre :

> *Simon Pierre tomba à genoux et saisit Jésus par les genoux ; Laisse-moi à moi-même, Seigneur,... je suis un pécheur.*
>
> (Luc 5,8)

Remarquez les doubles changements de nom. Le Christ n'est plus « Maître » ; Il est « Seigneur ». Simon n'est plus Simon ; il est Simon Pierre. La nature du prêtre s'affirme sur celle de l'homme sous l'impact du miracle accompli par le Grand Prêtre au bénéfice du moi indigne de Simon. Ce n'était pas seulement du poisson que Simon avait pris ; c'était le Seigneur. Comme le dit Coventry Patmore :

> Dans une espérance ardente, j'ai travaillé,
> et l'espérance semblait encore trahie.
> Enfin, j'ai dit,
> « J'ai peiné toute la nuit, et pourtant
> je n'ai rien pris ;
> Mais à Ta parole, je jetterai le filet ! »
> Et voici, j'ai pris
> (Oh, tout à fait différent et bien au-delà de ma pensée,)
> Non la récolte rapide et brillante de la mer
> Pour nourrir mon désir,
> Mais Toi.

Tant que nous pensons à Notre Seigneur comme « Maître », nous sentons que ce que nous faisons suffit, que nous pouvons nous contenter d'un filet quand Il appelle à des filets. Le moment, cependant, où le Saint-Esprit nous fait prendre conscience de Sa Seigneurie, où Il nous fait comprendre que nous sommes Ses prêtres par l'Esprit, une effrayante conscience du péché s'empare de nous. Plus nous reconnaissons la sainteté du Grand Prêtre, plus nous sommes conscients de nos propres faiblesses. La condition de tout notre succès sacerdotal ne réside ni en nous, les ouvriers, ni dans les filets de nos écoles et clubs. L'ouvrier a failli, le filet était sur le point de se rompre. Notre suffisance vient de Dieu. L'échec à attraper des âmes ne doit pas être attribué à Dieu. Nous échouons plutôt parce que nous Le considérons seulement comme Maître, et non comme Seigneur, ou parce que nous rendons une obéissance incomplète à Sa volonté.

Au moment où Simon Pierre fut frappé par son indignité, il est probable que Notre Seigneur le prit par la main. C'est du moins ce que suggèrent les derniers mots du récit.

Mais Jésus dit à Simon : ne crains pas ; désormais tu seras pêcheur d'hommes.

(Luc 5,10)

Notre Seigneur béni semble paradoxalement attirer les prêtres à Lui le plus étroitement lorsqu'ils sont le plus conscients de la distance qui les sépare de Lui. Nous prêchons efficacement la Parole de Dieu seulement lorsque nous avons tremblé devant la Parole. Les prêtres et les missionnaires qui font le plus de convertis sont ceux qui ont le sens le plus profond et le plus accablant de leur indignité personnelle.

Si un prêtre se plaint de ne pouvoir faire de convertis dans sa paroisse, sa ville ou sa mission, il est temps de se demander s'il compte sur ses propres ressources. Il y a toujours une raison si la garantie divine, « Tu seras pêcheur d'hommes » (Luc 5,10), n'est pas efficace. Je me souviens d'une paroisse en Amérique du Sud où seulement huit des huit mille fidèles assistaient à la Messe dominicale. Un nouveau pasteur, en six ans, porta à mille huit cents le nombre de Communions sur les jours de semaine. Il prêchait quatre-vingts retraites fermées par année, et il avait la joie de voir plus de 98 % de son peuple accomplir leurs devoirs religieux. Notre Seigneur n'a pas dit que nous serions pêcheurs de poissons, mais pêcheurs d'hommes. Le succès vient de notre union avec Lui.

Pierre et Judas

Chaque mauvais prêtre est proche d'être un bon ; chaque bon prêtre est en danger de devenir un mauvais. La ligne entre la sainteté et le péché est fine. Il est facile de la franchir, et celui qui la franchit peut rapidement prendre de l'élan dans l'une ou l'autre direction. Saint Thomas d'Aquin disait que tout augmente son mouvement à mesure qu'il approche de son lieu propre ou de sa demeure. Les saints croissent rapidement en charité ; les méchants pourrissent vite. Nous pouvons voir la vérité de ce propos si nous comparons Pierre et Judas. Il semblait y avoir peu de différence entre eux pendant longtemps, puis soudainement toute la différence entre être un saint et un diable.

Tous deux étaient appelés à être prêtres, mais ce n'était que le premier des nombreux points de ressemblance entre eux. Notre Seigneur les a tous deux appelés diables. Il a appelé Pierre « Satan » (Matthieu 16,23 ; Marc 8,33) pour avoir tenté le Prêtre de ne pas être une Victime sur la Croix. Judas, Il l'a appelé un « diable » un jour à Capharnaüm (Jean 6,71), faisant référence à la trahison future, lorsque « Satan est entré en lui » (Jean 13,27) à la Dernière Cène.

Notre Seigneur a averti à la fois Pierre et Judas qu'ils tomberaient. Pierre a rejeté cet avertissement. Bien que d'autres puissent renier le Maître, il affirma avec bravade qu'il ne le ferait jamais. Judas fut averti de la même manière.

L'homme qui a mis sa main dans le plat avec Moi me trahira.
(Matthieu 26,23)

Pour le dire en des termes qui nous sont significatifs, cela signifie que Judas accepterait un « toast » de Notre Seigneur et pourtant « lèverait son talon contre Lui ». Judas connaissait aussi suffisamment l'Écriture pour comprendre que son acte de trahison était comparé à la trahison de David par Ahitophel (2 Rois 15,31 [2 Samuel 15,31, RSV]).

Le Prêtre en tant que Simon et Pierre

Pierre et Judas ont tous deux accompli les trahisons que le Christ avait prédites. Pierre est tombé lorsqu'une servante l'a mis au défi durant la nuit du procès du Christ. Judas a accompli l'acte néfaste dans le Jardin lorsqu'il a livré Notre Seigneur aux soldats.

Notre Seigneur a fait un effort positif pour sauver les deux de leur propre faiblesse. Il a adressé un regard à Pierre.

Le Seigneur s'est tourné et a regardé Pierre.
(Luc 22, 61)

Il s'est adressé à Judas en l'appelant « ami » et a accepté son baiser.

Veux-tu trahir le Fils de l'Homme par un baiser?
(Luc 22, 48)

Le Seigneur n'a regardé que Pierre, mais Il a parlé à Judas. Des yeux pour Pierre, des lèvres pour Judas. Il n'y a rien que Jésus ne fera pour sauver Ses prêtres.

Pierre et Judas se sont tous deux repentis, bien que dans un sens crucialement différent.

Et Pierre sortit, et pleura amèrement.
(Luc 22, 62)

Et maintenant Judas, son traître, était rempli de remords en le voyant condamné, si bien qu'il rapporta aux principaux prêtres et aux anciens leurs trente pièces d'argent; J'ai péché, leur dit-il, en trahissant le sang d'un homme innocent.
(Matthieu 27,3-4)

Pourquoi l'un est-il en tête de liste et l'autre en bas ? Parce que Pierre s'est repenti devant le Seigneur et Judas devant lui-même. La différence était aussi vaste que celle entre la référence Divine et la référence à soi ; comme la différence entre la Croix et le divan psychanalytique. Judas reconnaissait qu'il avait trahi le « sang innocent », mais il n'a jamais voulu être purifié par ce sang. Pierre savait qu'il avait péché et cherchait la Rédemption. Judas savait qu'il avait commis une erreur et cherchait à s'échapper, le premier d'une longue armée de fuyards de la Croix. Le pardon Divin présuppose mais ne détruit jamais la liberté humaine. On se demande si Judas, alors qu'il se tenait sous l'arbre qui lui apporterait la Mort, a jamais regardé de l'autre côté de la vallée vers l'Arbre qui lui aurait apporté la Vie. Sur cette différence entre se repentir devant le Seigneur et se repentir devant soi-même, comme l'ont fait respectivement Pierre et Judas, Paul commentera plus tard en ces termes :

> *Le remords surnaturel conduit à un changement de cœur durable et salutaire, tandis que le remords du monde conduit à la mort.*

(2 Corinthiens 7,10)

Tous deux vivaient dans le même environnement religieux, entendaient les mêmes paroles de la Parole, étaient emportés par les mêmes vents de grâce, et pourtant la réaction intérieure de chacun fit la différence :

> *Un homme pris, un laissé, alors qu'ils travaillent ensemble dans les champs ; Une femme prise, une laissée, alors qu'elles moulent ensemble au moulin.*

(Matthieu 24,40-41)

Judas était du type qui disait : « Quel fou je suis » ; Pierre, « Ô, quel pécheur. » C'est un paradoxe que nous ne commencions à être bons que lorsque nous savons que nous sommes mauvais. Judas éprouvait du dégoût de soi, qui est une forme d'orgueil ; Pierre n'a pas vécu une expérience regrettable, mais une *métanoïa*, un changement de cœur. La conversion de l'esprit n'est pas nécessairement la conversion de la volonté. Judas s'est rendu au confessionnal de son propre maître d'argent ; Pierre, au Seigneur. Judas a pleuré les conséquences de son péché, comme une jeune fille célibataire pourrait s'attrister de sa grossesse. Pierre a regretté le péché lui-même parce qu'il a blessé l'Amour. La culpabilité sans espérance en Christ est désespoir et suicide. La culpabilité avec espérance en Christ est miséricorde et joie. Judas a rapporté l'argent aux prêtres du Temple. Il en est toujours ainsi. Lorsque nous abandonnons Notre Seigneur pour une chose terrestre, tôt ou tard cela nous dégoûte ; nous ne le désirons plus. Ayant aimé ce qu'il y a de meilleur, nous ne pouvons nous satisfaire de rien de moins. La Divinité est toujours trahie de manière disproportionnée par rapport à sa valeur véritable. Et la tragédie est qu'il aurait pu être saint Judas.

Pierre et Judas illustrent comment deux appelés à la prêtrise par la même expérience spirituelle de chute loin du Seigneur peuvent finir de manière totalement différente selon la réponse ou la négligence de la grâce dans les moments décisifs. Parfois, une réconciliation est plus douce qu'une amitié ininterrompue. Pierre était toujours reconnaissant pour la grâce qu'il avait reçue. Elle brillait dans ses Épîtres. Chaque lettre qu'un homme écrit est caractéristique de son esprit. Les Épîtres de Paul à Timothée sont des notes d'exhortation à la sainteté dans sa prêtrise. Les Épîtres de Jean sont un appel à la fraternité. L'Épître de Jacques est une supplique en faveur d'une religion pratique. Quelle était la note dominante des Épîtres de Pierre? C'était la valeur du pardon qu'il avait reçu, nous rappelant que notre Rédemption n'a pas été achetée ni payée *«avec une monnaie terrestre, ni en argent ni en or; elle a été payée par le précieux Sang du Christ; aucun Agneau n'a jamais été une Victime aussi pure, aussi sans tache".*

(1 Pierre 1:18-19)

Causes de la chute et de la Résurrection du Prêtre

Lors d'une retraite, et souvent dans les heures calmes de méditation, un prêtre devient mécontent de sa médiocrité et s'interroge sur la manière dont il a glissé dans l'indifférence spirituelle. Une étude de l'histoire de Pierre montre que le déclin peut être dû à plusieurs causes.

1. Négligence de la prière

Première en temps et en importance dans la chute de Pierre, et dans celle de tout prêtre, est assurément une négligence de la prière. En entrant à Gethsémani, Notre Seigneur dit : « Priez pour ne pas entrer en tentation » (Luc 22,40). Alors que Notre Seigneur béni vivait Son agonie dans le jardin, Lui qui n'avait pas de péché commença à ressentir la peine du péché, comme si c'était la Sienne. Il vit la trahison des futurs Judas, les péchés d'hérésie qui déchiraient Son Corps mystique, l'athéisme militant des Communistes, qui, bien qu'ils ne puissent Le chasser des cieux, chasseraient Ses ambassadeurs de la terre. Il vit les vœux de mariage brisés, les calomnies, les adultères, les apostasies, tous les crimes qui Lui étaient jetés comme s'Il les avait commis Lui-même. Alors que toutes ces choses faisaient couler le Sang de Son Corps, les Apôtres dormaient dans le Jardin. Les hommes ne dorment pas lorsqu'ils sont inquiets, mais eux, ils dormaient.

Chaque âme peut comprendre, au moins confusément, la nature de la lutte qui s'est déroulée dans la nuit éclairée par la lune dans le Jardin de Gethsémani. Chaque cœur en sait quelque chose. Nul n'est jamais arrivé à la vingtaine — sans parler de la quarantaine, de la cinquantaine, de la soixantaine ou de la septantaine de la vie — sans s'être réfléchi lui-même et le monde qui l'entoure, et sans connaître la tension que le péché cause dans l'âme. Les fautes et les folies ne s'effacent pas du registre de la mémoire ; les somnifères ne les font pas taire ; les psychanalystes ne peuvent les expliquer ; Tant que le soleil de la jeunesse brille intensément, il peut momentanément aveugler l'œil, si bien que le contour du péché demeure obscur. Mais vient alors un temps de clarté — un lit de maladie, une nuit sans sommeil, la mer ouverte, un moment de silence, l'innocence dans le visage d'un enfant — quand nos péchés, tels des spectres ou des fantômes, brûlent leurs caractères implacables de feu sur nos consciences. La pleine gravité de leur acte n'a peut-être pas été perçue au moment de la Passion, mais la conscience attend son heure. Elle rendra un témoignage sévère et inflexible, un jour, en un lieu quelconque. Elle imposera une terreur à l'âme, une terreur destinée à la faire se tourner de nouveau vers Dieu. Une telle âme endure des agonies et des tortures indescriptibles, mais elles ne sont qu'une goutte dans l'océan entier de la culpabilité de l'humanité qui a submergé le Sauveur comme si elles étaient les Siennes dans le Jardin.

Pendant que les Apôtres dormaient, les ennemis tramaient.

Puis Il revint et les trouva endormis; et Il dit à Pierre : Simon, dors-tu ? N'avais-tu pas la force de veiller ne serait-ce qu'une Heure ?

(Marc 14,37)

Notre Seigneur s'adressa à celui qu'Il avait appelé Rocher, mais Il ne l'appela pas Pierre. Il lui parla dans son caractère humain, dans la faiblesse de sa chair : « Simon », dit-Il. Simon était profondément endormi, et ce fut la première étape de la chute de Pierre. Il ne veillait ni ne priait. Mais ce ne fut pas cette nuit-là que Pierre perdit la bataille. Sa défaite avait été préparée dans les semaines précédentes. Ce qui est pensé aujourd'hui s'accomplit demain. Ce que nous sommes à vingt ans, nous sommes susceptibles d'être à quarante. La seule différence est que les véritables caractéristiques sont devenues plus apparentes. La négligence spirituelle prépare le chemin au naufrage.

Notre Seigneur béni choisit Ses paroles pour souligner, à Pierre et à l'Église, le double caractère du prêtre — l'esprit du prêtre est du Christ, la chair de l'homme.

L'esprit est bien disposé, mais la chair est faible.

(Matthieu 26:41)

Pierre et les autres prêtres furent placés dans le monde et formés pour résister aux forces du mal. S'ils étaient à l'abri du mal, ils n'auraient pas besoin d'être vigilants. Les facultés pleinement et fréquemment exercées acquièrent la dextérité des doigts du pianiste. C'est une loi de la nature. Elle s'applique également dans le monde spirituel. La vigilance contre les forces du mal forme l'esprit à résister. Si le salut s'accomplissait par un acte unique, il n'y aurait pas besoin de prière constante. Mais le danger dure aussi longtemps que la vie, et les Apôtres ainsi que leurs successeurs trouvent la force de demeurer proches de Lui. On peut se demander si Pierre ne rappelait pas les paroles exactes que le Christ avait prononcées lorsqu'il écrivit, des années plus tard :

> ... *Vis sagement, et garde tes sens éveillés pour accueillir les heures de prière.*
>
> (1 Pierre 4,7)

Saint Paul insistait également sur le fait que la vigilance était une condition pour conserver l'Esprit du Christ contre les assauts de la chair :

> ... *Apprenez à vivre et à vous mouvoir dans l'Esprit ; alors il n'y a aucun danger que vous cédiez aux impulsions de la nature corrompue. Les impulsions de la nature et celles de l'Esprit sont en guerre l'une contre l'autre; aucune n'est totalement contraire à l'autre, et c'est pourquoi vous ne pouvez pas faire tout ce que votre volonté approuve... Ceux qui appartiennent au Christ ont crucifié la nature, avec toutes ses passions, toutes ses impulsions.*
>
> (Galates 5,16-24)

La vie d'un prêtre, passée en si grande partie en public, doit être fortifiée intérieurement par la prière et la vigilance :

> *Sans Moi, vous ne pouvez rien faire.*
>
> (Jean 17, 19)

Le don constant de soi nécessite un renouvellement venu d'en haut. En tant que canal par lequel les eaux de la Vie passent au peuple, le prêtre doit consacrer un soin et une prière incessants pour se garder pur et saint. Pour rappeler Sainte Thérèse d'Avila, celui qui omet la prière n'a pas besoin du diable pour le jeter en enfer ; il s'y jette lui-même. Pierre dormit lorsqu'il fut appelé à prier. C'est la première étape de la chute d'un prêtre.

2. Substitution de l'Action à la Prière

Ensuite, dans le déclin spirituel d'un prêtre vient la substitution du travail à la prière. Il est maintenant trop occupé pour prier ; il n'a pas de temps pour la méditation. Il devient si actif qu'il aime l'extraordinaire. Il s'immerge dans des visites, des réunions et des conférences sans fin. Trop occupé pour être à genoux, il n'est pas trop occupé pour brandir l'épée, pour s'en prendre aux fonctionnaires publics et à la mauvaise politique. Il accomplit exactement ce que Pierre fit dans le Jardin, lorsque Judas et les soldats vinrent arrêter Notre Seigneur béni (Jean 18,10-11) :

Alors Simon Pierre, qui avait une épée, la tira et frappa le serviteur du Grand Prêtre, lui coupant l'oreille droite ; Malchus était le nom du serviteur. Alors Jésus dit à Pierre : Remets ton épée dans son fourreau. Ne dois-je pas boire la coupe que Mon Père lui-même m'a destinée ?

Comme épéiste, Pierre était un excellent pêcheur. Le mieux qu'il put faire, dans son usage impétueux des moyens séculiers, fut de trancher l'oreille droite du serviteur du Grand Prêtre. Il y avait encore beaucoup de nature simonienne en Pierre. Il avait vraisemblablement l'intention de tuer Malchus, mais la Puissance divine l'en empêcha. Le dernier miracle enregistré de Notre Seigneur béni avant Sa Résurrection fut la guérison de cette oreille (Luc 22,51). Il est possible que la guérison de la blessure soit la raison pour laquelle Pierre ne fut pas arrêté.

L'action de Pierre cette nuit-là symbolise tous les prêtres qui fuient les obligations de leur prêtrise en se tenant occupés. Certains se perdent dans une passion pour les édifices, d'autres dans l'organisation, d'autres encore dans un cycle sans fin de banquets, de discours, de réunions de comité et de collectes de fonds. Telles sont les épées qui remplacent la prière. L'administration, les longues heures au bureau, les présentations théâtrales, les soirées sociales, les fêtes paroissiales — ce sont les signes de la prospérité qui peuvent étouffer l'Esprit.

En temps de prospérité, l'Église administre ; mais en temps d'adversité, l'Église est berger. Une église de 2 millions de dollars n'est pas le signe d'une foi de 2 millions, pas plus qu'un presbytère modeste n'est la marque d'une prêtrise pauvre. Souvent, ce n'est pas le zèle pour le Christ qui brandit l'épée de l'action, mais une âme vide et solitaire. L'ennui peut engendrer une activité incessante et irréfléchie.

Aristote affirme qu'un vice est l'ennemi de la spiritualité : le vice de faire trop. Lorsque l'esprit du Christ s'en va, l'esprit de la chair engendre le « prêtre pratique », le « prêtre d'action ». C'est alors *labora,* mais non *ora*.

Pie XI a formulé un commentaire d'une grande justesse à propos de cet esprit.

Il convient de souligner le très grand danger auquel le prêtre s'expose lorsqu'il est emporté par un faux zèle, négligeant sa propre sanctification personnelle afin de se consacrer sans réserve aux œuvres extérieures de son ministère, aussi admirables soient-elles. ... Cela le fait courir le risque de perdre, sinon la grâce divine elle-même, du moins l'inspiration et l'onction du Saint-Esprit qui confèrent un pouvoir et une efficacité si merveilleux aux œuvres extérieures de l'apostolat.

Pie XII a rappelé le danger de manier l'épée au lieu de la prière :

Nous ne pouvons nous empêcher d'exprimer notre inquiétude et notre anxiété envers ceux qui, trop souvent, sont pris dans un tourbillon d'activités extérieures au point de négliger le devoir premier du prêtre, la sanctification de soi. Ceux qui affirment imprudemment que le salut peut être apporté aux hommes par ce que l'on appelle à juste titre et proprement « l'hérésie de l'action » doivent être appelés à un jugement plus éclairé.

3. *Abandonner la mortification : la tiédeur*

Après que le prêtre abandonne la méditation et remplit sa journée d'« activisme », la prochaine étape de sa chute est d'abandonner la mortification et de devenir tiède.

... Pierre le suivait à distance.

(Matthieu 26, 58)

À la Dernière Cène, Pierre avait tout promis ; mais rapidement, il commence à tout abandonner. Lorsque Notre Seigneur béni tourna son visage vers Jérusalem, Pierre et les autres « le suivirent avec des cœurs faibles » (Marc 10, 32), redoutant la perspective de la Croix. Pierre ressentait, c'est vrai, l'appel de la Passion du Christ, mais une réticence à s'impliquer irrévocablement le fit rester loin derrière. Comme un commentateur du IXe siècle l'écrivit : « Pierre n'aurait pas renié le Sauveur s'il était resté à ses côtés. » Il serait resté à ses côtés s'il n'avait pas tiré son épée sans ordre, et surtout s'il avait su veiller et prier avec le Sauveur. Chaque prêtre vit la même expérience. La négligence de la vigilance, de la prière et de la mortification engendre une inquiétude intérieure quant à une trop grande proximité avec le Seigneur.

Lorsque cela survient, le cœur du prêtre n'est plus dans son ministère. Il célèbre la Messe et récite son office, mais il visite rarement le Saint-Sacrement. Il tient le Seigneur à distance. Il monte à la chaire pour plaider en faveur des missions, mais ne donne rien de sa propre bourse. Il n'assiste plus à une Messe après avoir célébré la sienne. Il perd le goût des réalités spirituelles. Les prêtres saints l'agacent. Il observe les jours de jeûne et d'abstinence, mais prend bien des libertés. Il murmure à sa conscience : « Eh bien, si je n'ai pas accompli tout le bien possible, au moins je n'ai fait aucun mal. »

Au lieu de contempler le mal dont il s'est rendu coupable, il se glorifie des péchés qu'il évite ; il ne se compare pas à ceux qui sont meilleurs, mais à ceux qui sont pires. Il abandonne la lecture spirituelle, substituant le Livre du Mois au Livre de la Révélation. Ses sermons sont non préparés. Ils sont pour la plupart critiques et plaintifs. Tout ce qu'il parvient à faire est de projeter sa propre médiocrité sur les autres. Son âme est vide. Au mieux, elle est confusément consciente qu'une distance toujours croissante la sépare de Notre Seigneur. La nuit, lorsqu'il s'éveille, les paroles du Maître résonnent à ses oreilles :

> *Si quelqu'un veut venir à Ma suite, qu'il renonce à lui-même, qu'il prenne sa croix, et qu'il Me suive.*
>
> (Matthieu 16:24)

Bien que Pierre suive le Seigneur, il marche en réalité vers un abîme dans lequel il tombera. Celui qui ne progresse pas dans la perfection tombe dans l'imperfection. Un jardin non entretenu devient plein de mauvaises herbes. Les choses ne restent pas les mêmes en étant laissées à elles-mêmes. Les clôtures blanches ne restent pas blanches ; elles deviennent graduellement grises, puis noires. Il n'y a pas de plaines dans la vie spirituelle. Nous montons la colline, ou nous descendons. Au moment où nous cessons de ramer contre le courant, le flot nous entraîne en aval.

Ce que Dieu a dit par Ésaïe de Son peuple, Il peut aussi le dire des prêtres qui suivent derrière :

> *Cet ami, que j'aime bien, avait un vignoble dans un coin de son terrain, tout en fécondité. Il l'a clôturé, enlevé les pierres, et y a planté une vigne choisie ; a aussi construit une tour au milieu, et y a installé un pressoir, et elle a porté des raisins sauvages à la place... Je vous appelle à juger entre mon vignoble et Moi. Que pouvais-je faire de plus pour lui ? Que dites-vous des raisins sauvages qu'elle a portés, au lieu des raisins que j'attendais ? Laissez-moi vous dire alors ce que j'ai l'intention de faire à ce vignoble à Moi. Je veux lui enlever sa haie, pour que tous le pillent, abattre son mur, pour qu'il soit foulé aux pieds. Je veux en faire un désert ; plus de taille ni de labour ; seules des ronces et des épines y pousseront, et j'interdirai aux nuages de l'arroser.*
>
> (Ésaïe 5:1-7)

La parabole représente ceux qui se sont consacrés au service de Dieu. Ils sont entourés de grâces sacerdotales, mais ils ne deviennent ni chauds ni froids, de sorte que Dieu les vomirait de Sa bouche (Révélation 3:16). Dieu enlève le talent au serviteur paresseux pour le donner à celui qui est diligent (Matthieu 25:29).

4. Satisfaction des besoins, des émotions et des consolations de la créature

Pierre abandonna d'abord la prière, puis l'action, puis la mortification. Au moment de la crise, il se met à l'aise près d'un feu, d'abord debout, puis assis.

> *Pierre suivit de loin, jusqu'au palais du Grand Prêtre, et s'assit là avec les serviteurs près du feu pour se réchauffer.*
>
> (Marc 14,54)

Quelle biographie spirituelle! Pierre était le dernier homme qui aurait dû suivre le Seigneur à distance. Son ancienneté et sa position de chef comportaient toutes deux des responsabilités accrues. Mais lorsqu'un homme éprouve peu de satisfaction spirituelle intérieure, lorsque le flot de sa dévotion s'est retiré, il doit trouver une compensation à sa solitude intérieure. Pour Pierre, cela prenait la forme de se réchauffer auprès d'un feu et de converser avec les servantes. Pour compenser la pauvreté intérieure, on cherche à être riche extérieurement. Ce n'est qu'après qu'Adam et Ève eurent perdu par le péché l'effulgence intérieure de la grâce qu'ils prirent conscience de leur nudité. Ils ressentirent le besoin de vêtements pour couvrir leur honte nouvelle; auparavant, leurs corps rayonnaient d'un manteau de charité tissé par les doigts de Dieu. Il est presque universellement vrai que l'exhibition extérieure excessive trahit une pauvreté intérieure et une nudité de l'âme.

Pour revenir à Simon Pierre. C'était le moment de la crise, et le voici qui se met à l'aise dans une position équivoque. Le récit de l'Évangile souligne les contrastes ironiques. Saint Jean (18,18) observe qu'il faisait froid, que Pierre ressentait le besoin de se réchauffer auprès du feu. Pierre, en se tenant à distance du Soleil de

Justice, ressentait le froid. Son comportement était celui qui caractérise le prêtre bourgeois : confortable, tandis que d'autres souffrent ; un stratège de fauteuil pour les missions, mais lui-même n'en faisant rien. Pierre était désormais comme le pasteur qui s'assoit près de son feu le samedi, tandis que ses vicaires entendent les confessions, instruisent les convertis, font les visites aux malades. La douce lueur du feu dans cette cour était une « paroisse bien meilleure » pour Simon que le Jardin de Gethsémani.

Son amour du luxe lui attirait une mauvaise compagnie. Les feux chaleureux de la prospérité ont renversé beaucoup de ceux qui, par le besoin et les épreuves, étaient restés debout dans la grâce. Le résultat est que, retiré du Seigneur, Simon rencontre une occasion de péché. Manquant de temps pour la méditation, il a pourtant du temps pour la conversation. Bien que Jésus fût à distance, une jeune fille était proche. Les lèvres de Pierre, qui n'avaient fait que goûter au Banquet eucharistique de la Vie, prononcent déjà un mensonge. Il y a peu, il était prêt à mourir avec le Christ ; maintenant, sans Lui, il manque de courage pour résister à la curiosité d'une femme. Il avait alors affirmé :

Tu es le Christ, le Fils de Dieu,

(Jean 6:70)

À présent, jonglant avec sa théologie, il proteste comme un lâche :

Je ne connais pas cet homme.

(Matthieu 26:72)

Si Pierre était resté avec le Christ, aucun interrogateur n'aurait pu lui arracher cette honteuse ambiguïté. La subtilité de Satan s'insinue dans l'amitié de ceux qui manquent de spiritualité, les conduisant à blesser leurs amis plus profondément que n'importe quel ennemi. S'asseoir auprès des feux des impies peut réconforter le corps, mais cela détruit le principe du Christ en soi. Satan ne vint pas à Pierre «rugissant comme un lion» (1 Pierre 5:8), mais sous les traits d'une jeune fille frivole cédant à sa curiosité. Ce fut le moment où la connexion automatique entre la veille et la prière fut manifestée dans la vie de Pierre, comme elle l'est à un moment inattendu dans chaque existence. L'homme qui ne veille pas ne peut espérer obtenir une réponse à sa prière. Certes, Dieu a le pouvoir de sauver quiconque tombe, afin que ses os ne soient pas brisés ; mais demander la sécurité sans veiller, c'est «mettre le Seigneur ton Dieu à l'épreuve» (Matthieu 4,7). La protection spéciale de Dieu pour Ses amis ne peut être présumée lorsque nous sommes devenus indifférents à Son amitié. Jonas s'irrita contre la Parole de Dieu lorsqu'il fut appelé à aller à Ninive prêcher la pénitence ; au lieu de cela, il fixa son cœur sur Tarsis et trouva un navire prêt à l'emmener loin de sa mission (Jonas 1,3). Une fois que l'esprit d'un prêtre s'est refroidi, les ennemis du Christ — le monde, la chair et le diable — trouvent rapidement un moyen d'apporter le «feu», le réconfort et la compagnie.

Pour chaque prêtre, il y a une leçon dans l'observation de l'Évangile selon laquelle le prêtre qui suit Notre Seigneur de loin l'appelle « un homme ». C'est comme s'il disait : « Je n'ai jamais été fait pour ce genre de vie ; Je n'ai jamais eu de vocation. » Il se met également en colère lorsque quelqu'un lui dit qu'il n'est pas À l'image du Christ. En lui, comme en Pierre, la tendance est forte à revenir à la nature du vieil Adam. L'esprit évoque Simon dans ses premiers jours comme pêcheur. On peut presque entendre les jurons pittoresques chaque fois que ses filets s'emmêlaient. Alors qu'il vivait dans la compagnie intime de Notre Seigneur béni, de tels mots ne lui seraient même pas venus à l'esprit ; pourtant, en quelques heures, il fait un retour en arrière. Les jurons coulent de lui, et cela en présence d'une jeune femme. D'autres comprennent mieux ce que le prêtre doit faire que lui-même. La servante aurait pu dire à Pierre qu'il devait être avec le Galiléen. Même ceux dont la charge est (comme celle de Marthe) de s'occuper des choses profanes sont souvent scandalisés que le prêtre ne reconnaisse pas que sa charge est d'être avec le Christ.

L'appel à être l'ambassadeur de Dieu n'est pas une garantie contre la faiblesse. Moïse devint arrogant lorsque Dieu le choisit pour conduire Son peuple, et il frappa le rocher pour en faire jaillir de l'eau (Nombres 20:7-12). David, le plus tendre de tous les cœurs, est trahi au point de commettre un meurtre (2 Rois 11:14-27 [2 Samuel 11:14–27, RSV]). Salomon, le plus sage de tous les intellects, s'abaisse à la folie de l'idolâtrie (3 Rois 11:4 [1 Rois 11:4, RSV]). Enfin, lorsque Pierre eut achevé son triple reniement, même la nature protesta. La première chose que Notre Seigneur fit fut d'éveiller la mémoire de Pierre, et Il le fit par le chant du coq. En cette heure sombre, lorsque Pierre avait même oublié de proclamer la Divinité de son Maître, avait oublié sa fidélité et sa dette envers Celui Qui l'avait appelé à être le rocher, on aurait pu s'attendre à un éclair, un coup de tonnerre, pour proclamer l'énormité de la faute. Le Christ s'est contenté d'un son familier que Pierre avait entendu mille fois. Un son familier, mais chargé d'une nouvelle signification, car il était l'accomplissement de l'avertissement du Maître.

La nature est du côté de Dieu, non du nôtre. Il a en foi envers Lui… l'instabilité pour moi, la fidélité traîtresse, et… la tromperie loyale… (Francis Thompson, *The Hound of Heaven*)

La chute du prêtre s'accomplit par ces étapes : négligence de la prière, éloignement du Seigneur eucharistique, attachement à une existence confortable, négligence des occasions de péché; et enfin, la substitution d'une créature au Christ.

✠ J.M.J. ✠

~ 11 ~

Le retour à la faveur divine

Aussi horrible que soit cette condition, elle n'est pas nécessairement définitive. Lorsque Notre Seigneur béni fut conduit hors du tribunal, le visage couvert de crachats, Il « se tourna et regarda Pierre » (Luc 22, 61). Le Maître est lié, insulté, abandonné, rejeté. Pourtant, Il ne renonce pas. Il se tourne et regarde Pierre. Avec une pitié sans bornes, Son regard cherche celui qui venait de Le trahir. Il ne prononça pas un mot. Il regarda simplement ! Mais pour Pierre, quel rafraîchissement de mémoire, quel éveil d'Amour ! Pierre pouvait renier « l'homme », mais Dieu aimerait toujours cet homme, Pierre ! Le simple fait que le Seigneur ait dû se tourner pour regarder Pierre signifiait que Pierre avait tourné le dos au Seigneur. Le cerf blessé cherchait le fourré pour saigner seul, mais le Seigneur vint au Cœur blessé de Pierre pour en retirer la flèche.

Et Pierre sortit, et pleura amèrement.

(Luc 22, 62)

Pierre fut rempli de repentir, comme Judas le serait dans quelques heures de remords. La douleur de Pierre était causée par la pensée du péché lui-même ou par la blessure infligée à la Personne de Dieu. Le repentir ne concerne pas les conséquences. C'est ce qui le distingue du remords, qui est inspiré principalement par la peur des conséquences désagréables. La même Miséricorde accordée à celui qui L'avait renié serait accordée à ceux qui L'attacheraient à la Croix, ainsi qu'au voleur pénitent qui demanderait pardon. Pierre n'a pas réellement nié que le Christ était le Fils de Dieu. Il a nié connaître « l'homme », qu'il était l'un de Ses disciples. Il n'a pas renié sa foi. Mais il a péché. Il a failli au Maître. Et pourtant, le Fils de Dieu a choisi Pierre, qui connaissait le péché, plutôt que le bien-aimé Jean comme le Rocher sur lequel bâtir Son Église, afin que les pécheurs et les faibles n'aient jamais d'excuse pour désespérer.

L'Amour du Christ pour Ses Prêtres

Et le Seigneur se retourna, et regarda Pierre....
(Luc 22, 61)

L'incident s'est probablement produit alors que Notre Seigneur béni, après l'interrogatoire de Caïphe, était conduit devant le Sanhédrin. Notre Seigneur Divin a peut-être même entendu Pierre élever sa voix bien connue, avoir entendu les serments et les malédictions assurant aux témoins qu'il ne connaissait pas Jésus de Nazareth. Le Seigneur n'a pas dit : « Je vous l'avais bien dit. » Aucune parole brûlante de condamnation ne passa ses lèvres. Un seul regard, un unique regard d'amour blessé. Telle est la miséricorde de Notre Seigneur lorsque nous Lui sommes infidèles et déloyaux ! Il cherche à nous reconquérir par des privilèges accrus et une miséricorde multipliée ! Ce ne sont pas seulement les fiévreux, les paralysés et les lépreux qui connaissent la tendre compassion dans les yeux du Fils incarné ; ce sont avant tout les prêtres et les pécheurs. Ce n'est pas seulement le regard du Christ qui suscite la repentance ; c'est aussi notre réponse. Le soleil qui brille si chaleureusement ramollit la cire et durcit la boue. La Miséricorde divine appelant les déchus les endurcit pour l'enfer, ou les adoucit pour le Ciel.

Dans la synagogue de Capharnaüm, Notre Seigneur béni lança des regards ardents de colère à ses ennemis déconcertés alors qu'Il accomplissait un miracle. Par Sa connaissance divine, Il savait qu'ils ne voulaient pas croire, qu'ils ne seraient pas convaincus même s'Il ressuscitait mille fois d'entre les morts. Mais l'attitude de Pierre était différente. Un seul regard de reproche attristé apporta du chagrin à son âme. L'homme riche qui vint à Notre Seigneur n'était pas encore prêt à aller jusqu'au bout, bien qu'il fût un chercheur sincère de Dieu. L'Évangile nous dit :

Le retour à la faveur divine

Alors Jésus fixa les yeux sur lui, et conçut pour lui un amour.

(Marc 10,21)

Le centurion reconnut la Majesté Divine sur la Croix et dit :

Il n'y a aucun doute que c'était le Fils de Dieu.

(Marc 15,39)

C'est la même Divinité qui fut rappelée à Pierre lorsque Jésus se retourna et le regarda. Jean, qui eut le privilège de contempler si souvent ce visage cher, en fut hanté sur l'île de Patmos après un demi-siècle. Il parla de la manière dont toute la terre se flétrirait lorsque le Christ viendrait en jugement :

Et maintenant je vis un grand trône tout blanc, et Celui qui y était assis, au regard duquel la terre et le ciel s'évanouirent, et ne furent plus trouvés.

(Révélation 20,11)

Ce visage aussi serait la récompense de tous ceux qui L'aimeraient et Lui reviendraient comme Pierre :

... Le trône de Dieu (qui est le trône de l'Agneau) sera là, avec ses serviteurs pour L'adorer et pour contempler sa Face....

(Révélation 22:3,4)

Comme Pierre, tout prêtre, à un moment ou à un autre, se déplace hors du pas du Christ, suit de loin, communie avec la compagnie mondaine et les feux séculiers. Le Christ, néanmoins, le traite comme Il a traité Pierre. Il se tourne constamment pour le regarder. Ce n'était pas Pierre qui pensait à se retourner, mais le Seigneur. Pierre, parce qu'il était coupable, aurait préféré regarder ailleurs, mais le Seigneur le regardait. C'est le point essentiel que tout disciple du Christ doit garder à l'esprit lorsqu'il pèche — *le Seigneur se tourne le premier.*

Nul homme ne comprend pleinement le mal jusqu'à ce qu'il le voie à la lumière de la Face du Christ. Il peut se sentir mortifié par la sottise qu'il a faite de lui-même, mais il ne s'attristera que lorsqu'il verra le Bien-Aimé crucifié. L'homme qui dit « Je suis si stupide » au lieu de « Seigneur, sois miséricordieux envers moi, pécheur » est encore loin de la renaissance.

Quelle leçon de tendresse est révélée par le refus de Notre Seigneur de réprimander Pierre ! À un tel moment, lorsque l'on vacille sur la corde raide, un souffle ou un regard fait toute la différence. C'est le commencement du retour à Dieu, au lieu de sombrer dans l'abîme du mal. Comme l'a écrit Christina G. Rossetti :

> O Jésus, si loin éloigné,
> Seul mon Cœur peut Te suivre,
> Ce regard qui a transpercé le Cœur de Saint Pierre,
> Tourne-toi maintenant vers moi.
>
> Toi qui me sondes au plus profond
> Et observes les chemins tortueux que j'ai pris,
> Regarde-moi, Seigneur, et fais de moi aussi
> Ton pénitent.

Un seul regard sur la Divinité nous convainc du péché. Pierre le renégat, sous le regard du Fils de Dieu, devint aussitôt Pierre le pénitent. Ce regard unique dans lequel la Divinité scrute l'âme est le commencement de la responsabilité personnelle envers Dieu. Nous ne péchons pas contre des abstractions ni même seulement contre les Commandements ; En tant que personnes, nous péchons contre une Personne. L'horreur du péché ne se limite pas à la transgression d'un Commandement ; elle englobe la re-crucifixion du Christ. C'est pourquoi le chagrin ultime est lié au Crucifix, où chacun de nous peut lire son autobiographie. Nous voyons notre orgueil dans la Couronne d'épines ; notre luxure et notre sensualité dans les clous ; notre oubli de Dieu dans les Pieds percés, et notre vol dans les Mains déchirées. Le repentir consiste à nous tenir dans la Lumière infinie de Dieu et à Le laisser dissiper nos ténèbres.

Le retour à la faveur divine

La différence entre le pécheur et le saint est que l'un persiste dans le péché, tandis que l'autre pleure amèrement. Le mot grec traduit par « pleurer » dans l'Évangile implique une douleur longue et continue. Ceux qui ne trouvent pas le temps de pleurer leurs péchés manquent aussi de temps pour se corriger. L'homme saisi par le remords se tourne souvent vers l'alcool pour assoupir sa conscience. Ce n'est souvent pas l'amour de l'alcool, mais la haine de quelque chose d'autre, qui fait un ivrogne. Le remords de Judas ne conduisit pas à un coup de poing sur la poitrine dans un Mea Culpa, mais à la prise d'une vie. Il n'avait pas le cœur à prier. Il ne chercha pas non plus la face de Dieu pour implorer la Miséricorde. Mais Pierre s'attrista. Il fut humilié, non endurci.

Une fois que les larmes lavent les yeux, la vision spirituelle devient plus claire ; C'est pourquoi les larmes sont souvent associées à la véritable compréhension du Péché. Les larmes dans les yeux de Pierre étaient un arc-en-ciel d'espérance après une tempête noire. En elles brillait tout le spectre du pardon rayonnant du regard du Christ. Le souvenir de ce regard vivifiant était sûrement encore dans son esprit quand il écrivit dans sa première Épître :

Vous aviez erré comme des brebis égarées ; Maintenant, vous avez été ramenés à Lui, votre Berger, qui veille sur vos âmes.

(1 Pierre 2:25)

Le Christ regarde encore nos prêtres avec des yeux tristes mais pleins d'espérance. Il invite chacun de nous, lorsque le Simon domine, à ressusciter notre vocation pétrinienne. Aucun prêtre n'atteint jamais un stade où « tout est fini ». David a crié dans sa misère et a été exaucé. Pierre, se noyant après un acte d'imprudence, fut sauvé. Lorsque Thomas douta, on lui présenta un Cœur percé pour restaurer sa foi. Le Fils prodigue s'est levé des porcs et des épis pour un banquet dans la maison du Père.

Si les prêtres savaient seulement que l'Amour Infini a besoin de se communiquer ! Un jour, une âme sainte prosternée devant Jésus au Tabernacle demanda : « Comment veux-Tu que je T'appelle ? »

Et Il répondit : « Miséricorde. » *Si nous n'avions jamais péché, nous ne pourrions jamais appeler Jésus notre Sauveur.*

Un religieux à qui le Sacré-Cœur accorda des révélations particulières déclara qu'Il prononça ces paroles : « Et maintenant, enfin, Je m'adresse à Mes propres consacrés, afin qu'ils Me fassent connaître aux pécheurs et au monde. » "Beaucoup ne sont pas encore capables de comprendre quels sont Mes véritables sentiments. Ils Me traitent comme Quelqu'un dont ils vivent séparément, qu'ils connaissent à peine, et en Qui ils ont peu de confiance. Qu'ils ravivent leur Foi et leur Amour en toute confiance dans Mon intimité et Mon Amour."

Tous nos Pouvoirs Presbytéraux sur les Âmes dépendent de notre Amour pour notre Seigneur.

La leçon suivante que Notre Seigneur enseigna à Pierre fut que l'Amour doit constituer le fondement de la charge pastorale. C'était la semaine après la Résurrection, et les Apôtres étaient rassemblés au bord de la mer de Tibériade. Simon Pierre, le chef établi et reconnu, dit à Thomas, Nathanaël, Jacques, Jean et deux autres disciples :

Je vais aller pêcher.

(Jean 21:3)

Le mot que Pierre utilisa impliquait une action progressive ou habituellement répétée. Pierre leur disait-il qu'il allait définitivement se consacrer à sa pêche ? Cela semble difficile à imaginer, et pourtant c'est ce que le temps verbal implique. De plus, le caractère de Pierre, malgré toutes ses qualités, était vacillant et impétueux. C'est lui qui avait dit à Notre Seigneur qu'il ne Le renierait pas, pour ensuite insister qu'il ne connaissait pas l'homme. Laissez vos barques derrière vous, dit le Seigneur à Pierre et aux autres, désormais vous serez pêcheurs d'hommes (Luc 5,10). Et les voici de retour à leur ancien métier.

Le retour à la faveur divine

Sur la mer de Tibériade, la nuit était le meilleur moment pour pêcher. Cette nuit-là, néanmoins, ils n'attrapèrent rien. Le travail accompli sous l'impulsion de notre propre volonté est vain. Puis le jour se leva et la lumière du matin révéla le Sauveur ressuscité debout au bord de la mer. Non, répondirent-ils à Sa question, ils n'avaient rien pris. Jetez le filet du côté droit, leur ordonna-t-Il ; et s'ensuivit la prise d'une multitude de poissons. Pierre et Jean réagirent tous deux de manière caractéristique.

Comme Jean fut le premier à atteindre le tombeau vide au matin de Pâques, Pierre fut le premier à y entrer ; Comme Jean fut le premier à croire que le Christ était ressuscité, ainsi Pierre fut le premier à saluer le Christ ressuscité ; Comme Jean fut le premier à voir le Seigneur depuis la barque, ainsi Pierre fut le premier à se précipiter vers le Seigneur, se jetant à la mer dans son enthousiasme.

Nu comme il était dans la barque, il se ceignit d'un manteau, oublia son confort personnel, abandonna la compagnie humaine, et nagea avec empressement les cent mètres jusqu'au Maître. Jean avait le plus grand discernement spirituel, Pierre l'action la plus rapide. C'est Jean qui s'appuya sur la poitrine du Maître la nuit de la Dernière Cène ; Lui aussi était le plus proche de la Croix, et à ses soins le Sauveur confia sa mère ; Ainsi, il fut maintenant le premier à reconnaître le Sauveur ressuscité sur le rivage. Une fois auparavant, lorsque le Christ avait marché sur les vagues vers la barque, Pierre ne put attendre que le Maître vienne à lui, mais demanda au Maître de lui ordonner de marcher sur l'eau. Maintenant, il nagea vers le rivage après s'être ceint par révérence pour son Sauveur.

Les six autres restèrent dans la barque. Lorsqu'ils arrivèrent à terre, ils virent du feu, un poisson posé dessus, et du pain, que le Sauveur compatissant avait préparé pour eux. Le Fils de Dieu préparait un repas pour ses pauvres pêcheurs ; cela devait leur rappeler le pain et les poissons qu'Il avait multipliés lorsqu'Il s'était proclamé le Pain de Vie. Après avoir tiré le filet à terre et compté les cent cinquante-trois poissons qu'ils avaient pris, ils étaient bien convaincus que c'était le Seigneur. La signification symbolique ne leur échappa pas non plus. Les ayant appelés à devenir pêcheurs d'hommes, Il offrait une anticipation concrète de l'ampleur de la prise qui serait finalement recueillie dans la barque de Pierre.

Le Christ avait été désigné par Jean le Baptiste sur la rive du Jourdain, au début de sa Vie publique, comme « l'Agneau de Dieu » (Jean 1,29) ; Maintenant qu'Il s'apprêtait à quitter cette terre, Il appliquait le même titre à ceux qui croiraient en Lui. Celui qui s'était appelé le Bon Pasteur en nommait aussi d'autres pour être bergers. Ils venaient de terminer le repas que Lui-même avait préparé pour eux sur le rivage. Comme auparavant, Il avait donné l'Eucharistie après le souper, et le pouvoir de pardonner les péchés après avoir mangé avec eux ; Ainsi, après avoir partagé le pain et le poisson, Il se tourna vers celui qui L'avait renié trois fois, et exigea une triple affirmation d'amour. La confession d'amour doit précéder la remise de l'autorité, car l'autorité sans amour est tyrannie : « Simon, fils de Jean, m'aimes-tu plus que ceux-ci ? » (Jean 21, 15).

On peut légitimement se demander si le feu du matin que Notre Seigneur avait allumé rappelait à Pierre un autre feu, une dizaine de jours plus tôt, lorsqu'il avait renié le Maître. Pierre avait renié par un feu ; il fut rétabli par un feu. Telle est la scène de la conversation dans laquelle le Christ charge Pierre de nourrir les agneaux et les brebis.

Autorité inséparable de l'Amour

L'autorité ne doit jamais être sans amour. L'Amour de Notre Seigneur précède tout service fructueux en Son Nom. Telle est la leçon que le Christ inculque une fois de plus en réintégrant Pierre dans l'office apostolique dont il était tombé. Il s'adresse à nouveau à lui sous le nom de Simon, lui rappelant les moments cruciaux où le Christ lui avait donné un nouveau nom et une nouvelle autorité (Matthieu 16,17), et où Il l'avait averti de sa chute imminente tout en promettant la restauration par Son Amour (Luc 22,31). Bien que l'autorité dans l'Église repose sur l'Amour, l'Amour, à son tour, est indissociable de l'obéissance :

Si vous m'aimez, gardez les Commandements que je vous donne.
(Jean 14,15)

Le récit évangélique de la triple question du Christ à Pierre introduit un détail curieux. Le texte grec utilise deux mots différents, tous deux traduits en français par « Amour ». Le premier de ces mots est *agapao*, un terme qui implique la connaissance de la valeur précieuse de celui qui est aimé. C'est le terme que Jean emploie pour exprimer l'amour de Dieu pour l'homme déchu, qu'Il a tant aimé « qu'Il a donné son Fils unique, afin que ceux qui croient en Lui ne périssent pas » (3:16). L'autre mot grec est *phileo*, désignant la réponse de l'esprit humain à tout ce qui apparaît comme agréable, un amour impliquant une forme d'amitié.

Aimer et Apprécier

Les deux premières fois que le Christ demande à Pierre de proclamer son amour pour Lui, Il emploie le mot *agapao*, tandis que la troisième et dernière question contient le mot *phileo*. Mais à chaque fois, Pierre, dans sa réponse, utilise le même mot, *phileo*. Dans le Nouveau Testament, c'est le terme moins fréquemment utilisé pour décrire l'amour. *Agapao*, impliquant un sens éveillé et supérieur de la valeur, apparaît environ 320 fois ; *phileo*, désignant un amour d'amitié et d'attraction mutuelle, seulement 45 fois. Pour recréer la scène selon les termes et la forme qu'un dramaturge pourrait produire, le résultat serait quelque chose comme ceci :

CHRIST: Simon, fils de Jean, M'aimes-tu plus que ces autres, avec un amour divin, sacrificiel, victimaire et d'abandon de soi ?

PIERRE: Tu sais, Seigneur, que je T'aime d'un amour profond, humain, instinctif et personnel, comme mon ami le plus proche.

Le retour à la faveur divine

CHRIST : Simon, fils de Jean, M'aimes-tu plus que ces autres, avec un amour divin, sacrificiel, victimaire et d'abandon de soi ?

PIERRE : Je T'ai déjà dit, Maître. Tu sais que je T'aime d'un amour profond, humain, instinctif et personnel, comme mon ami le plus proche.

CHRIST : Simon, fils de Jean, M'aimes-tu d'un amour humain, instinctif, profond et personnel, comme un ami très proche ?

PIERRE : Combien de fois, Seigneur, dois-je répéter ma réponse ? Pour la troisième fois, Je T'aime avec l'affection humaine, instinctive, profonde et personnelle que l'on porte à son ami le plus proche.

La réponse de Pierre montre qu'il était blessé. Il était profondément blessé. Pourtant, la raison n'est pas aussi simple qu'elle pourrait paraître à première vue. Ce n'était pas seulement la question répétée trois fois qui l'a bouleversé. C'était plutôt que le passage de *agapao à phileo* indiquait une diminution des exigences de Notre Seigneur. Il ne demandait plus cet amour-victime qu'Il avait d'abord sollicité. C'est comme si Notre Seigneur plaçait Ses mains sous cet amour pauvre, faible et fragile de Pierre, tout comme Il commence en réalité avec notre pauvre, faible et humain amour comme fondement d'un riche apostolat. Le Seigneur demandait un amour de dévotion, et tout ce qu'Il obtint fut un amour d'émotion. Mais même cela, Il ne le rejette pas. Ce n'est pas suffisant, dit-Il, mais c'est suffisant pour commencer.

Pendant la Vie publique, lorsque Notre Seigneur béni dit à Pierre qu'il était le Rocher sur lequel Il bâtirait Son Église, Il prophétisa aussi qu'Il serait Lui-même crucifié et ressusciterait. Pierre Le tenta alors de détourner de la Croix. En réparation de cette tentation que Notre Seigneur qualifia de satanique, Il avertit maintenant Pierre qu'Il ne se contentait pas de Lui confier pleine autorité pour gouverner Ses agneaux et Ses brebis, mais qu'Il lui préparait aussi un autre parallèle avec Lui-même : que Pierre aussi mourrait sur la

Le retour à la faveur divine

Croix. « Tu auras une Croix semblable à celle à laquelle ils M'ont cloué », Lui dit-Il en substance, « la Croix que tu aurais niée et qui aurait ainsi empêché Ma gloire. » Maintenant, tu dois apprendre ce que signifie vraiment aimer. Mon Amour est un vestibule à la Mort. Parce que Je vous ai aimés, ils M'ont tué ; pour votre amour envers Moi, ils vous tueront. J'ai dit un jour que le Bon Pasteur donne Sa vie pour Ses brebis ; tu es désormais Mon berger en Mon lieu ; tu recevras la même récompense pour tes travaux que celle que J'ai reçue — poutres de la Croix, clous, et ensuite... la vie éternelle.

Crois-moi quand Je te dis cela ;
Lorsque tu étais jeune homme, tu te ceignais
et marchais où tu avais la volonté d'aller,
Mais quand tu seras vieux,
tu étendras tes mains,
et un autre te ceindra, et te portera
là où tu ne voudras pas aller de ton propre gré.

(Jean 21 : 18)

Impulsif et volontaire dans les jours de sa jeunesse, Pierre glorifiera en sa vieillesse le Maître par une mort sur la Croix. Depuis le jour de la Pentecôte, l'Esprit guidait les décisions de Pierre. Il fut conduit là où il ne voulait pas aller. Il dut quitter la Sainte Cité, où l'emprisonnement et l'épée l'attendaient. Ensuite, son Divin Maître le dirigea vers la Samarie, à la maison du païen Corneille ; puis à Rome, la nouvelle Babylone, où il fut fortifié par les étrangers de la Dispersion que Paul avait amenés dans le pli ; Finalement, il fut conduit à une croix pour mourir en martyr sur la colline du Vatican. À sa propre demande, il fut crucifié la tête en bas, jugeant indigne de mourir comme le Maître. Puisqu'il était le Rocher, il convenait qu'il fût lui-même déposé dans la terre comme fondement imprenable de l'Église.

L'homme qui avait tenté de détourner le Seigneur de la Croix fut le premier apôtre à l'embrasser lui-même. Son acceptation de la croix rejaillit sur la gloire de son Sauveur plus que tout le zèle et l'impétuosité de sa jeunesse. Lorsque Pierre ne comprenait pas

Le retour à la faveur divine

encore que la croix était le moyen de la Rédemption du péché, il offrait sa propre mort plutôt que celle du Maître, affirmant que même si tous les autres manquaient à le défendre, il se tiendrait seul pour le protéger. Mais après l'illumination de la Pentecôte, il vit que c'était la Croix du Calvaire qui donnait sens à la croix qu'il embrasserait. Vers la fin de sa vie, lorsque la Croix était déjà bien en vue devant lui, Pierre écrirait :

> *Je suis assuré, par ce que Notre Seigneur Jésus-Christ m'a fait connaître, que je dois bientôt plier ma tente. Et je veillerai à ce que, lorsque je serai parti, vous puissiez toujours vous souvenir de ce que j'ai dit. Nous ne racontions pas des fables inventées par l'homme, lorsque nous vous avons prêché la puissance de Notre Seigneur Jésus-Christ, et son avènement ; nous avions été témoins oculaires de son exaltation.*

(2 Pierre 1 : 14-16)

Les hommes cherchent l'amitié de ceux qui les surpassent en caractère et en puissance, mais Notre Seigneur daigne demander notre amour. Il l'acceptera même lorsqu'il a peu de capacité pour le sacrifice et l'abandon. L'épreuve de l'amour se joue ultimement entre l'âme et le Christ. Lorsqu'un prêtre est ordonné, l'évêque lui pose des questions pénétrantes ; Mais le véritable examen se fait dans le cœur, et l'interrogateur est le Sauveur toujours présent et vivant. Il n'est pas rapporté que Pierre n'ait jamais repris la pêche, mais il est certain que toute sa vie il a conservé une vive conscience de la différence dans sa prêtrise, entre la joie de connaître le Seigneur et la tristesse de s'en être éloigné.

L'amour seul peut faciliter la tâche pastorale de nourrir les agneaux et les brebis. C'est l'amour qui transforma les sept années de dure servitude de Jacob pour Rachel en autant de jours agréables. Même les chutes peuvent être intégrées dans la sainteté. Pierre est plus glorieux au Ciel pour sa rémission, tout comme Paul est plus glorieux pour son amitié renouvelée avec Marc après leur querelle.

Le retour à la faveur divine

La colère de Moïse, le mensonge d'Abraham, l'ivresse de Noé, tout est balayé dans la grande et ultime affirmation de l'Amour.

Notre Seigneur se plaint souvent dans les Écritures. Il exprime déception et surprise devant la conduite de certains de Ses disciples. Pourtant, comme Pierre, Il nous retrouve sur quelque rivage, et avec un pardon prompt, Il nous demande à nouveau d'aimer.

Comme le médecin prend le pouls de son patient pour juger son cœur, ainsi Notre Seigneur éprouve le pouls de l'âme de chaque prêtre par son amour. L'épreuve peut parfois être douloureuse, mais c'est parce que nos péchés ont été des blessures pour Lui. Il n'est fait mention nulle part que Notre Seigneur ait jamais appliqué cette épreuve à quiconque avant Sa Passion et Sa Mort, ni qu'Il ait jamais mis au défi un individu en lui demandant s'il L'aimait. Maintenant, Il agissait avec l'assurance de Celui qui a acquis un droit sur l'affection de l'homme, un droit auquel le cœur du pécheur ne peut résister.

Après chaque affirmation d'amour, Notre Seigneur béni confia à Pierre l'apostolat et le service. Ce sont ces éléments qui empêchent l'amour de dégénérer en une indulgence sentimentale. Il envoya Marie-Madeleine du tombeau pour faire une annonce à Pierre, et Il envoya Pierre de sa confession pour accomplir l'œuvre de l'Église. Nous ne pouvons nous séparer des autres, même au moment où nous prenons conscience de notre plus grand doute envers nous-mêmes. La leçon s'adresse à tous les prêtres : c'est à Pierre, malgré sa trahison notoire, que Notre Seigneur béni a remis les clés de l'Église.

La sympathie est la voie vers la connaissance de soi. Notre propre repentir s'approfondit à mesure que nous connaissons les péchés de notre frère. La chute de chaque frère nous rappelle notre besoin de vigilance. Rien ne fortifie davantage notre amour pour le Christ que la connaissance plus profonde de Sa grâce que nous acquérons en voyant des âmes sauvées par Lui. Pierre pouvait mieux supporter les insuffisances du troupeau parce qu'il se reconnaissait lui-même comme un frère pécheur. Saint Thomas d'Aquin affirme que Dieu permet parfois aux hommes de pécher afin de les arracher à leur orgueil, pour éveiller en eux un amour compatissant envers les autres.

La décision fut et demeure très personnelle. Il n'y a pas de multitudes aux yeux de Dieu. Tout comme Il a distingué dans la foule la femme qui toucha le bord de Son vêtement (Luc 8 : 43,44), ainsi Il a distingué Pierre. Il avait agi de même auparavant : « Adam; Où es-tu?" (Genèse 3,9); "Abraham, Abraham" (Genèse 22,1); "Samuel, Samuel" (1 Rois 3,10 [1 Samuel 3,10, RSV]); "Marthe, Marthe" (Luc 10,41); "Saül, Saül" (Actes 9,4); "Simon, fils de Jean" (Jean 21,15).

Trois formes d'Amour

La mesure de notre prêtrise est le degré de notre amour. L'amour existe en trois formes : non éveillé, pénitent et croyant. Le premier stade comprend très peu d'amour du Christ, à cause d'un amour excessif du monde ; le second type n'est pas tant de l'amour que *«la crainte qui tourmente»* à cause du péché ; le troisième est l'amour qui est *«déversé dans nos cœurs par le Saint-Esprit que nous avons reçu»* (Romains 5,5). L'homme non éveillé accomplit des actes d'obéissance, mais ils sont plus apparents que réels. L'obéissance du pénitent est celle d'un esclave. Mais chez le véritable amoureux, l'obéissance est filiale. Elle engendre la prière et la sainteté.

S'élevant au-dessus des multiples soucis du prêtre en tant que pasteur, de ses préoccupations concernant les écoles, les couvents, les finances, les bâtiments et l'administration, le prêtre en tant qu'autre Christ doit ultimement revenir à la vérité sublime que la seule réalité est l'âme. Car c'est pour cela qu'Il se sanctifie. Père Jean-Baptiste Lacordaire, dans *Lettres aux jeunes hommes*, écrivait :

> *Je partage votre opinion sur les montagnes, la mer et la forêt ; ce sont les trois grandes choses de la nature, et elles ont de nombreuses analogies, surtout la mer et la forêt. Je les aime autant que vous ; Mais à mesure que la vieillesse s'avance, la nature nous touche moins, et nous ressentons la beauté de la maxime du Marquis de Vauvenargues : « Tôt ou tard, nous*

n'aimons plus que les âmes. » C'est pourquoi nous pouvons toujours aimer et être aimés. La vieillesse flétrit le corps, mais à l'âme qui n'est pas corrompue, elle donne une jeunesse nouvelle. Et le moment de la Mort est celui de l'épanouissement de notre esprit.

Lorsque l'Amour sort de notre Cœur, nous haïssons les choses que nous sommes obligés de faire, ou du moins nous dissimulons nos sentiments profonds sous le tintement métallique du formalisme. Nos sermons deviennent des réprimandes. Les brebis perdues deviennent des interruptions à notre loisir. Servir à l'autel de l'Amour avec un cœur dépourvu d'Amour ; appartenir à une profession d'Amour sacrificiel, tout en cherchant son propre confort ; offrir seulement des paroles creuses d'Amour aux âmes souffrantes : ces choses apportent leur propre châtiment.

Même si l'on n'a pas encore atteint le degré d'Amour qui permet d'accomplir les devoirs de l'apostolat sans troubler son bonheur intérieur, on peut toujours suivre le conseil de saint François de Sales :

Si Tu ne peux pas prier comme une âme jouissant du don de la contemplation, Tu peux au moins faire une lecture spirituelle et y réfléchir ; Si tu n'es pas assez fort pour jeûner, tu peux au moins te priver d'une bouchée délicate ; Si tu ne peux quitter le monde, tu peux au moins te garder de son esprit ; Si tu ne peux aimer Dieu d'un amour pur, tu peux au moins L'aimer par gratitude ; Si tu ne ressens pas un vif repentir pour tes péchés, tu peux essayer de l'obtenir en le demandant à Dieu ; Tu ne peux pas donner beaucoup d'aumônes, mais tu peux au moins offrir un verre d'eau ; Tu ne peux pas supporter de grandes insultes, mais tu peux au moins endurer un petit reproche sans murmurer ; Être méprisé dépasse ce que tu peux supporter, mais tu peux tolérer cette petite froideur manifestée par ton prochain dans son comportement envers toi ; Le sacrifice de ta vie n'est pas exigé de toi, mais tu peux supporter quelques désagréments et conserver la patience dans quelques circonstances pénibles.

Le retour à la faveur divine

Pierre, rétabli, est près d'un feu. Cet autre feu devant lequel Il a renié le Christ est un feu que le monde a allumé ; mais ce feu que le Christ a préparé. L'enthousiasme, l'effort, la passion allumés par les feux du monde ne laissent que cendres et poussière. Il n'en est pas ainsi cependant lorsqu'ils sont embrasés par Celui qui est venu jeter le feu sur la terre (Luc 12 : 49).

~ 12 ~

Melchisédek et le Pain

Pourquoi sommes-nous appelés prêtres « dans la lignée de Melchisédek » ? Pourquoi ne sommes-nous pas prêtres dans la lignée d'Aaron, à qui appartenait la prêtrise dans l'Ancien Testament ? L'Épître aux Hébreux (7 : 11) indique la raison, à savoir que la prêtrise lévitique ne représentait pas la perfection de la prêtrise. Or, il ne pourrait y avoir besoin qu'un nouveau prêtre surgisse, accrédité de la prêtrise de Melchisédek, et non d'Aaron, si la prêtrise lévitique avait apporté l'accomplissement.

Les raisons de l'insuffisance de la prêtrise lévitique étaient nombreuses.

1. La prêtrise d'Aaron était charnelle, temporelle, successive et périssable. La prêtrise de Melchisédek, en tant que symbole de celle du Christ, est éternelle. Les prêtres lévitiques étaient personnellement impurs, au sens liturgique du terme. Ils devaient offrir des sacrifices pour leurs péchés, et la mort mettait fin à leur ministère.

Mais Melchisédek est éternel. Cet aspect de sa prêtrise est exprimé en termes symboliques dans la Bible :

Pas de nom de père ni de mère, pas de généalogie, pas de date de naissance ni de mort ; Là, il se tient, éternellement, prêtre, la véritable figure du Fils de Dieu.

(Hébreux 7:3)

L'omission de toute référence à l'ascendance, à la naissance ou à la mort de Melchisédek est la manière dont le Saint-Esprit le présente comme le type de Notre Seigneur.

Résumant la différence entre les deux prêtrises, l'Écriture poursuit :

Pour ces autres prêtres, il y eut une succession, car la mort leur refusait la permanence ; Tandis que Jésus demeure éternellement, et que son sacerdoce est immuable ; C'est pourquoi Il peut donner le salut éternel à ceux qui, par Lui, cheminent vers Dieu ; Il vit encore pour intercéder en notre faveur.

(Hébreux 7:23-25)

2. Une seconde raison est que Notre Seigneur unit en Lui à la fois la Royauté et la Prêtrise, ce qui était également vrai de Melchisédek.

Melchisédek aussi était là, roi de Salem. Et lui, prêtre comme Il était du Dieu Très-Haut...

(Genèse 14 : 18)

Melchisédek était en sa personne roi et prêtre, annonçant ainsi l'adorable Seigneur, en qui justice et paix s'embrasseraient (Psaume 84:10). Notre Seigneur n'aurait pas de paix sans justice ; c'est pourquoi Il a fait « la paix avec eux par Son Sang, versé sur la croix » (Colossiens 1:20).

3. La « grandeur » de Melchisédek était une préfiguration de la grandeur du Christ. Abraham reconnut que Melchisédek était plus grand que lui, en lui rendant hommage :

À lui, Abraham donna la dîme de tout ce qu'il avait remporté.

(Genèse 14,20)

Voici ce que l'Épître aux Hébreux (7,4-8) applique à Notre Seigneur :

Considérez quel homme grand était celui-ci, à qui le patriarche Abraham lui-même donna la dixième partie du butin choisi. Les descendants de Lévi, lorsque la prêtrise leur est conférée, sont autorisés par les dispositions de la Loi à prendre la dîme du peuple de Dieu, bien que ceux-ci, comme eux-mêmes, viennent de la lignée privilégiée d'Abraham ; après tout, ce sont leurs frères ; voici quelqu'un qui ne partage pas leur descendance commune, prenant la dîme d'Abraham lui-même. Il le bénit aussi, bénit l'homme à qui les promesses ont été faites ; et il est hors de doute que les bénédictions ne sont données que par ce qui est de plus grande dignité à ce qui est moindre. Dans un cas, les prêtres qui reçoivent la dîme ne sont que des hommes mortels ; Dans l'autre, c'est un prêtre (ainsi le récit nous le rapporte) qui demeure.

4. La prêtrise de Melchisédek était sacramentelle et sans effusion de sang, non l'offrande de bœufs et de chèvres.

Et lui, prêtre qu'il était du Dieu Très-Haut, apporta avec lui du pain et du vin...

(Genèse 14 : 18)

Chaque jour à la Messe, nous mentionnons le sacrifice de Melchisédek comme *sanctum sacrificium immaculatam hostiam*. Le sacrifice était pacifique, offert après qu'Abraham eut remporté la guerre contre les quatre rois.

5. Notre Seigneur Lui-même était d'une ascendance distincte de celle de la prêtrise lévitique. Il appartenait à la tribu de Juda; non, comme les fils d'Aaron, à la tribu de Lévi. Sa lignée était différente, non seulement parce qu'Il est éternel, mais aussi parce que, comme l'insiste l'Épître aux Hébreux (7 : 14-18), Sa génération temporelle était différente :

Notre Seigneur prit son origine de Juda, cela est certain, et Moïse, en parlant de cette tribu, ne mentionna rien à propos des prêtres. Et quelque chose de plus devient évident lorsqu'un nouveau prêtre surgit pour accomplir le type de Melchisédek, nommé non pas pour obéir à la Loi, avec ses observances extérieures, mais dans la puissance d'une vie éternelle ; (Tu es prêtre selon l'ordre de Melchisédek, dit Dieu de lui, pour toujours).

Le contexte historique de la rencontre entre Abraham et Melchisédek est significatif. Tout ce que nous savons de Melchisédek se trouve dans de brefs passages de la Genèse (14 : 18-20) et du Psaume 109, ainsi que dans l'Épître aux Hébreux (5 : 6-10 ; 6 : 20 ; 7 : 17, 21). La Genèse rapporte que, pendant que Lot, le neveu d'Abraham, vivait à Sodome, la ville fut attaquée et prise par les armées de quatre rois puissants. C'est la première guerre enregistrée dans la Bible. En plus de capturer le roi de Sodome, ils saisirent Lot et sa famille. Lorsque Abraham apprit la mésaventure de Lot, il rassembla une petite armée de 318 serviteurs et remporta une victoire éclatante. Il ne se contenta pas de récupérer les dépouilles saisies par les envahisseurs, mais il libéra également Lot et sa famille.

Abraham avait droit à tout ce qui avait été acquis par sa victoire. Allait-il user de ce droit en ignorant le malheur des autres? Sachant qu'Abraham aurait pu être tenté de s'enrichir matériellement, Dieu envoya de l'aide en la personne de Melchisédek.

Melchisédek était aussi présent, roi de Salem. Et lui, prêtre du Dieu Très-Haut, apporta du pain et de la vigne avec lui, et lui donna cette bénédiction : Que la bénédiction du Dieu Très-Haut, Créateur du ciel et de la terre, soit sur Abram, et que soit béni ce Dieu Très-Haut, dont la protection a mis tes ennemis entre tes mains.

(Genèse 14 : 18 – 20)

Dieu remporta la victoire pour Abraham. Les dépouilles n'appartenaient donc pas vraiment à Abraham, mais à Dieu, qui en outre promit maintenant à Abraham une récompense encore plus grande. L'aide fut acceptée, et Abraham donna sa dîme au prêtre.

Plus tard, lorsque le roi de Sodome vint et dit à Abraham de garder pour lui le butin, Abraham put répondre :

Melchisédek et le Pain

Par cette main que je lève vers le Seigneur Dieu, le Prince du ciel et de la terre, je ne prendrai rien de toi, pas même un fil de la trame ou la lanière d'une chaussure. Tu ne diras jamais : Abram a tiré sa richesse de moi.

(Genèse 14,22-23)

Quelles paroles nobles ! Il ne garderait rien pour lui-même. Parce qu'il n'avait pas cherché la richesse, comme Salomon ne l'avait priée, il reçut une récompense spéciale :

N'aie pas peur, Abram, je suis là pour te protéger.

(Genèse 15,1)

Ainsi le Grand Prêtre céleste bénit ceux qui ne cherchent pas les biens matériels de la terre.

Nous sommes alors prêtres selon la lignée de Melchisédek. Lorsque la prêtrise lévitique s'avéra insuffisante aux jours d'Élie et de ses fils (1 Rois 1,4-5 ; 2,12-17,22 [1 Samuel 3 ; 2,12-17,22, RSV]), Dieu dit :

Par la suite, Je Me trouverai un prêtre qui sera un interprète fidèle de Mon esprit et de Ma volonté.

(1 Rois 2:35 [1 Samuel 2:35, RSV])

L'accomplissement se trouve en Christ, dont nous sommes les prêtres :

Il en est de même pour le Christ. Il ne s'est pas élevé Lui-même à la dignité de la grande prêtrise ; c'est Dieu qui L'a élevé à cette dignité, lorsqu'Il a dit : Tu es Mon Fils, Je T'ai engendré aujourd'hui, et ailleurs : Tu es prêtre pour toujours, selon l'ordre de Melchisédek.

(Hébreux 5:5,6)

Puisque Melchisédek a offert du pain et du vin, il convient de chercher le Pain eucharistique annoncé dans l'Ancien Testament.

Pain de proposition

Dieu a toujours été présent à Son Église d'une manière différente de Sa présence ailleurs. L'Église de l'Ancien Testament jouissait déjà d'un prototype, d'un signe ou d'un symbole de la Présence eucharistique. L'ancien sanctuaire contenait deux objets d'une signification particulière : le chandelier et le pain de proposition. Saint Jean applique les deux à Christ, la Lumière du Monde (Jean 8:12) et le Pain de Vie (Jean 6).

L'Ancien Testament

L'Épître aux Hébreux (9:2) rapporte qu'« il y avait un sanctuaire extérieur, qui contenait le chandelier, la table et les pains disposés devant Dieu ; « sanctuaire » était le nom donné à cela. La dite table du Pain de proposition était importante non tant pour la table elle-même que pour le pain qui y était placé. C'était le Pain de Présence, littéralement « Pain de la Face ». C'est à ce Pain de Présence que le Christ fait référence dans Matthieu (12:4) comme « les pains qui y sont disposés devant le Seigneur ». Le pain était destiné à être un mémorial placé continuellement en la présence de Dieu.

Le pain doit être un sacrifice-signe offert au Seigneur.

(Lévitique 24:7)

Chaque samedi, un nouveau pain était substitué à l'ancien, douze pains — un pour chacune des douze tribus. Toutes étaient ainsi représentées, le petit Benjamin pas moins que le royal Juda, Dan ainsi que le lévite sacerdotal, et autant pour une tribu que pour une autre. Aucune partie de la famille de Dieu n'a été oubliée. Chacune était pleinement représentée, et elles étaient toujours devant Lui.

La table doit porter les pains qui doivent être continuellement exposés en Ma Présence.

(Exode 25,30)

Melchisédek et le Pain

Le pain de l'Ancien Testament était ainsi la présence du peuple devant le Seigneur, mais le Pain du Nouveau Testament est la Présence du Seigneur devant le peuple. Dans l'Ancien Testament, il n'y eut jamais un moment où ils furent hors de Sa vue. Le pain Lui rappelait continuellement Son alliance avec eux, ainsi que Ses promesses d'un Sauveur et Rédempteur. Comme les douze tribus étaient unies en Sa Présence, ainsi aussi Son ecclésia, Son Église, ainsi par « le pain unique, nous formons un seul Corps, bien que nous soyons nombreux en nombre; le même pain est partagé par tous » (1 Corinthiens 10,17).

Le Pain de Présence était devant Sa Face; c'est pourquoi il était appelé le pain continuel.

...garder continuellement les pains consacrés exposés....

(2 Paralipomena 2:4 [2 Chroniques 2:4, RSV])

...le pain exposé là comme toujours...

(Nombres 4:7)

Le pain devait être fait de la meilleure farine et sur chaque rangée était placé de l'encens pour indiquer que l'offrande était un sacrifice au Seigneur.

Mets des grains d'encens fin sur eux ; le pain doit être un sacrifice symbolique au Seigneur.

(Lévitique 24:7)

Ainsi était préfigurée l'union du sacrement et du sacrifice sous la Nouvelle Loi.

Même une « lampe du sanctuaire » était prévue — non pas que le Pain fût la substance du Corps et du Sang du Christ, mais seulement une ombre, une anticipation.

Jamais l'autel ne doit être dépourvu de ce feu perpétuel.

(Lévitique 6:13)

Depuis ce jour jusqu'à aujourd'hui, une lampe annonce la Présence.

La Sainteté du Sanctuaire

Pour le Chrétien qui vit dans le domaine de la grâce, les exigences de la sainteté de Dieu ne sont pas moins contraignantes qu'elles ne l'étaient pour le Juif sous l'Ancien Testament. Si ceux qui se sont rebellés dans le désert n'ont pas échappé au Jugement, à plus forte raison nous qui avons le privilège de vivre dans la plénitude de la Révélation.

Prenez garde de ne pas vous excuser de ne pas écouter Celui qui vous parle. Il n'y avait pas d'échappatoire pour ceux-là qui tentaient de se disculper lorsque Dieu prononçait Ses avertissements sur la terre; encore moins pour nous, si nous nous détournons lorsqu'Il parle depuis le Ciel.

(Hébreux 12:25)

L'Ancien Testament contient sept cas de jugement soudain en lien avec le tabernacle ou le temple, sa liturgie, son culte ou ses vases sacrés. Trois d'entre eux concernaient l'offrande d'encens, trois l'Arche, et un le chandelier.

Probablement les premiers à mourir dans le désert furent les deux fils d'Aaron qui venaient d'être ordonnés prêtres. Dieu avait fait descendre le feu du Ciel sur l'autel du sacrifice et ordonné qu'il soit toujours maintenu allumé, comme une lampe du sanctuaire devant un tabernacle (Lévitique 9:23-24). La nature de leur péché est incertaine, mais il se pourrait qu'il s'agisse de consommation d'alcool en des circonstances interdites (Lévitique 10:9); en tout cas, ils offrirent un feu étrange. Ils ont peut-être allumé un feu eux-mêmes au lieu de le prendre de l'autel, et ils ont peut-être aussi mêlé un encens étranger qui était expressément interdit (Exode 30,9-10) : « sur quoi le Seigneur fit descendre un feu qui les dévora et ils moururent là en la Présence du Seigneur » (Lévitique 10,2). S'approcher du tabernacle avec l'esprit du monde dans notre âme, au lieu de l'Esprit du Christ, c'est offrir un feu étranger. Mais quelle que fût la faute de ces prêtres de l'Ancien Testament, il nous est ordonné « d'adorer Dieu comme Il veut que nous L'adorions, avec crainte et révérence ; il n'y a aucun doute, notre Dieu est un feu dévorant » (Hébreux 12,28-29).

L'Arche tomba entre les mains des Philistins (1 Rois 4 [1 Samuel 4, RSV]), parce que les Juifs l'avaient utilisée comme un charme magique pour se protéger en temps de guerre. Les Philistins la placèrent dans le Temple de Dagon, et la statue du dieu tomba prosternée devant l'Arche, tout comme ceux qui vinrent arrêter Notre Seigneur béni tombèrent à terre à la seule mention de Son Nom (Jean 18,6).

Lorsque les Philistins refusèrent de reconnaître la puissance de Dieu, un grand nombre d'entre eux moururent de la peste (1 Rois 5:6 [1 Samuel 5:6, RSV]). Comme l'Arche était une source de bénédictions pour ceux qui la révéraient, elle était également une source d'affliction pour ceux qui refusaient de reconnaître la puissance de Dieu Qui y habitait symboliquement. Il en est de même pour le Christ.

Nous sommes l'encens du Christ offert à Dieu, manifestant à la fois ceux qui obtiennent le salut et ceux qui sont sur le chemin de la ruine ; comme une fumée mortelle là où Il trouve la mort, comme un parfum vivifiant là où Il trouve la vie. Qui peut se montrer digne d'un tel appel ?

(2 Corinthiens 2 : 15,16)

Partout où l'Arche allait, tant qu'elle était entre les mains des Philistins, la punition de Dieu suivait :

Melchisédek et le Pain

Aucune ville n'était à l'abri de la crainte de la mort, ni de la lourde visitation de Dieu ; Même ceux qui avaient survécu avaient des plaies honteuses à soigner, et partout des cris d'angoisse s'élevaient vers le Ciel.

(1 Rois 5:12 [1 Samuel 5:12, RSV])

Bien que nous ne voyions pas de telles manifestations de ce pouvoir lorsque l'Eucharistie est profanée, ne se pourrait-il pas que Dieu réserve Son Jugement pour ceux qui s'en approchent sans Foi ? Les hommes peuvent plaider qu'ils ont mangé en Sa Présence, accompli des œuvres merveilleuses en Son Nom et crié « Seigneur, Seigneur », mais Il dira qu'Il ne connaît pas de tels ouvriers d'iniquité (Matthieu 7:21-23 ; Luc 12:25-27).

Les Philistins devinrent enfin pénitents, rendirent l'Arche et offrirent des signes de réparation pour leurs péchés ; mais combien plus de Miséricorde auraient-ils obtenue s'ils avaient reconnu la Présence de Dieu, non dans la terreur, mais dans l'appel à Sa Miséricorde !

Si Dieu punissait si sévèrement les Philistins pour avoir gardé l'Arche, qui n'était qu'une promesse et un prototype de l'Eucharistie, quelle révérence l'Eucharistie elle-même ne devrait-elle pas éveiller chez ceux qui en ont la réalité et la substance ! Qu'il est terrible de tomber entre les mains du Dieu vivant ! (Hébreux 10:31) Comme Nabuchodonosor semblait faible lorsqu'il se nourrissait d'herbe (Daniel 4:30) ! Quel « dieu » méprisable Hérode apparut lorsque des vers dévoraient ses entrailles (Actes 12:21-23) ! Comme Bélshatsar tremblait de peur, ses genoux vacillant à la vue de l'écriture sur le mur (Daniel 5:6) ! Comme Félix fuyait la lumière lorsque Paul raisonnait avec lui sur la justice et le Jugement (Actes 24:25) ! Les personnes remplies d'une peur servile cherchent à bannir ce qui leur cause la terreur, plutôt que de renoncer au péché qui seul fait de Dieu un objet de crainte. Mais il nous a été donné le pouvoir d'invoquer le Seigneur sur nos autels ! Nos privilèges plus

Melchisédek et le Pain

grands devraient nous faire trembler en sachant comment Dieu a puni ceux qui avaient moins de talents et moins de lumière.

Un autre épisode de l'Ancien Testament qui aide le prêtre à comprendre combien de révérence Dieu exige pour Son Sacrement se trouve dans la punition infligée au peuple de Beth-Shémesh. Ils étaient heureux de recevoir l'Arche des Philistins, mais ils ont manqué de respect. Au contraire, manifestant une curiosité illicite, ils ont regardé à l'intérieur et ont été frappés par Dieu (1 Rois 6 : 19 [1 Samuel 6 : 19, RSV]).

Certaines choses sont trop saintes pour être regardées avec des yeux curieux. Moïse n'était pas autorisé à s'approcher du buisson ardent pour voir pourquoi il ne se consumait pas (Exode 3 : 5). L'Ancien Testament interdisait strictement toute curiosité déplacée à l'égard des symboles sacrés. Comme il fut dit à Moïse : « N'approche pas » (Exode 3 : 5), ainsi en ce qui concerne l'Arche, qui devait être portée par Aaron et ses fils : « Nul ne doit s'enquérir des secrets du sanctuaire tant qu'ils ne sont pas couverts, sous peine de mort » (Nombres 4 : 20).

Pour leur curiosité pécheresse, « le Seigneur frappa certains des Bethsamites eux-mêmes, pour avoir fouillé dans l'Arche du Seigneur (1 Rois 6:19 [1 Samuel 6:19, RSV]). Les Bethsamites, étant Israélites et ayant des Lévites parmi eux, connaissaient les lois concernant l'Arche sacrée et la révérence avec laquelle elle devait être traitée. » La raison probable pour laquelle ils l'ont fouillée était de voir si les Philistins y avaient mis de l'or, en plus des offrandes d'or qu'ils avaient placées dans un coffre séparé, lorsqu'ils l'avaient ramenée. Ce faisant, ils ont enfreint la loi qui interdisait même aux gens ordinaires de s'approcher de l'Arche, et ordonnait au prêtre de la couvrir d'un voile.

Pour irrévérence envers ce qui n'était qu'une figure du Saint-Sacrement, les Philistins furent affligés de maladies, les Israélites frappés de mort. Si la peine nous semble sévère, c'est parce que notre esprit a manqué de la révérence due soit à ce qui symbolise Sa

Présence, soit à ce qui est la Présence même. Après que le désastre les eut frappés,

> *Qui peut tenir ferme, demandaient les Bethsamites, devant un Dieu aussi Saint que celui-ci ?*
>
> (1 Rois 6:20 [1 Samuel 6:20, RSV])

Après que l'Arche eut été conservée dans la maison d'Abinadab pendant quelque temps, ses deux fils, Oza et Ahio, furent désignés comme ses conducteurs pour préparer le chemin, tandis que les bœufs étaient conduits par Oza. Ils étaient arrivés à l'aire de battage de Nachon lorsque les bœufs commencèrent à donner des coups de pied, inclinant ainsi l'Arche d'un côté. Oza étendit la main et la saisit. L'acte semblait naturel dans les circonstances, pourtant il fut puni comme un geste irréfléchi, il « provoqua la colère Divine »; le Seigneur le frappa, et il mourut là, près de l'Arche » (2 Rois 6:7 [2 Samuel 6:7, RSV]).

Telle était la désapprobation du Seigneur lorsqu'une quelconque irrévérence était manifestée envers l'Arche. La Loi était claire quant à qui pouvait toucher l'Arche, et comment elle devait être portée. Il n'était pas convenable de le mettre dans une charrette comme cela avait été fait, ni de le toucher par quiconque, sauf le prêtre :

> *Puis, lorsque Aaron et ses fils auront emballé le sanctuaire et tous ses accessoires prêts pour la marche, les fils de Caath [Kohath] entreront et les porteront dans leurs emballages ; Ils ne doivent pas toucher aux choses du sanctuaire, sous peine de mort.*
>
> (Nombres 4,15)

L'Arche devait être portée par deux barres, tenues par des prêtres. Oza n'était pas prêtre et n'était donc pas autorisé à toucher la chose sainte. Cette violation du commandement de Dieu peut avoir été le fruit d'une irrévérence habituelle, induite par une longue familiarité avec l'Arche. L'action de Dieu montra qu'aucun service ne Lui était acceptable à moins d'être réglé par une stricte adhésion à Sa Volonté révélée. La plus grande révérence était exigée de tous ceux qui s'approchaient de Lui (Lévitique 10,3).

Avec quelle rigueur le Seigneur impose à ses prêtres :

Gardez-vous sans souillure, vous qui avez en charge les vases du culte du Seigneur.

(Ésaïe 52 : 11)

Le privilège d'appartenir au Corps mystique du Christ implique à la fois d'immenses privilèges et des responsabilités équivalentes.

Aucune nation que je n'ai prise pour Moi, sinon vous ; et aucune culpabilité de votre part ne restera impunie.

(Amos 3 : 2)

Tels sont les jugements qui frappent les hommes en lien avec le tabernacle, ou le temple, son culte, ses vases sacrés, ou sa prêtrise. Quand on considère tout cela ensemble, on tremble devant la révérence que Dieu exige pour ce qui Lui appartient, et la punition qu'Il inflige parfois pour la moindre infraction à ce qui est consacré à Son service. L'autel devant lequel le prêtre se tient est saint.

Si les anges tremblent, ne devons-nous pas frissonner ? Mais la Présence ne doit pas susciter une crainte née du péché ou de l'impiété, mais une crainte sainte engendrée par l'amour pour Celui qui demeure parmi nous. Comme l'a exprimé Léon XIII :

Notre Seigneur l'a instituée pour rappeler l'Amour suprême par lequel Notre Rédempteur a répandu tous les trésors de Son Cœur, afin de demeurer avec nous jusqu'à la fin des temps.

La Réelle Présence

Il est fréquent d'être arrêté dans la rue par un inconnu qui demande : « Où habite untel ? » Cette même question, à travers les siècles, a été posée à ceux qui croient en Dieu :

Chaque jour, je dois entendre la moquerie : Où est ton Dieu maintenant ?   (Psaume 41:4 [42:3, RSV])

Melchisédek et le Pain

Pour celui qui souffre, il peut sembler que Dieu a disparu. Mais, dans les moments plus calmes du Nouveau Testament, Ses disciples demandèrent un jour à Notre Seigneur :

Où habites-Tu ?

(Jean 1:38)

Jean et André L'avaient déjà entendu parler ; ils avaient appris leur théologie, à savoir qu'Il est « l'Agneau de Dieu » (Jean 1 : 36, 37), et donc, le Rédempteur. Là, présent corporellement, se tenait Celui pour qui tous les âges avaient haleté avec impatience. Ils commencèrent à suivre Notre Seigneur, et Il prononça les premiers mots de Sa vie messianique publique :

Que voulez-vous de Moi ?

(Jean 1:38)

Homme ? Maître ? Sauveur ? Estime ? Avancement ? Pouvoir ? Que cherche chacun de nous en Christ ? Est-ce quelque chose qu'Il possède, ou est-ce Lui ?

La réponse des disciples fut une simple question :

Où demeures-Tu ? (Jean 1,38)

Où est Sa Présence permanente ? Où est Son séjour ? Nous savons que Sa Puissance est dans les montagnes ; Sa Sagesse dans les lois de la nature ; Son Amour dans la gravitation qui attire toutes choses vers un centre. Mais ce n'est pas la présence. Ce ne sont que des effets. Mais le Corps, le Sang, l'Âme et la Divinité — « Où demeures-Tu ? »

Nous connaissons la réponse en théorie. Il habite dans l'Eucharistie. Mais en pratique, la connaissons-nous ? Ah ! cela demande une recherche particulière, un effort supplémentaire, peut-être une heure pour le découvrir. C'est pourquoi, en réponse à leur question, Il répondit :

Venez et voyez. (Jean 1,39)

Melchisédek et le Pain

Le « venez » est une invitation à venir ; « voir » est un appel à contempler. Les premiers mots qui tombèrent des lèvres de Celui Qui est le Pain de Vie furent une invitation à chercher une union plus profonde avec Lui. Jean et André L'appelèrent « Maître » lorsqu'ils Le virent pour la première fois, mais désormais ils étaient invités à découvrir qu'Il était le « Seigneur ». À la Dernière Cène, Il était encore « Maître » pour Judas, mais pour les autres, Il était « Seigneur ».

Depuis ce jour jusqu'à aujourd'hui, la connaissance directe de Lui en tant que Seigneur est donnée aux prêtres qui « viennent et voient ». Les prêtres peuvent suivre, comme Jean et André. La dévotion eucharistique est un don supplémentaire, une grâce particulière dans la compréhension de Notre Seigneur. On peut connaître toute la théologie de l'Agneau de Dieu et de la Rédemption, et pourtant ne pas parcourir ce « pas de plus » pour savoir où Il « demeure ». « Venir » exige de quitter le presbytère ou le magazine ; « Voir » exige d'être en Sa Présence. Mais une fois devant Son tabernacle, nous pouvons dire avec Job :

J'ai entendu Ta Voix désormais ; mieux encore, je T'ai contemplé.

(Job 42 : 5)

Un prêtre français nouvellement ordonné reçut la visite d'un prêtre étrange d'une autre nationalité. Le visiteur étant négligé, on lui attribua une pauvre chambre au grenier. Le prêtre français vécut pour voir ce visiteur canonisé, sous le nom de Don Bosco. En apprenant la canonisation, il réfléchit : « Si j'avais su qu'il était un saint, je lui aurais donné une meilleure chambre. » Que penserons-nous au jour du Jugement en repensant aux milliers de fois où nous sommes passés devant notre église ou une chapelle sans même une prière rapide, un salut ? L'aubergiste à Bethléem ne « vit » pas que c'était Lui. Les capitalistes des Géraséniens ne savaient pas que c'était Lui. Les Samaritains, qui refusèrent de Le recevoir, ne savaient pas que c'était Lui.

Maintenant, lorsque nous posons la question : « Où demeures-Tu ? » Il désigne le tabernacle et dit : « Viens et vois. » Nous ne devrions pas faire preuve d'ingratitude envers Lui lorsqu'Il se rend si proche. Jean et André donnent l'exemple :

> *Ils allèrent voir où Il demeurait, et ils restèrent avec Lui tout le reste de la journée, à partir d'environ la dixième heure.*

(Jean 1 :39)

Le « allèrent voir » équilibre le « viens et vois ». Mais il y avait plus : « et ils restèrent avec Lui. » Aucun prêtre qui se soit jamais levé d'une telle Heure en Sa Présence n'aura jamais d'autres paroles sur ses lèvres que celles d'André :

> *Nous avons découvert le Messie.*

(Jean 1 :41)

Immédiatement après cette visite, André amena son frère Pierre au Seigneur. L'œuvre de conversion est inséparablement liée aux longues visites à Jésus dans Son lieu de demeure.

~ 13 ~

Judas et la première fissure dans Sa prêtrise

Où commence un déclin spirituel ? Quel est le premier symptôme d'une chaîne de péchés ? Les ennemis traditionnellement énumérés de la spiritualité sont le monde, la chair et le diable. Mais ne sont-ils pas secondaires ? N'y a-t-il pas d'abord un détachement de quelque chose, avant qu'un attachement à quoi que ce soit soit possible ? On dit souvent que Judas, l'exemple suprême de l'apôtre déchu, a d'abord été corrompu par la cupidité. L'Évangile ne soutient pas ce point de vue. La cupidité aurait pu concevablement être son intention lorsqu'il accepta l'appel du Christ à Le suivre. Tel qu'elle apparaissait dans sa vie, elle exigeait une certaine vigilance pour éviter d'être démasquée. Comme il dut se tortiller lorsque Notre Seigneur béni déploya les paraboles de la vanité des richesses ! Assurément, il comprit qu'elles s'appliquaient à lui.

Plus tard, la cupidité devint audacieuse. Judas protesta contre le gaspillage de Marie pour avoir oint les Pieds du Sauveur avec un parfum coûteux. Connaissant le prix de tout et la valeur de rien, Judas calcula que le coût de l'onguent permettrait à un homme de vivre confortablement pendant un an. Quelle déception Judas a-t-il dû ressentir lorsqu'il avait entendu plus tôt Zachée de Jéricho dire à Notre Seigneur :

Ici et maintenant, Seigneur, je donne la moitié de ce que j'ai aux pauvres ; et si j'ai fait tort à quelqu'un en quoi que ce soit, je rends le quadruple.

(Luc 19,8)

Judas et la première fissure dans sa prêtrise

Judas a dû aussi se demander pourquoi Matthieu avait abandonné un poste lucratif de collecteur des douanes pour suivre la pauvreté du Sauveur. Matthieu lui-même a peut-être été surpris de ne pas avoir été nommé trésorier, en raison de sa familiarité avec les transactions monétaires. L'amour de l'argent était présent en Judas ; cela est évident. Il s'est manifesté clairement lorsqu'il a vu le parfum répandu sur les Pieds du Seigneur.

> *Quel est le sens de ce gaspillage ? ... Il aurait été possible de vendre cela à un grand prix, et de donner l'aumône aux pauvres.*
>
> (Matthieu 26,8-9)

Marie a obéi à l'élan instinctif d'un amour non calculé, seulement pour être reprochée de ne pas avoir calculé. Les amants sur la terre se préoccupent peu de l'utilité de leurs dons. Les véritables amoureux du Christ ne mesurent pas leurs dons. Ils brisent l'albâtre et donnent tout. Mais pour Judas, le spectateur au sang-froid, c'était un gaspillage inutile. L'avarice, en effet, peut être l'un des grands péchés du prêtre, et peut-être le plus insidieux. C'est une sorte de péché « propre », car il se pavane sous le masque de la prudence, du « souci de la vieillesse ». Simon le Magicien, par exemple, comprit très vite que l'imposition des mains était un bon moyen de faire de l'argent (Actes 8,19).

Le bon prêtre vit pour sa vocation ; le prêtre avare vit de sa vocation. Lorsqu'il assiste à une conférence pastorale, il ignore toute référence à la sanctification du clergé, à la discipline morale et spirituelle, à la visite des malades. Mais lorsque l'évêque parle des salaires, des droits de la stole, des promotions, alors il se redresse et écoute. Il est toujours à la recherche d'une paroisse « meilleure », mais pour lui « meilleure » signifie simplement plus lucrative.

Contrairement aux paroles du Seigneur, l'avare croit pouvoir servir à la fois Dieu et Mammon. Ce que Notre Seigneur voulait dire, c'est qu'un homme ne peut diviser son cœur entre Dieu et l'argent ; et s'il le pouvait, Dieu ne veut aucune part d'un cœur divisé. Saint Paul a dit :

> *Vous savez bien que là où vous donnez votre consentement à un esclave, vous vous montrez esclaves de ce maître ; esclaves du péché, destinés à la mort, ou esclaves de l'obéissance, destinés à la justification.*
>
> (Romains 6,16)

Il arrive souvent que ceux qui aiment amasser des richesses soient parfois sans péché à d'autres égards. Ils sont célibataires, ils peuvent même être méticuleux quant aux lois externes de l'Église, mais il en était de même des Pharisiens, «*the Pharisees, who were fond of riches*» (Luc 16,14). C'est à eux que le Seigneur a raconté la parabole de l'homme riche et de Lazare (Luc 16,19-31).

L'avarice fut-elle le commencement de la chute de Judas ?

Mais l'avarice fut-elle la cause de la chute de Judas ? Non ! Sa chute commença par un manque de foi et de confiance en le Seigneur, ce qui devint évident lorsque, au moment de la deuxième Pâque mentionnée dans l'Évangile de Saint Jean, Jésus promit l'Eucharistie à la foule qui l'avait suivi à Capharnaüm (Jean 6). Pierre crut et confessa sa foi. Mais Jésus savait que tous les Douze n'étaient pas fidèles :

> *N'ai-je pas choisi vous tous les douze ? Et l'un de vous est un diable. Il parlait de Judas, fils de Simon, l'Iscariote, qui était l'un des douze, et devait le trahir.*
>
> (Jean 6,71-72)

C'est le manque de foi de Judas qui endurcit son cœur et le confirma dans son avidité. Un an plus tard, de nouveau à l'époque de la Pâque, Notre Seigneur réprimanda Judas pour son avidité d'argent. Saint Jean ouvre son récit de la tragédie du Calvaire par ces mots : « Six jours avant la fête de la Pâque, Jésus se rendit à Béthanie » (Jean 12,1). Là, dans la maison de Lazare, Marie oint Jésus. Mais celui « qui devait le trahir » (Jean 12,4) protesta que l'argent aurait dû être donné aux pauvres. Il était désormais clair que Judas « était un voleur » (Jean 12,6) et, tout en le réprimandant et en prédisant Sa propre mort, Jésus répondit :

> *Laissez-la faire ; il suffit qu'elle le garde pour le jour où mon Corps sera préparé pour l'ensevelissement. Vous avez toujours les pauvres parmi vous ; moi, je ne suis pas toujours parmi vous.*
> (Jean 12,7-8)

Ainsi, l'histoire de la chute de Judas est racontée en relation avec la Pâque. C'est lors d'une Pâque que Notre Seigneur annonça pour la première fois l'Eucharistie, et lors d'une autre Pâque qu'Il l'institua. La première rupture dans l'âme de Judas eut lieu lorsque Notre Seigneur déclara qu'Il donnerait aux hommes Son Corps et Son Sang comme nourriture. L'effondrement total survint la nuit de la Dernière Cène, lorsque Notre Seigneur béni accomplit cette promesse. Voici une preuve incontestable que la fidélité et la sainteté d'une part, et la trahison et la déloyauté d'autre part, sont liées à l'Eucharistie, au Pain de Vie. La première fissure dans la prêtrise apparaît dans notre attitude envers l'Eucharistie : la sainteté avec laquelle nous célébrons la Messe, la sensibilité de notre dévotion au Saint-Sacrement.

La première mention dans la Bible que Judas était un traître ne fut pas lorsqu'il révéla son avidité, mais lorsque Notre Seigneur se déclara le Pain de Vie. À cette occasion, Notre Seigneur perdit le soutien de trois types distincts de disciples ; Il perdit les foules, parce qu'Il refusa d'être un Roi du Pain, donnant l'Eucharistie au lieu de l'abondance ; Il perdit divers disciples qui *«ne marchèrent plus en sa compagnie»* (Jean 6:67), parce que l'Eucharistie était pour eux un scandale ; enfin, Il perdit Judas.

Deux hommes appelés par le Christ à la prêtrise sont mis en contraste par Saint Jean : Pierre et Judas. Lorsque les désertions massives suivirent l'annonce du Christ qu'Il donnerait Sa Chair pour la Vie du monde, Notre Seigneur demanda à Pierre s'il partirait lui aussi. Pierre répondit :

Judas et la première fissure dans sa prêtrise

Seigneur, vers qui irions-nous ? Tes paroles sont les paroles de la vie éternelle ; nous avons appris à croire, et sommes assurés que Tu es le Christ, le Fils de Dieu.

(Jean 6, 69-70)

Le Cœur de Notre Seigneur s'attriste désormais à cause de ce qui est arrivé à Ses douze. Ce nombre est symbolique, remontant aux douze patriarches et aux douze tribus, et si souvent employé en référence aux Apôtres. (N'était-ce pas que chacun des douze Apôtres provenait d'une des douze tribus ?) Il y a donc une dimension tragique dans la plainte Divine :

Jésus leur répondit : N'ai-Je pas choisi vous tous les douze ? Et l'un de vous est un diable. Il parlait de Judas, fils de Simon, l'Iscariote, qui était l'un des douze, et devait Le trahir.

(Jean 6, 71-72)

L'avarice plus tard ! Mais déjà, bien avant le repas chez Simon, bien avant son échange avec les prêtres du Temple, Judas est d'abord décrit comme un traître, alors que Notre Seigneur nous donne Sa Chair à manger et Son Sang à boire. Que valaient les trente pièces d'argent dans la vente de ce Corps et de ce Sang ? Il l'avait déjà renié ! Il est encore un voleur ; puis un traître ; puis, un allié ouvert de l'ennemi. Il a volé dans la bourse apostolique, développé une haine névrotique à la fois de l'argent et de lui-même ; finalement, il s'est ôté la vie. Mais quand la fissure est-elle apparue pour la première fois ? Quand a commencé l'effondrement invisible — si invisible que les Apôtres à la Dernière Cène n'en avaient pas conscience ? Cela a commencé lorsque celui qui était appelé à être prêtre et Victime a refusé d'accepter les paroles de son Seigneur :

Comme Je vis à cause du Père, le Père vivant Qui M'a envoyé, ainsi celui qui Me mange vivra, à son tour, à cause de Moi.

(Jean 6,58)

La chair ! Assurément, elle explique certains aspects de la faiblesse sacerdotale. Mondanité ! Amour des actions et obligations ! Luxe ! Alcool ! Évoquez tout péché qui vous vient à l'esprit. Ce sont les queues des cerfs-volants défaillants de la prêtrise. Mais il y avait déjà une déchirure dans le vêtement de la sainteté avant que ces autres formes de nudité et de honte n'apparaissent. Notre Seigneur sait d'où sont partis tous ces péchés manifestes et scandaleux. Peut-être ont-ils commencé dans une « Messe de quinze minutes », une « action de grâce d'une minute », une fuite de la chemise de nuit à l'aube, un manquement à visiter le Sauveur eucharistique sauf « officiellement » quand on « devait » célébrer la Messe ou conduire des dévotions. Mais quelque part, d'une manière ou d'une autre, l'homme qui est prêtre à cause de l'Eucharistie a failli à être un prêtre eucharistique. Si un chirurgien s'éloignait du Corps et du Sang humains, ne perdrait-il pas sa compétence ? N'est-il pas précisément habilité pour le Corps et le Sang? Mais nous, qui ne sommes pas « habilités » mais « ordonnés » pour le Corps et le Sang, comment conserverons-nous notre pouvoir, notre sainteté, notre compétence sacerdotale, sinon par cette foi vivante dans le Corps et le Sang du Christ?

La Trahison et la Pâque

Les Évangiles semblent insister sur l'association de Judas avec la Pâque. L'avarice, l'un des effets de son incapacité à être eucharistique, est d'abord mentionnée dans ce contexte :

Six jours avant la fête pascale, Jésus se rendit à Béthanie.

(Jean 12:1)

Telles sont les paroles avec lesquelles le Disciple bien-aimé lève le rideau sur la tragédie du Calvaire. Et qui est mentionné en premier? Judas! Alors que Marie, la sœur de Lazare, manifeste sa dévotion au Corps et au Sang du Sauveur, l'oignant « pour l'ensevelissement » (Jean 12:7, 8), Judas trahit son avidité et se prépare à vendre ce Corps et ce Sang.

Judas et la première fissure dans sa prêtrise

L'hypocrisie de Judas, qui exprimait son souci pour les pauvres, est soulignée par l'identification de Notre Seigneur Lui-même, cette même semaine, aux pauvres (Matthieu 25, 35 s.). Lorsque Jésus réprimanda Judas et Lui dit de « la laisser tranquille » (Jean 12, 7), le faux apôtre résolut de consummmer la trahison.

> *Alors, l'un des douze, Judas appelé Iscariote, alla vers les principaux prêtres et leur demanda : Que me donnerez-vous si je vous le livre ? Ils lui remirent trente pièces d'argent, et depuis ce moment, il cherchait une occasion favorable pour le trahir.*
>
> (Matthieu 26, 14-16)

La Croix unit non seulement les amis de Notre Seigneur, mais aussi Ses ennemis. Les Sadducéens et les Pharisiens, Judas et le Sanhédrin, Rome et les prêtres du Temple, Hérode et Pilate — tous ceux qui nourrissaient des inimitiés moindres s'unirent dans la plus grande hostilité envers Jésus, le Sauveur du monde. L'Église, qui est le Christ vivant, doit toujours s'attendre à de telles coalitions hostiles en temps de crise. Le mal est hypersensible à la bonté. Il détecte une menace à son existence bien avant que les hommes de bien ne soient éveillés aux signes des temps.

Judas à la Dernière Cène

Voici venue la Pâque de la Mort de Notre Seigneur, lorsque le véritable Agneau de Dieu est immolé pour nous, pèlerins vers l'éternité. Les douze Apôtres sont rassemblés autour de Notre Seigneur. Où Judas s'est-il assis à cette première Messe ? Jean était certainement du côté de Son Cœur. Qui était de l'autre côté du Seigneur ? Possiblement Pierre, bien qu'un détail suggère le contraire :

> *Jésus avait un disciple qu'Il aimait, qui était maintenant assis, la tête appuyée contre la poitrine de Jésus ; C'est à lui que Simon Pierre fit un signe, et lui demanda : Qui est celui dont Il parle ?*
>
> (Jean 13:23, 24)

Judas et la première fissure dans sa prêtrise

Si Pierre était de l'autre côté, il aurait difficilement fait un signe comme celui décrit ici.

Judas aurait-il pu être à côté de Notre Seigneur ? C'est concevable, car Notre Seigneur fait de nombreuses tentatives pour sauver ceux qu'Il a choisis. Matthieu semble le suggérer, car comment autrement le Christ aurait-Il pu dire à Judas qu'Il connaissait ses intentions, tandis que les autres continuaient de croire qu'il était sorti pour aider les pauvres (Matthieu 26,22-25) ? Les traîtres et les perfides savent rarement qu'ils ont été découverts. Si donc Judas avait reçu cette place comme un signe de l'Amour divin, combien, dans son cœur endurci, dut-il penser : « S'Il savait ce que je vais faire, Il ne m'aurait jamais donné cette place. »

À ce moment, Notre Seigneur fit de nouveau référence à la Pâque :

J'ai ardemment désiré partager ce repas pascal avec vous avant Ma Passion.

(Luc 22,15)

Judas fut-il rappelé de l'autre Pâque lorsque Notre Seigneur avait promis l'Eucharistie ?

Également significative pour Judas, bien qu'ignorée de lui, fut l'insistance sur l'humilité en ce moment solennel de l'institution de l'Eucharistie. Notre Seigneur insista sur le fait qu'en un certain sens, Ses apôtres étaient rois. Il ne nia pas leur instinct d'aristocratie, mais Il leur dit que la leur devait être la noblesse de l'humilité, le plus grand devenant le moindre. Pour bien faire passer la leçon, Il leur rappela la position qu'Il occupait parmi eux en tant que Maître et Seigneur de la table, tout en étant exempt de toute trace de supériorité. Il répéta maintes fois qu'Il n'était pas venu pour être servi, mais pour servir. Porter le fardeau des autres et particulièrement leur culpabilité fut la raison pour laquelle Il devint le « Serviteur souffrant » annoncé par Ésaïe (52:13-53:12). Et ne se contentant pas de paroles, Il les renforça par l'exemple.

Judas et la première fissure dans sa prêtrise

> *Et maintenant, se levant du souper, Il déposa ses vêtements, prit une serviette et la ceignit autour de Lui ; Puis Il versa de l'eau dans la bassine et commença à laver les pieds de ses disciples, les essuyant avec la serviette qui Le ceignait.*
>
> (Jean 13:4)

La minutie de la description de Jean est frappante. Il énumère sept actions distinctes : se lever, déposer Ses vêtements, prendre une serviette, la mettre autour de Lui, verser de l'eau, laver les pieds et essuyer les pieds avec la serviette. On peut imaginer un roi terrestre, juste avant de revenir d'une province lointaine, rendant un service humble à l'un de ses sujets ; mais on ne dirait pas qu'il le fait parce qu'il s'apprête à retourner dans sa capitale. Pourtant, Notre Seigneur béni est décrit comme lavant les pieds des disciples parce qu'Il doit retourner au Père. Il avait enseigné l'humilité par le précepte : « Celui qui s'abaisse sera élevé » (Luc 14 : 11) ; par parabole, comme dans l'histoire du Pharisien et du Publicain ; par exemple, comme lorsqu'Il prit un enfant dans Ses bras ; et maintenant par condescendance.

La scène ressemblait à une reconstitution de Son Incarnation. Se levant du Banquet céleste en intime union de nature avec le Père, Il déposa les vêtements de Sa gloire, enveloppa autour de Sa Divinité la serviette de la nature humaine, qu'Il prit de Marie ; Il a versé le lavoir de régénération qui est Son Sang répandu sur la Croix pour racheter les hommes, et a commencé à laver les âmes de Ses disciples et de Ses fidèles par les mérites de Sa Mort, de Sa Résurrection et de Son Ascension. Saint Paul l'a exprimé magnifiquement :

> *Sa Nature est, dès l'origine, Divine, et pourtant Il ne considérait pas le rang de la Divinité comme un prix à convoiter ; Il s'est dépouillé Lui-même, prenant la condition de serviteur, étant fait à la ressemblance des hommes, et se présentant à nous sous une forme humaine; puis Il a abaissé Sa propre dignité, acceptant une obéissance qui L'a conduit à la mort, la mort sur une Croix.*
>
> (Philippiens 2:6-8)

Judas et la première fissure dans sa prêtrise

Une fois les protestations de Pierre apaisées, les autres disciples restent immobiles, perdus dans un étonnement muet. Lorsque l'humilité vient de l'Homme-Dieu comme ici, il est évident que c'est par l'humilité que les hommes retourneront à Dieu. Chacun aurait retiré ses pieds du bassin s'il n'y avait eu l'amour qui imprégnait leurs cœurs.

Mais Notre Seigneur n'était pas encore disposé à abandonner Judas. Une fois de plus, Il tenta de le réveiller à la conscience de ce qu'il préparait.

Et vous êtes maintenant pur ; seulement, pas tous.

(Jean 13 : 10)

C'était une chose d'être choisi comme apôtre ; c'en était une autre d'être élu au salut par l'observance des obligations correspondantes. Mais pour que les Apôtres comprennent que l'hérésie, les schismes ou la trahison dans leurs rangs n'étaient pas inattendus, Jésus cita le Psaume 40 pour montrer que cela avait été anticipé par les prophètes :

L'homme qui a partagé Mon Pain a levé son talon pour me faire trébucher. Je vous dis cela maintenant, avant que cela n'arrive, afin que, lorsque cela arrivera, vous croyiez que cela a été écrit à mon sujet.

(Jean 13 : 18, 19)

La référence concernait les souffrances de David aux mains d'Ahitophel, une déloyauté désormais identifiée comme une préfiguration de ce que le Fils royal de David endurerait. La partie la plus humble du corps, le talon, était décrite dans les deux cas comme infligeant la blessure. Dans la Genèse (3:14), Dieu dit au serpent que la Femme l'écraserait alors qu'il se cacherait à ses talons. Il semblait maintenant que le diable aurait une vengeance momentanée, en utilisant le talon pour infliger une blessure à la semence de la Femme — le Seigneur. En une autre occasion, Notre Seigneur déclara :

Judas et la première fissure dans sa prêtrise

Les ennemis d'un homme seront les gens de sa propre maison.

(Matthieu 10:36)

Seul celui qui a souffert une telle trahison au sein même de la maison peut à peine saisir la tristesse de l'âme du Sauveur cette nuit-là. Tout le bon exemple, le conseil, la compagnie et l'inspiration sont vains auprès de ceux qui veulent faire le mal. Une des expressions les plus fortes de douleur exprimées par Jésus tomba alors de Ses lèvres pour décrire Son amour pour Judas et pour déplorer la décision libre du renégat apôtre de pécher.

Jésus témoigna de la détresse qu'Il ressentait dans Son Cœur ; Croyez-moi, dit-Il, croyez-moi, l'un de vous doit me trahir.

(Jean 13:21)

Il y avait en tout douze questions. Dix des Apôtres demandèrent :

« Est-ce moi, *Seigneur ?* »

Ils étaient tous remplis de tristesse et commencèrent à dire, l'un après l'autre : Seigneur, est-ce moi ?

(Matthieu 26:22)

Cependant, l'un demanda :

Seigneur, qui est-ce ?

(Jean 13:26)

C'était Jean lui-même. Le douzième n'avait guère d'autre choix que de poursuivre sa feinte.

Alors Judas, celui qui Le trahissait, dit ouvertement : Maître, est-ce moi ?

(Matthieu 26:25)

Remarquez que onze l'appelaient Seigneur ; mais Judas l'appelait Maître. C'est une illustration parfaite de l'insistance de Saint Paul selon laquelle ce n'est que par le Saint-Esprit que quelqu'un peut dire : « Jésus est le Seigneur » (1 Corinthiens 12:3). Parce que l'esprit qui remplissait Judas était satanique, il l'appelait Maître ; les autres l'appelaient Seigneur, en pleine confession de la Divinité.

Tout au long de la première partie du repas de la Pâque, Notre Seigneur et Judas avaient tous deux plongé leurs mains dans le même plat de vin et de fruits. Le simple fait que Notre Seigneur ait choisi le pain comme symbole de la trahison pouvait rappeler à Judas le Pain promis à Capharnaüm. Humainement parlant, il semblerait que Notre Seigneur aurait dû tonner Sa dénonciation contre Judas, mais, dans une dernière tentative pour le sauver, Il utilisa le pain de la communion fraternelle.

Il répondit : celui qui a mis la main dans le plat avec Moi me trahira. Le Fils de l'Homme poursuit son chemin, comme l'Écriture le prédit à son sujet ; Mais malheur à cet homme par qui le Fils de l'Homme doit être trahi ; mieux vaudrait pour cet homme qu'il ne fût jamais né.

(Matthieu 26:23-25)

En présence de la Divinité, qui peut être sûr de son innocence ? Il était raisonnable que chaque disciple se demande si c'était lui. L'homme est un mystère même pour lui-même. Il sait qu'au fond de son cœur résident, enroulés et dormants, des serpents qui peuvent à tout moment piquer un prochain, voire même Dieu, de leur venin. Aucun d'eux ne pouvait être certain qu'il n'était pas le traître, même si aucun ne ressentait consciemment la tentation de Le trahir. Seul Judas savait où il en était. Bien que Notre Seigneur ait révélé Sa connaissance de la trahison, Judas demeura résolu à accomplir le mal. La révélation que le crime était découvert et le mal mis à nu ne le fit pas reculer avec honte.

Certains reculent d'horreur lorsque leurs péchés leur sont présentés sans détours. Mais bien que Judas ait vu sa trahison décrite dans toute sa laideur, il déclara en réalité dans le langage de Nietzsche : « Mal, sois mon bien. » Notre Seigneur donna un signe à Judas. En réponse à la question des apôtres (« Est-ce moi ? »), Il déclara :

> *C'est l'homme à qui je donnerai ce morceau de pain que je trempe dans le plat. Puis Il trempa le pain et le donna à Judas, fils de Simon, l'Iscariote.*
>
> (Jean 13, 26-27)

Que Judas ait commis son péché librement est attesté par son remords ultérieur. De même, le Christ fut libre de faire de Sa trahison la condition de Sa Croix. Les hommes mauvais semblent aller à l'encontre de l'économie de Dieu, être un fil errant dans la tapisserie de la vie, mais ils s'insèrent tous dans le Plan Divin. Si le vent sauvage rugit depuis les cieux noirs, il y a quelque part une voile pour le saisir et le joindre au service utile de l'homme.

Lorsque Notre Seigneur dit : « C'est l'homme à qui je donne ce morceau de pain que je trempe dans le plat », Il offrait en réalité un geste d'amitié. Le don de la bouchée semble avoir été traditionnel tant chez les Grecs que chez les Sémites. Socrate disait que c'était toujours un signe de faveur de donner une bouchée à un voisin de table. Notre Seigneur offrit à Judas la possibilité de se repentir, comme Il le fit de nouveau plus tard dans le Jardin de Gethsémani. Mais bien que Notre Seigneur ait laissé la porte ouverte, Judas ne voulut pas y entrer. C'est plutôt Satan qui entra.

> *La bouchée une fois donnée, Satan entra en lui ; et Jésus lui dit : Hâte-toi de ton affaire.*
>
> (Jean 13:27)

Satan ne possède que des victimes consentantes. Les marques de miséricorde et d'amitié étendues par la Victime auraient dû pousser Judas au repentir. Le pain a dû brûler ses lèvres, tout comme les trente pièces d'argent brûleront plus tard ses mains. Quelques minutes auparavant seulement, les Mains du Fils de Dieu avaient lavé les pieds de Judas ; maintenant, ces mêmes Mains Divines touchent les lèvres de Judas avec une bouchée ; Dans quelques heures, les lèvres de Judas embrasseront celles de Notre Seigneur dans l'acte final de la trahison. Le Médiateur Divin, connaissant tout ce qui allait Lui arriver, dirigea Judas à ouvrir plus largement le rideau sur la tragédie du Calvaire. Ce que Judas devait faire, qu'il le fasse vite. L'Agneau de Dieu était prêt pour le sacrifice.

La Miséricorde divine n'a pas révélé le traître, car Notre Seigneur a caché aux autres l'identité du traître. La pratique du monde, qui aime répandre des scandales, même ceux qui sont faux, est ici renversée par le fait de cacher ce qui est vrai. Quand ils virent Judas partir, les autres supposèrent qu'il partait en mission de charité.

> *Aucun de ceux qui étaient assis là ne pouvait comprendre le sens de ce qu'Il disait ; certains pensaient, puisque Judas tenait la bourse commune, que Jésus lui disait : Va acheter ce dont nous avons besoin pour la fête, ou lui ordonnait de donner quelque aumône aux pauvres.*

(Jean 13,28)

Mais Judas était sorti pour vendre, non pour acheter. Il ne servirait pas les pauvres, mais les riches chargés du trésor du temple. Bien que Notre Seigneur béni connaissait la mauvaise intention de Judas, Il continua néanmoins à se comporter avec bonté. Il porterait seul l'ignominie. Dans bien des cas, Jésus agissait comme si les effets des actes des autres Lui étaient inconnus. Il savait qu'Il ressusciterait Lazare, même lorsqu'Il pleurait. Il savait qui ne croyait pas en Lui, et qui Le trahirait, pourtant cela n'endurcit pas Son Sacré-Cœur. Judas rejeta le dernier appel, et ainsi le désespoir demeura dans Son cœur.

Judas sortit, « et il faisait nuit » (Jean 13,30), un cadre approprié pour un acte d'obscurité. Ce fut peut-être un soulagement de s'éloigner de la Lumière du Monde. La nature est parfois en sympathie, parfois en discordance avec nos joies et nos peines. Le ciel est sombre et nuageux lorsqu'il y a de la mélancolie intérieure. La nature s'accordait aux méfaits de Judas. Lorsqu'il sortit, il ne trouva pas le soleil souriant de Dieu, mais la noirceur stygienne de la nuit. Il aurait aussi fait nuit à midi lorsque le Seigneur fut crucifié.

Judas n'est intelligible qu'en termes du Corps et du Sang du Christ. L'avidité pour l'argent fut l'effet, non la cause, d'une prêtrise ruinée.

Judas et la Prêtrise

1. Ceux qui ont été bercés dans les associations sacrées de la prêtrise savent mieux que quiconque comment trahir Notre Seigneur. Judas savait où trouver Notre Seigneur après la tombée de la nuit.

> *Ici se trouvait un jardin, dans lequel Il entra avec Ses disciples. Judas, Son traître, connaissait bien le lieu ; Jésus et Ses disciples s'y étaient souvent rassemblés.*
>
> (Jean 18:1, 2)

2. La Divinité est si sainte que toute trahison doit être précédée d'un signe d'estime ou d'affection.

> *Ce n'est autre, leur dit-Il, que l'Homme que je saluerai d'un baiser.*
>
> (Matthieu 26:48)

3. Aucun évêque ni prêtre ne connaît la profondeur ultime de la douleur et du chagrin spirituels, jusqu'à ce qu'il ait ressenti le baiser brûlant et douloureux d'un frère en Christ qui est un traître.

4. Un prêtre peut toujours vendre Notre Seigneur, mais aucun prêtre ne peut L'acheter.

> *Alors ils déposèrent trente pièces d'argent.*
>
> (Matthieu 26,15)

5. Tout plaisir, profit ou gain que l'on reçoit en rejetant le Seigneur eucharistique se révèle si dégoûtant que le bénéficiaire est poussé, comme Judas, à le rejeter au visage de ceux qui *nous l'ont donné*.

Judas et la première fissure dans sa prêtrise

Et maintenant Judas, son traître, était rempli de remords en le voyant condamné, si bien qu'il rapporta aux principaux prêtres et aux anciens leurs trente pièces d'argent; J'ai péché, leur dit-il, en trahissant le Sang d'un Homme Innocent.

(Matthieu 27,3-4)

L'argent n'aurait-il pas pu être donné aux pauvres ? Judas n'y pensa jamais alors.

6. Beaucoup de psychoses et de névroses proviennent d'un sentiment de culpabilité non reconnu. Le Seigneur aurait pardonné à Judas comme Il pardonna à Pierre, mais Judas ne le demanda jamais.

Quand un homme se hait pour ce qu'il a fait et est sans repentance envers Dieu, il frappe parfois sa poitrine comme pour effacer un péché. Il y a un monde de différence entre frapper sa poitrine dans le dégoût de soi et la frapper avec le *mea culpa* d'une personne qui demande pardon. La haine de soi peut devenir si intense qu'elle en vient à broyer la vie d'un homme, le conduisant au suicide. Bien que la Mort soit une peine du péché originel et naturellement redoutée par toute personne normale, certains se précipitent dans ses bras.

La conscience de Judas l'avertit avant le péché. Après le péché, elle le rongea, et la déchirure fut telle qu'il ne put la supporter. Il descendit la vallée de Cédron, cette vallée aux nombreuses associations fantomatiques. Des rochers déchiquetés et des arbres noueux et rabougris furent le lieu qu'il choisit pour se vider de lui-même. Tout autour proclamait son destin et sa fin. Rien n'était plus révoltant à ses yeux que le toit doré du temple, car il lui rappelait le Temple de Dieu qu'il venait de vendre. Chaque arbre semblait le gibet auquel il avait condamné le Sang Innocent. Chaque branche était un doigt accusateur. La colline même sur laquelle il se tenait dominait le Calvaire, où Celui qu'il avait condamné à mort unirait le Ciel et la terre, une union qu'il allait maintenant s'efforcer d'empêcher par ses derniers efforts. Jetant une corde par-dessus une branche d'arbre, Il s'est pendu (Matthieu 27,5).

Judas et la première fissure dans sa prêtrise

La leçon est claire. Nous sommes des prêtres eucharistiques. Observez un prêtre célébrer la Messe, et vous saurez comment Il traite les âmes au confessionnal, comment Il sert les malades et les pauvres, s'Il s'intéresse ou non à faire des convertis, s'Il se soucie davantage de plaire à l'évêque qu'au Seigneur Dieu, quelle efficacité Il a à inculquer patience et résignation à ceux qui souffrent, s'Il est un administrateur ou un berger, s'Il aime les riches, ou les riches et les pauvres, et s'Il ne prêche que des sermons d'argent ou des paroles du Christ. La pourriture morale de la prêtrise commence par un manque de foi vive en la Présence divine, et la sainteté de la prêtrise commence là aussi.

~ 14 ~

Pourquoi faire une Heure Sainte ?

À quoi sert une convention médicale si les médecins s'accordent sur la nécessité d'une bonne santé, mais ne prennent aucune mesure concrète pour mettre en œuvre leur argument ? Ainsi, avec un livre sur la prêtrise. Quelles recommandations concrètes peut-on donner au prêtre pour le rendre digne de la vocation suprême à laquelle il est appelé ? Une réponse immédiate et essentielle est l'Heure Sainte. Mais pourquoi faire une Heure Sainte ?

1. Parce que c'est du temps passé en la Présence de Notre Seigneur Lui-même. Si la Foi est vivante, aucune autre raison n'est nécessaire.

2. Parce que dans notre vie occupée, il faut un temps considérable pour chasser les « démons de midi », les soucis mondains qui s'attachent à nos âmes comme la poussière. Une heure avec Notre Seigneur suit l'expérience des disciples sur le chemin d'Emmaüs (Luc 24, 13-35). Nous commençons par marcher avec Notre Seigneur, mais nos yeux sont « retenus », de sorte que nous ne « Le reconnaissons pas ». Ensuite, Il converse avec notre âme, tandis que nous lisons les Écritures. La troisième étape est celle d'une douce intimité, comme lorsqu'« Il s'assit à table avec eux ». La quatrième étape est l'épanouissement complet du mystère de l'Eucharistie. Nos yeux sont « ouverts » et nous Le reconnaissons. Enfin, nous atteignons le point où nous ne voulons plus partir. L'heure semblait si courte. En nous levant, nous demandons :

> *Nos cœurs ne brûlaient-ils pas en nous lorsqu'Il nous parlait sur le chemin, et lorsqu'Il nous expliquait les Écritures ?*
>
> (Luc 24,32)

Pourquoi faire une Heure Sainte ?

3. Parce que Notre Seigneur l'a demandé.

N'avais-tu donc pas la force de veiller avec Moi ne serait-ce qu'une heure ?

(Matthieu 26,40)

La parole était adressée à Pierre, mais Il est appelé Simon. C'est notre nature simonienne qui a besoin de l'heure. Si l'heure semble difficile, c'est parce que... *l'esprit est bien disposé, mais la chair est faible.* (Marc 14,39)

4. Parce que, comme nous l'enseigne Saint Thomas d'Aquin, le pouvoir du prêtre sur le *corpus mysticum* suit de son pouvoir sur le *corpus physicum* du Christ. C'est parce qu'il consacre le Corps et le Sang du Christ que le prêtre peut enseigner, gouverner et sanctifier les membres de l'Église. Concrètement, cela signifie qu'il entre au confessionnal depuis le pied de l'autel ; qu'il monte à la chaire après avoir accompli le mystère de la Rédemption. Chaque visite aux malades, chaque parole de conseil dans le salon, chaque leçon de catéchisme donnée aux enfants, chaque acte officiel à la chancellerie découle de l'autel. Tout le pouvoir réside là, et plus nous prenons de « raccourcis » du tabernacle vers nos autres devoirs sacerdotaux, moins nous avons de force spirituelle pour les accomplir.

L'Eucharistie est le *fons et caput* de tous les biens spirituels de l'Église. (Urbi et Orbi, 8 mai 1907)

C'est de l'Eucharistie que tous les autres Sacrements tirent leur efficacité. (Catéchisme du Concile de Trente, Partie II, Chapitre 4, n° 47.)

Si tous les Sacrements, si toute notre prédication, confession, administration et salut commencent par cette Flamme d'Amour, comment pourrions-nous refuser d'en être embrasés une heure par jour?

5. Parce que l'Heure Sainte maintient un équilibre entre le spirituel et le pratique. Les philosophies occidentales tendent vers un

activisme où Dieu ne fait rien, et l'homme tout ; les philosophies orientales tendent vers un quiétisme où Dieu fait tout, et l'homme rien. Le juste milieu est *Surgite postquam sederitis :* action suivant le repos ; Marthe marchant avec Marie; *contempler aliis tradere,* selon les paroles de Saint Thomas. L'Heure Sainte unit le contemplatif à la vie active du prêtre.

Grâce à l'heure avec Notre Seigneur, nos méditations et résolutions passent du conscient au subconscient, puis deviennent des motifs d'action. Un nouvel Esprit commence à imprégner nos visites aux malades, nos sermons, nos confessions. Le changement est opéré par Notre Seigneur Qui remplit notre Cœur et agit par nos mains. Un prêtre ne peut donner que ce qu'il possède. Pour donner le Christ aux autres, il faut Le posséder.

6. Parce que les révélations faites par le Sacré-Cœur à des âmes saintes indiquent que des profondeurs encore inexplorées de ce Cœur sont réservées aux prêtres. Il y a des voiles d'Amour derrière lesquels seul le prêtre peut pénétrer, et d'où il émergera avec une onction et une puissance sur les âmes bien au-delà de sa propre force. La « maison » du prêtre n'est pas le presbytère. Il est « chez lui » seulement là où le Christ est présent. Là seulement il apprend les secrets de l'Amour. À Sainte Marguerite-Marie, le Sacré-Cœur se plaignait que si peu de prêtres répondent à Son cri : «*J'ai soif*» (Jean 19, 28). Ses paroles pour elle furent : « J'ai une soif ardente d'être honoré dans le Saint-Sacrement, et je trouve à peine quelqu'un qui s'efforce, selon Mes désirs, d'étancher cette soif en Me faisant quelques retours. »

7. Parce que l'Heure Sainte nous fera pratiquer ce que nous prêchons. Le Sacré-Cœur est attristé de voir une disparité scandaleuse entre le haut idéal de la prêtrise et sa pauvre réalisation.

Voici une image, dit-Il, du Royaume des Cieux ; Il y avait autrefois un roi qui donna un festin de mariage pour son Fils, et envoya ses serviteurs avec un appel à tous ceux qu'il avait invités au mariage; mais ils ne voulurent pas venir.

(Matthieu 22 : 2-3)

Pourquoi faire une Heure Sainte ?

Il était écrit de Notre Seigneur qu'Il « s'est mis à faire et à enseigner » — *facere et docere* (Actes 1 : 1). Le prêtre qui pratique l'Heure Sainte constatera que, lorsqu'il enseigne, le peuple dira de lui comme du Seigneur :

> Tous ... étaient étonnés des paroles de grâce qui sortaient de sa bouche.
>
> (Luc 4 : 22)

8. Parce que l'Heure Sainte fait de nous des instruments obéissants de la Divinité. Dans l'Eucharistie, il y a ce double mouvement : d'abord, du prêtre vers le Cœur Eucharistique ; ensuite, du prêtre vers le peuple. Le prêtre qui s'est donné au Cœur de Notre Seigneur béni est connu de Notre Seigneur comme « expendable » pour Ses desseins. Le prêtre devient doté d'un pouvoir supplémentaire en raison de sa souplesse entre les mains de son Maître. Dieu accorde certaines grâces directement aux âmes, comme un homme donne l'aumône au pauvre qu'il rencontre. Mais le Sacré-Cœur désire que de grandes grâces soient distribuées aux âmes par les mains de Ses prêtres.

L'efficacité des prêtres a peu ou rien à voir avec leurs dons naturels. Un prêtre eucharistique sera un meilleur instrument du Seigneur parmi les âmes qu'un savant qui L'aime moins. Une des promesses faites aux prêtres qui aiment le Sacré-Cœur est : « Je donnerai à ces prêtres le pouvoir de toucher les cœurs les plus endurcis. »

9. Parce que l'Heure Sainte nous aide à faire réparation à la fois pour les péchés du monde et pour les nôtres. Lorsque le Sacré-Cœur apparut à Sainte Marguerite-Marie, c'était Son Cœur, et non Sa Tête, qui était couronné d'épines. C'était l'Amour qui était blessé. Messes noires, communions sacrilèges, scandales, athéisme militant — qui les réparera ? Qui sera un Abraham pour Sodome, une Marie pour ceux qui n'ont pas de vin ? Les péchés du monde sont nos péchés, comme si nous les avions commis. S'ils ont fait verser à Notre Seigneur une sueur de sang, au point qu'Il a reproché à Ses disciples

de ne pas rester avec Lui une heure, devons-nous, avec Caïn, demander :

10.

Est-ce à moi de veiller sur mon frère ?

(Genèse 4,9)

Le prêtre qui se demande ce qu'il peut faire contre le Communisme sait que les batailles se gagnent lorsque ses mains sont levées, comme celles de Moïse, en prière.

11. Parce que cela restaurera notre vitalité spirituelle perdue. Nos cœurs seront là où sont nos joies. Une des raisons pour lesquelles beaucoup échouent à progresser après de nombreuses années dans la prêtrise est qu'ils rechignent à déposer tout le fardeau de leur vie sur Notre Seigneur. Ils ne cherchent pas leur joie dans l'union de leur prêtrise avec la condition de victime du Christ. Ils restent parfois obstinés, s'attachant aux choses sensibles, oubliant que la porte eucharistique n'est en réalité pas une porte du tout ; Ce n'est même pas un mur, car là nous avons le « démantèlement du mur qui était une barrière entre nous » (Éphésiens 2 : 14).

Le Sacré-Cœur a promis par l'intermédiaire de Sainte Marguerite-Marie de « faire de Ses prêtres des épées à double tranchant, qui feront jaillir en eux la source sainte de la pénitence. » Nos vies sont au mieux faibles, peut-être brisées comme de la porcelaine fragmentée. Ainsi, nous nous tournons vers le Sacré-Cœur et demandons *ut congregata restaures, et restaurata conserves* : que « Tu rassembles et répares, répares et conserves à jamais ce qui est maintenant brisé. » Nous avons besoin d'être cimentés à nouveau par l'Amour dans l'unité, et où trouver un tel Amour sinon dans le Sacrement de l'unité ?

12. Parce que l'Heure Sainte est « l'Heure de la Vérité. » Seul avec Jésus, nous nous voyons là, non pas comme les hommes nous voient — toujours nous jugeant meilleurs que nous ne sommes — mais comme le Juge nous voit. Si nous prenons au sérieux la louange, rien ne dégonfle autant notre pompeuse vanité que la

réalisation de l'impuissance à laquelle le Seigneur du Ciel s'est réduit, sous l'espèce du Pain. Nos faiblesses, notre manque de charité envers les autres prêtres, nos réponses trop hâtives à ceux dont l'apparence nous offense, notre douceur sucrée envers les bien vêtus, notre recherche des riches, notre évitement des pauvres, notre Messe précipitée, notre impatience au confessionnal — tout cela, le Seigneur eucharistique le fait surgir de notre conscience.

Vivre dans le péché, qu'il soit grave ou véniel, devient intolérable pour le prêtre qui pratique l'Heure Sainte. C'est comme avoir un médecin à portée de main pour nous avertir d'un cancer qui grandit. Finalement, nous sommes poussés à demander au Médecin Divin de nous guérir. Aucun péché n'est caché dans la méditation ; aucune excuse n'est donnée. Nous sortons le péché de son antre et le déposons devant Dieu. Nous avons toujours su que *Dieu le voyait* ; mais dans l'Heure Sainte, nous le voyons. Nos péchés sont placés devant nos yeux non comme une faiblesse humaine, mais comme une re-crucifixion de Notre Seigneur :

Scrute-moi, ô Dieu, comme Tu le veux, et lis mon cœur ; Éprouve-moi, et examine mes pensées agitées. Vois si mon cœur est fixé sur des chemins faux, et conduis-moi Toi-même dans les sentiers d'autrefois.

(Psaume 138:23-24 [139:23-24, RSV])

Mais il n'y a pas lieu de craindre, car durant l'Heure, nous entrons dans les appartements privés du Juge. Nous nous faisons ses amis avant le procès, tout en réparant nos péchés.

13. Parce que cela réduit notre vulnérabilité à la tentation et à la faiblesse. Se présenter devant Notre Seigneur dans le Saint-Sacrement, c'est comme placer un tuberculeux dans un air pur et en plein soleil. Le virus de nos péchés ne peut subsister longtemps face à la Lumière du Monde.

Pourquoi faire une Heure Sainte ?

Toujours je peux garder le Seigneur en vue ; toujours Il est à ma droite, pour me faire tenir ferme.

(Psaume 15:8 [16:8, RSV])

Nos impulsions pécheresses sont empêchées de surgir par la barrière érigée chaque jour par l'Heure Sainte. Notre volonté se dispose au bien avec peu d'effort conscient de notre part. Satan, le lion rugissant, ne fut pas permis de tendre la main pour toucher le juste Job avant d'avoir reçu la permission (Job 1:12). Certainement, alors le Seigneur retiendra la chute grave de celui qui veille (1 Corinthiens 10 : 13). Avec une confiance pleine en son Seigneur eucharistique, le prêtre possédera une résilience spirituelle. Il se relèvera promptement après une chute :

Tomber, c'est seulement pour se relever ; m'asseoir dans les ténèbres, le Seigneur sera ma lumière. Le déplaisir du Seigneur je dois supporter, moi qui ai péché contre Lui, jusqu'à ce qu'enfin Il accueille ma supplication et accorde réparation.

(Michée 7 : 8-9)

Le Seigneur sera favorable même au plus faible d'entre nous, s'Il nous trouve à Ses pieds en adoration, disposés à recevoir les faveurs divines. À peine Saül de Tarse, le persécuteur, s'était-il humilié devant son Créateur, que Dieu envoya un messager spécial à son secours, lui disant que « même maintenant il est à sa prière » (Actes 9 : 11). Même le prêtre qui est tombé peut espérer une réassurance, s'il veille et prie.

Ils augmenteront, ceux qui jusque-là avaient diminué, seront exaltés, ceux qui autrefois étaient abaissés.

(Jérémie 30 : 19, 20)

14. Parce que l'Heure Sainte est une prière personnelle. La Messe et le Bréviaire sont des prières officielles. Ils appartiennent au Corps mystique du Christ. Ils ne nous appartiennent pas personnellement. Le prêtre qui se limite strictement à son obligation

officielle et à l'adoration est comme l'ouvrier syndiqué qui dépose les outils dès que le sifflet retentit. L'amour commence lorsque le devoir s'achève. C'est donner le manteau lorsque le vêtement est pris. C'est parcourir la lieue supplémentaire.

La réponse viendra avant que le cri d'aide ne soit prononcé, la prière trouvera audience alors qu'elle est encore sur leurs lèvres.

(Ésaïe 65 : 24)

Bien sûr, nous ne sommes pas obligés de faire une Heure Sainte — et c'est justement là le point. L'amour n'est jamais contraint, sauf en enfer. Là, l'amour doit se soumettre à la justice. Être contraint d'aimer serait une forme d'enfer. Aucun homme qui aime une femme n'est tenu de lui offrir une bague de fiançailles; et aucun prêtre qui aime le Sacré-Cœur n'a jamais à offrir une Heure de fiançailles.

« Toi aussi, irais-tu t'en aller? » (Jean 6,68) est un *amour* faible; « Veilles-tu? » (Marc 14,37) est un *amour* irresponsable; « Il avait de grands biens » (Matthieu 19,22; Marc 10,22) est un *amour* égocentrique. Mais le prêtre qui aime Son Seigneur a-t-il le temps pour d'autres activités avant d'accomplir des actes d'amour « au-delà du devoir »? Le patient aime-t-il le médecin qui facture chaque visite, ou commence-t-il à l'aimer lorsque le médecin dit : « Je suis simplement passé pour voir comment tu allais »?

15. La méditation nous empêche de chercher une échappatoire extérieure à nos soucis et à nos misères. Lorsque des difficultés surviennent au presbytère, lorsque les nerfs sont tendus par de fausses accusations, il y a toujours le danger que nous cherchions à l'extérieur, comme les Israélites, une délivrance.

Du Seigneur Dieu, le Saint d'Israël, la Parole vous a été donnée : Reviens et tiens-toi tranquille, et tout ira bien pour toi ; c'est dans le silence et la confiance que réside ta force. Mais tu n'en as rien voulu ; À cheval ! as-tu crié, il faut fuir ! et fuir tu dois ;

Pourquoi faire une Heure Sainte ?

Nous devons galoper vite, as-tu dit ; mais plus rapides encore sont tes poursuivants.

(Ésaïe 30 : 15-16)

Aucune fuite extérieure, ni plaisir, ni boisson, ni amis, ni l'occupation ne constituent une réponse. L'âme d'un prêtre ne peut « s'envoler sur un cheval » ; il doit prendre « des ailes » pour un lieu où sa « vie est cachée ... avec le Christ en Dieu » (Colossiens 3 : 3).

16. Enfin, parce que l'Heure Sainte est nécessaire pour l'Église. Nul ne peut lire l'Ancien Testament sans prendre conscience de la Présence de Dieu dans l'histoire. Combien de fois Dieu a-t-Il utilisé d'autres nations pour punir Israël de ses péchés ! Il fit de l'Assyrie le « bâton qui exécute Ma vengeance » (Ésaïe 10,5). L'histoire du monde depuis l'Incarnation est le Chemin de la Croix. L'essor des nations et leur chute demeurent liés au Royaume de Dieu. Nous ne pouvons comprendre le mystère du gouvernement de Dieu, car il est le « livre scellé » de la Révélation. Jean pleura lorsqu'il le vit (Apocalypse 5,4). Il ne pouvait comprendre pourquoi ce moment de prospérité et cette heure d'adversité coexistaient.

Ce que nous oublions souvent, c'est que tous les jugements de Dieu commencent par l'Église, comme ils commencèrent par Israël. Ce n'est pas la politique, mais la théologie qui est la clé du monde. Nous déplorons la méchanceté des hommes, mais le Seigneur ne regarde-t-Il pas tout le temps nos propres échecs ? Le Jugement commence par nous :

Fais ton chemin, dit le Seigneur, à travers toute la ville, d'un bout à l'autre de Jérusalem ; et là où tu trouveras des hommes qui pleurent et se lamentent sur les actes abominables commis en elle, marque leur front d'une croix. Aux autres, je L'ai entendu dire : C'est à vous de parcourir la ville à ses talons, et de frapper. Ne laisse jamais ton œil fondre en pitié ; vieux et jeunes, hommes et jeunes filles, mères et enfants, tous également détruis jusqu'à ce qu'il n'en reste plus, sauf seulement là où tu vois la croix marquée sur eux. Et commence d'abord par le temple lui-même.

(Ézéchiel 9:4-6)

Amos donna la même leçon. Plus les faveurs sont imméritées, insistait-il, plus grande est la punition :

Aucune nation n'ai-je revendiquée pour moi, sauf vous ; et aucune culpabilité de votre part ne restera impunie.

(Amos 3 : 2)

Dieu parle par Jérémie et dit que la punition commence par la ville sainte, *in civitate mea.*

Voici que je commence mon œuvre de vengeance par cette ville qui est le sanctuaire de Mon Nom, et vous autres, serez-vous acquittés et laissés impunis ? Cela ne sera jamais, dit le Seigneur des armées ; à l'épée si j'en appelle, c'est pour le châtiment d'un monde entier.

(Jérémie 25:29)

De peur que nous ne pensions pas partager la responsabilité de ce qui advient au monde dans le Nouveau Testament, que Pierre réaffirme l'avertissement :

Le temps est venu pour que le Jugement commence, et qu'il commence par la maison de Dieu ; et si notre tour vient le premier, quel sera son sort pour ceux qui refusent de croire au message de Dieu ?

(1 Pierre 4:17)

La Main de Dieu frappera d'abord l'Église, puis le monde. Nous qui sommes les veilleurs placés sur les murailles, sommes les premiers à être jugés. Jérusalem fut détruite seulement après que Notre Seigneur eut purifié le Temple. La maison de Jacob ressentit la famine avant les Égyptiens. Les Juifs furent emmenés en captivité avant que les Assyriens ne tombent aux mains des Mèdes et des Perses.

Si donc des choses terribles un *sanctuario meo incipite,* ne devons-nous pas, nous prêtres, expier les péchés du monde, garder notre prêtrise sainte pour le bien de notre pays et du monde, et être fidèles ? Si le Jugement commence ainsi par le sanctuaire, alors la Miséricorde aussi. Ainsi, le monde peut être sauvé. Quelle contribution les 55 000 prêtres des États-Unis pourraient-ils apporter à la paix du monde, si chacun passait une heure quotidienne dans le sanctuaire ! Et combien bénie serait pour chacun l'heure de la Mort :

> *Béni est ce serviteur que son Seigneur trouvera en train de faire cela à son arrivée.*
>
> (Luc 12, 43)

Un prêtre terminant son Heure Sainte dira avec Jean le Baptiste :

> *Il faut qu'Il croisse, et que je diminue.*
>
> (Jean 3, 30)

La prétendue supériorité d'être « à la chancellerie » ou la prétendue infériorité d'être « seulement un assistant » se dissolvent devant le tabernacle. Quelle différence ultime cela fait-il d'être écarté d'une « bonne » (riche) paroisse, ou si le « second meilleur » homme du diocèse est nommé *officialis* ? L'affirmation de soi cède la place à l'affirmation du Christ en présence du tabernacle. Le prêtre qui fait du Seigneur tout pour une heure chaque matin n'est pas sérieusement blessé par un « passage » épiscopal lorsque la promotion lui revenait logiquement. La « petitesse » du Seigneur dans l'Eucharistie rend la « grandeur » du prêtre absurde.

Au lieu d'être le « témoin » dans les noces du Christ et de Son Église, nous agissons parfois comme si nous cherchions à être l'époux — et ce ministère, le Seigneur ne le cédera pas. Dans l'Heure Sainte, le prêtre apprend à ne se soucier que de promouvoir la beauté de l'Épouse qui est l'Église, afin qu'elle soit présentée « sans tache ni ride » (Éphésiens 5 : 27) au jour des Noces de l'Agneau.

À notre paroisse, comme Paul aux Corinthiens, nous disons :

> *Je vous ai fiancés au Christ, afin qu'aucun autre que Lui ne vous réclame, Son Épouse sans tache.* (2 Corinthiens 11 : 2)

Une loi inflexible gouverne l'influence du prêtre sur autrui : plus Il est gonflé d'orgueil, moins le Seigneur et Son Église sont glorifiés. La méditation sur le « dépouillement » du Sauveur dans l'Eucharistie maintiendra le prêtre toujours conscient qu'il est la lune recevant sa lumière du soleil.

Aucun évêque eucharistique ne dira jamais, ni ne pensera : « J'ai construit vingt-et-un lycées, quarante-trois nouvelles paroisses et six couvents en dix-neuf ans. » Il sait trop bien qui a fourni l'argent — le peuple ! Il sait trop bien qui a donné l'autorité — l'Église ! Il sait trop bien qui a apporté l'aide — ses prêtres ! Chaque jour, Il entendra le Seigneur du tabernacle lui murmurer :

> *Après tout, mon ami, qui est-ce qui te donne cette prééminence ? Quels pouvoirs as-tu, qui ne te soient pas venus par don ? Et s'ils te sont venus par don, pourquoi t'en vantes-tu, comme s'il n'y avait pas de don en question ?* (1 Corinthiens 4,7)

Si le Seigneur ne nous avait pas donné une vocation, que serions-nous : agents d'assurance, camionneurs, enseignants, médecins, agriculteurs, serveurs ? Le Seigneur n'a choisi aucun de nous comme étant le meilleur. Il choisit des « vases fragiles ». Et alors que nous nous rassemblons autour de l'Eucharistie et que nous nous regardons les uns les autres, nous reconnaissons dans nos cœurs la vérité des paroles de Paul :

> *Considérez, frères, les circonstances de votre propre appel ; vous n'êtes pas nombreux à être sages selon le monde, pas nombreux à être puissants, pas nombreux à être bien nés.* (1 Corinthiens 1,26)

Pourquoi faire une Heure Sainte ?

Nous ne sommes pas les meilleurs, sinon la puissance de l'Évangile serait en nous, plutôt que dans l'Esprit. Mais où cette vérité s'apprend-elle mieux que dans la présence du Mystère qui semble pain, mais qui est en réalité Emmanuel ; si petit que nos mains peuvent le briser, si plein de puissance que sa rupture renouvelle la Passion et la Mort du Christ ? Le prêtre diminué est le Christ accru. Lorsque l'Eucharistie n'est plus qu'un arrière-plan lointain de nos vies, c'est comme avoir le soleil bas sur l'horizon derrière nous. Nous projetons une ombre vers l'avant ; Et plus le soleil est bas, plus l'ombre est longue. Si le Seigneur est loin de nous, à peine visible, notre propre ego semble prendre de l'importance, comme notre ombre, et avec lui nos opinions et nos œuvres prennent l'apparence d'une grande substance. Mais ceci est une illusion. Si, au contraire, chaque jour commence avec l'Eucharistie devant nous comme notre soleil levant, l'ombre de l'ego ne cache plus notre vrai visage, et lorsque le Soleil de Justice atteint le méridien, aucun ego ne survit. Alors les âmes que nous accompagnons, comme les apôtres à la Transfiguration, ne voient « plus personne, mais Jésus seul avec eux » (Marc 9,7).

La seule exigence est l'aventure de la foi, et la récompense est la profondeur de l'intimité pour ceux qui cultivent Son amitié. Demeurer avec le Christ est une communion spirituelle, comme Il l'a insisté lors de la nuit solennelle et sacrée de la Dernière Cène, le moment où Il a choisi de nous donner l'Eucharistie :

Tu n'as qu'à vivre en Moi, et Je vivrai en toi.

(Jean 15,4)

Il nous veut dans Sa demeure :

Afin que vous soyez aussi là où Je suis.

(Jean 14,3)

Comme nous manquons les joies de notre prêtrise, lorsque nos seules rencontres avec le Seigneur sont des « audiences publiques » — à la Messe, aux dévotions, aux stations de la Croix, chaque fois que nous devons y être. Le Seigneur veut des « audiences privées ». Il désire une audience prolongée, une heure entière. Jean et André sont restés toute la journée !

✠ J.M.J. ✠

~ 15 ~

Comment faire l'Heure Sainte

Si possible, le prêtre devrait faire son Heure Sainte quotidienne avant de célébrer sa Messe. Maintenant que les règlements de l'Église concernant le jeûne pré-Eucharistique ont été modifiés, il sera avisé de prendre une tasse de café avant de commencer. *L'Américain moyen est physiquement, biologiquement, psychologiquement et neurologiquement incapable de faire quoi que ce soit d'utile avant d'avoir pris une tasse de café.* Et cela vaut également pour la prière. Même les sœurs dans les couvents, dont les règles ont été rédigées avant l'invention des cafetières électriques, feraient bien de mettre à jour leurs pratiques. Qu'elles prennent leur café avant la méditation.

Limiter la récitation du Bréviaire à vingt minutes de l'heure. Le but fondamental de cette heure est la méditation. Certains auteurs spirituels recommandent une division mécanique de l'heure en quatre parties : action de grâce, supplication, adoration et réparation. Cela est inutilement artificiel. Une conversation d'une heure avec un ami ne se divise pas en quatre segments ou sujets rigides. L'Heure Sainte n'est pas une prière officielle ; elle est personnelle. Chaque prêtre, en tant qu'homme, possède un cœur unique au monde. Ce cœur unique doit composer le contenu de sa prière. Dieu n'aime pas plus les « lettres circulaires » que nous. Outre la prière liturgique ou officielle, il doit y avoir la prière du cœur. Nous prêchons constamment aux autres ; Dans l'Heure Sainte, nous prêchons à nous-mêmes.

Beaucoup de livres sur la méditation adoptent un format rigide, tolérable au séminaire, mais que le prêtre trouve rapidement trop sec pour ses besoins. Les prétendues « méthodes » de méditation sont généralement peu pratiques et inadaptées à notre mentalité. Elles consistent en une analyse d'une méditation *qui a déjà été faite*, et qui s'est révélée satisfaisante pour celui qui l'a réalisée. Un enfant court après une balle avec grâce et liberté de mouvement. Mais si on lui demande de décrire ce qu'il fait à chaque seconde, comment il lève d'abord le pied droit, puis le gauche, toute spontanéité disparaît. Fonder une méditation d'abord sur l'intellect, puis sur la volonté, et enfin sur les émotions, c'est détruire l'intimité. Ce n'est pas ce qui se passe réellement. L'intellect ne travaille pas d'abord dans la méditation, puis la volonté, puis l'imagination. *La personne médite; toutes ses facultés travaillent ensemble.* Pour y parvenir, la plus grande liberté possible doit être laissée à l'individu :

... Là où est l'Esprit du Seigneur, là est la liberté.

(2 Corinthiens 3,17)

Le meilleur livre pour la méditation est l'Écriture. Mais, puisque plusieurs de ses profondeurs doivent être expliquées, un bon commentaire spirituel est précieux. Trop souvent, le Seigneur doit répéter la plainte qu'Il a adressée à Ses disciples :

Vous ne comprenez ni les Écritures ni la puissance de Dieu.

(Matthieu 22,29)

Lisez les Écritures, ou un commentaire, ou tout bon livre spirituel, jusqu'à ce qu'une pensée vous frappe. Puis fermez le livre et parlez-en à Notre Seigneur. Mais ne faites pas tout le discours. Écoutez aussi : « Parle, Seigneur, ton serviteur écoute » (1 Rois 3,10 [1 Samuel 3,10, RSV]) ne doit pas devenir : « Écoute, Seigneur, ton serviteur parle. » Nous apprenons à parler en écoutant, et nous grandissons dans l'amour de Dieu par l'écoute. La méditation consiste au moins pour moitié à écouter :

C'est à Moi de poser les questions.

(Job 40:2)

Lorsque vous êtes si fatigué et épuisé que vous ne pouvez pas prier, offrez votre inutilité. Un chien n'aime-t-il pas être près de son Maître, même lorsque celui-ci ne lui témoigne aucun signe évident d'affection ?

Ne laissez aucune difficulté à accomplir l'Heure devenir une excuse pour y renoncer. Lorsque c'est un plaisir de la faire, nous pouvons nous considérer comme des prêtres ; lorsque c'est un effort, souvenons-nous que nous sommes aussi des victimes. Alors nous devenons comme Moïse, qui demanda à Dieu d'effacer son nom du registre si cela obtenait le pardon pour le peuple (Exode 32:31), et comme Paul, qui était prêt à être anathème pour son peuple (Romains 9:1-3). L'effort même que nous fournissons chaque jour fait de nous des maîtres de nous-mêmes et, par conséquent, de meilleurs serviteurs du Sacré-Cœur.

Lorsque vous êtes tenté d'abandonner l'Heure, demandez-vous laquelle de ces trois excuses, que le Seigneur a dit être les nôtres (Luc 9:57-62), vous retient d'un service total : désirs terrestres, amour terrestre ou chagrin terrestre.

S'asseoir ou s'agenouiller ?

Faut-il s'agenouiller, s'asseoir, se tenir debout ou marcher pendant l'Heure Sainte ? Les Écritures rapportent des exemples de chacune de ces diverses postures. Le publicain qui se tenait debout au fond du Temple fut reconnu juste. Saint Simplicien, qui succéda à saint Ambroise comme évêque de Milan, demanda à Augustin quelle était la posture appropriée pour prier, et pourquoi David ne s'agenouillait pas en priant devant le tabernacle. Augustin répondit qu'on devait adopter la posture corporelle la mieux propre à émouvoir l'âme. Aristote disait que l'âme devient sage en s'asseyant. La règle de saint Jérôme était que, dans la prière et la méditation, le corps devait toujours prendre la position qui semblait la meilleure pour exciter la dévotion intérieure de l'âme.

Comment faire l'Heure Sainte

S'asseoir est parfois associé au désespoir et à la lassitude dans les Écritures. Lorsque Israël fut emmené en captivité, et que Jérusalem fut laissée déserte :

... le prophète Jérémie s'assit là et pleura.

(Lamentations 1:1)

Élie aussi, dans son désespoir, s'assit sous un genévrier et « pria pour en finir avec la vie » (3 Rois 19:4 [1 Rois 19:4, RSV]). Les exilés de Jérusalem sont décrits dans le Psaume

Nous nous sommes assis au bord des fleuves de Babylone et nous y avons pleuré, en nous souvenant de Sion.
(Psaume 136:1 [137:1, RSV])

Et lorsque Moïse priait pour la victoire contre Amalek, ses « bras s'alourdissaient ; alors on lui trouva une pierre pour s'asseoir, et il s'assit dessus » (Exode 17 : 12).

D'autre part, Notre Seigneur béni pria dans le Jardin à genoux : « Il tomba la face contre terre en prière » (Matthieu 26 : 39). Étienne pria dans la même position : « S'agenouillant, il cria à haute voix : Seigneur, ne leur impute pas ce péché » (Actes 7 : 59). Après la pêche miraculeuse : « Simon Pierre tomba à genoux et saisit Jésus par les genoux ; Laisse-moi, Seigneur, je suis un pécheur » (Luc 5 : 8). Saint Paul pria manifestement à genoux : « Je tombe à genoux devant le Père de notre Seigneur Jésus-Christ » (Éphésiens 3 : 14). Le jeune homme qui vint auprès de Notre Seigneur pour lui demander ce qu'il devait faire pour recevoir la vie éternelle « s'agenouilla devant Lui » (Marc 10,17). Même lorsque les soldats se moquaient de Notre Seigneur béni, après L'avoir frappé à la tête avec un roseau et Lui avoir craché dessus, ils « ployaient les genoux pour L'adorer » (Marc 15,19). Le geste de ridicule est une moquerie évidente d'un geste d'adoration.

Lorsque Notre Seigneur entra dans le Jardin, Il « s'agenouilla pour prier » (Luc 22,41). Lorsque Pierre ressuscita Tabitha, il « se mit à genoux pour prier » (Actes 9,40). Lorsque Paul arriva à Éphèse, et cita les seules paroles prononcées par Notre Seigneur enregistrées dans l'Écriture en dehors des Évangiles (« Il y a plus de bonheur à donner qu'à recevoir »), il « s'agenouilla et pria avec eux tous » (Actes 20,35-36). Le Psalmiste employa une expression semblable : « Venez, prosternons-nous, inclinons le genou devant le Dieu qui nous a faits » (Psaume 94,6 [95,6 RSV]). La mère des fils de Zébédée adopta la même posture en cherchant une faveur pour ses deux fils, « tombant à genoux pour Lui faire une demande » (Matthieu 20,20).

Le Père qui avait un fils lunatique vint à Notre Seigneur « et se mit à genoux devant Lui : Seigneur, dit-il, aie pitié de mon fils, car il est lunatique » (Matthieu 17,14). Le lépreux qui s'approcha de Notre Seigneur béni dans la synagogue en Galilée pour être guéri se mit à genoux à Ses pieds et dit : « Si Tu le veux, Tu as le pouvoir de me rendre pur » (Marc 1,40). La condition que le diable imposa à Notre Seigneur béni pour Lui donner tous les royaumes du monde fut également celle de se mettre à genoux : « Si Tu veux tomber à mes pieds et m'adorer » (Luc 4,7).

Pierre, au contraire, était debout lorsqu'il se réchauffait près du feu (Jean 18,18.25).

La conclusion est évidente. Il est préférable de s'agenouiller durant l'Heure Sainte, car cela indique l'humilité, suit l'exemple de Notre Seigneur dans le Jardin, expie nos manquements et constitue un geste de respect devant le Roi des rois.

À quelle fréquence?

Le prêtre qui entend l'appel du Sauveur souffrant à veiller une Heure avec Lui doit-il faire ce sacrifice une fois par semaine? Non! C'est trop exigeant. Ce qui est accompli une fois par semaine constitue une interruption de notre vie ordinaire. La tentation est de le remettre à la fin de la semaine, risquant ainsi de ne pas le faire du tout.

L'Heure Sainte hebdomadaire ne peut jamais devenir une habitude. Une fois par semaine n'est pas un témoignage profond d'amour. Quelle mère se contente de voir son enfant une fois par semaine? Quelle épouse, son mari? L'Amour n'est pas intermittent. Les médicaments pris une fois par semaine apportent peu de force.

Si l'Heure Sainte une fois par semaine est trop difficile, à quelle fréquence doit-elle être accomplie? La réponse est évidente. Elle doit être accomplie chaque jour.

L'Heure Sainte accomplie une fois par semaine est une interruption dans la semaine. Mais accomplie quotidiennement, son absence devient une interruption. De plus, un acte qui devient une habitude par la répétition quotidienne perd sa difficulté. Ce qui, au début, est accompli imparfaitement, par habitude devient plus facile à chaque effort progressif. Si l'Heure Sainte est répétée quotidiennement à la même heure, nous la commençons sans préméditation ; elle devient presque automatique. L'Heure Sainte quotidienne devient aussi facile que toute autre chose que nous accomplissons chaque jour. Elle ne devient pas seulement une habitude, mais fait partie intégrante de la nature du prêtre. Comme Aristote l'a écrit dans sa Rhétorique :

Ce qui est devenu habituel devient, pour ainsi dire, une partie de notre nature ; l'habitude est quelque chose de semblable à la nature, car la différence entre « souvent » et « toujours » n'est pas grande, et la nature appartient à l'idée de « toujours », l'habitude à celle de « souvent ».

Dans l'Ancien Testament, la manne tombait chaque jour, et non pas seulement chaque semaine.

Mais le Seigneur dit à Moïse : Je veux faire pleuvoir du pain sur vous depuis le ciel. Ce sera aux peuples de sortir et de ramasser assez pour leurs besoins, jour après jour ; et ainsi j'aurai une épreuve, pour savoir s'ils sont prêts à suivre Mes ordres ou non.
(Exode 16,4)

Dieu a promis de leur donner du pain chaque jour, mais la veille du sabbat, une double portion tomba, car rien ne devait tomber le jour du sabbat. Cette collecte quotidienne était une épreuve d'amour et d'obéissance. Le Seigneur a toujours une épreuve : dans le désert comme dans le Jardin. Les premiers parents furent éprouvés par l'interdiction de manger le fruit de l'arbre de la connaissance du bien et du mal. L'obéissance des Israélites fut mise à l'épreuve par le commandement de ne pas recueillir en des jours ordinaires plus que ce qui suffisait pour ce jour-là. Toute la vie est une probation. L'inférence suggérée est que, sous la nouvelle économie, une foi quotidienne en l'Eucharistie par une Heure Sainte est une preuve de notre fidélité.

La manne enseignait une leçon quotidienne de dépendance à Dieu, et elle joua un rôle important dans l'éducation spirituelle d'Israël. Elle ne venait pas par à-coups, mais de manière régulière. Ce que le Seigneur donnait chaque jour, nous pouvons le rendre chaque jour.

Le prêtre doit considérer la pratique de l'Heure Sainte quotidienne comme un engagement à poursuivre tout au long de sa vie. Les enfants d'Israël ont mangé la manne pendant quarante ans (Exode 16 : 35), jusqu'à ce qu'ils atteignent les frontières de la terre de Canaan. Ces quarante années symbolisent le pèlerinage de la vie. Cela signifie spirituellement que chaque prêtre doit recueillir quotidiennement la manne céleste pour son âme.

L'Heure Sainte quotidienne nous accorde la sagesse. L'adoration quotidienne de l'Eucharistie n'était pas seulement suggérée par le type ou la préfiguration de la manne, mais aussi par la manière dont la sagesse est accordée à ceux qui remplissent les conditions requises. Notre Seigneur a déclaré que ceux qui accomplissent Sa Volonté connaîtront Sa doctrine. Cela signifie que la connaissance est nécessaire au commencement pour aimer, mais que l'amour approfondit ensuite la connaissance. Le Livre des Proverbes, parlant de la sagesse plus ancienne que ce monde, invite l'âme à une veille précoce et quotidienne :

> *Aime-Moi, et Tu gagneras Mon Amour ; Attends tôt à mes portes, et tu auras accès à Moi.*
>
> (Proverbes 8:17)

Comment faire l'Heure Sainte

L'esprit du prêtre qui vit près de la porte du tabernacle reçoit une illumination particulière. L'esprit et le cœur du prêtre sont mieux guidés lorsqu'ils cherchent le Seigneur eucharistique à l'aube. Le jeune prêtre aussi est fortifié lorsqu'il commence sa veille à la porte du tabernacle dans les premiers jours de sa prêtrise.

Un autre passage du Livre des Proverbes, décrivant la recherche quotidienne de la sagesse aux pieds du Seigneur, est fréquemment appliqué à la Sainte Mère :

> *J'étais à Son côté, un maître-ouvrier, mon plaisir grandissant chaque jour, tandis que je jouais devant Lui tout le temps ; je jouais dans ce monde de poussière, avec les fils d'Adam pour compagnons de jeu.*

(Proverbes 8:30-32)

Il est certainement digne de noter que ce plaisir n'est pas décrit comme spasmodique ou hebdomadaire, mais jour après jour. « Heureux ceux qui m'écoutent, qui veillent jour après jour à mon seuil, attendant que j'ouvre mes portes » (Proverbes 8 : 34).

Les exigences quotidiennes exigent une Heure Sainte quotidienne. La prière du Seigneur nous rappelle que la nourriture d'hier ne nous nourrit pas aujourd'hui :

> *Donne-nous aujourd'hui notre pain quotidien.*

(Matthieu 6,11)

Les vitamines ne peuvent être emmagasinées. L'énergie spirituelle doit être renouvelée ; la force d'aujourd'hui doit venir du Seigneur aujourd'hui. Ainsi, la monotonie de la vie est rompue, et une nouvelle force vient au prêtre pour l'apostolat de chaque jour. L'Heure Sainte quotidienne détruit aussi chez le prêtre les pressentiments et les inquiétudes concernant l'avenir. À genoux devant le Seigneur eucharistique, il reçoit les rations pour la marche de chaque jour, sans se soucier du lendemain.

Comment faire l'Heure Sainte

L'Heure Sainte devrait être un moment quotidien parce que nos croix sont quotidiennes, non hebdomadaires.

Si quelqu'un veut venir à ma suite, qu'il renonce à lui-même, qu'il prenne sa croix chaque jour, et qu'il me suive.

(Luc 9,23)

Nos enfants, nos missions, nos dettes, nos ulcères, nos petites contrariétés — aucun d'eux ne revient en octaves. Leurs entrelacs horizontaux et verticaux forment pour nous une croix quotidienne. Ces croix quotidiennes nous aigriront, brûleront nos âmes et nous rendront amers, à moins que nous ne les transformions en crucifix ; Et comment cela pourrait-il se faire autrement qu'en les voyant comme venant du Seigneur ? Cela, nous ne pouvons le faire que si nous sommes avec Lui. L'Heure Sainte peut être un sacrifice, mais le Seigneur ne fait pas de la semaine l'unité du sacrifice. Il nous dit que notre croix est quotidienne.

Un moment où Notre Seigneur s'est exulté fut lorsqu'Il s'écria au milieu de Ses disciples que « l'heure est venue » (Jean 17,1). Le mot « heure » Il ne l'a utilisé qu'en relation avec Sa Passion et Sa Mort. C'est pour ce temps, cette heure, que l'horloge du temps s'est mise en marche ; C'est pour cette heure que le monde a été créé, l'Agneau immolé, la poussière de la terre préparée. C'est vers elle que les patriarches regardaient avec espérance ; c'est vers cela que nous tournons notre regard en arrière. Sans cela, il n'y aurait ni Messe, ni absolution, ni pardon. Le vrai prêtre reculera-t-il devant une telle Heure, voulant être prêtre mais non victime? Offrir, mais ne pas être offert? Être un grain d'encens, mais ne pas être prêt à être consumé par le feu? Au contraire, il doit chaque jour prendre sa croix de veille en disant avec le Sacré-Cœur : « l'Heure est venue ».

Chaque jour, tant qu'il en a le pouvoir, car il viendra un jour et une Heure qui ne lui appartiendront pas, sur lesquels il n'aura aucun contrôle, car

... ce jour et cette Heure dont Tu parles, personne ne les connaît, pas même les anges dans le Ciel. (Marc 13:32)

Comment faire l'Heure Sainte

Il est inconcevable qu'un prêtre qui a sanctifié chaque jour avec son Heure soit jamais rejeté par le Juge. Si Notre Seigneur unit le jour et l'Heure pour en faire un symbole de Jugement, ne devons-nous pas unir le jour et l'Heure pour le salut, la joie et l'Amour?

Béni est ce serviteur que son Seigneur trouvera en train de faire cela à son arrivée.

(Luc 12,43)

On pourrait objecter qu'une heure par jour retirée au travail sacerdotal signifie autant de bien en moins accompli. La même objection fut faite à l'emprisonnement de Paul. Pourtant, depuis sa prison, Saint Paul écrivit aux Philippiens pour les rassurer que, même s'il ne prêchait pas activement, il faisait du bien. Chaque prêtre en prière peut dire, comme Paul en prison :

Je me hâte de vous assurer, frères, que mes circonstances ici n'ont eu d'autre effet que de répandre plus largement l'Évangile ; si largement mon emprisonnement est devenu connu, en l'honneur du Christ, dans le prétoire et dans tout le monde au-delà.

(Philippiens 1,12)

Toutes les choses qui lui arrivaient là-bas faisaient avancer l'Évangile. Nous sommes tous engagés envers le Christ sous une obligation spirituelle de maintenir une loyauté claire et décisive, non seulement pour notre propre bien, mais pour celui de tous ceux que notre fermeté et notre vigilance renforceront. L'Heure Sainte quotidienne est une limitation de temps, mais une limitation conquise par un bien spirituel supérieur. Selon les critères humains, rien ne pourrait sembler plus vain que Paul en prison, alors que le Christianisme commençait à conquérir le monde. On pourrait dire la même chose d'un pasteur qui commence une paroisse. Rien ne pourrait paraître plus vain que de sacrifier une heure pour le Seigneur. Mais les voies de Dieu sont différentes. L'inverse apparent et le désarroi de l'homme se transforment en triomphe de la Vérité.

Des miséricordes sont recueillies et des ressources trouvées, cachées par le prêtre qui frappe à la porte du tabernacle.

Chaque pasteur peut légitimement se demander s'il ne devrait pas accorder plus d'attention au tabernacle et à l'autel dans son Église, afin de mieux souligner la Présence réelle. Un autel qui ressemble à une table et un tabernacle qui ressemble à une boîte n'aident guère à faire percevoir au fidèle la Présence divine. Le tabernacle ne serait-il pas enrichi en restaurant les deux chérubins prescrits sous la Loi de Moïse ?

Fais aussi un trône d'or pur, long de deux coudées et demie, large d'une coudée et demie, avec deux chérubins d'or battu pur pour les deux extrémités de ce trône, un pour se tenir de chaque côté ; avec leurs ailes déployées pour couvrir le trône, gardiens du sanctuaire. Ils doivent se faire face de part et d'autre du trône. Et ce trône sera le couvercle de l'Arche, et le contenu de l'Arche, la Loi écrite que Je veux te donner. De là Je ferai sortir mes commandements ; depuis ce trône de miséricorde, entre les deux chérubins qui se tiennent au-dessus de l'Arche et de ses registres, Ma Voix te parviendra, chaque fois que J'enverrai une parole par toi aux fils d'Israël.

(Exode 25:17-22)

La forme exacte des chérubins du Temple était tenue secrète par les Juifs. L'historien juif du premier siècle, Josèphe, notait que « personne n'est capable de dire ou de conjecturer quelle était la forme des chérubins ». Les deux ailes des chérubins étaient avancées devant eux et élevées, de sorte qu'elles couvraient le sommet de l'Arche de l'Alliance. Leurs visages étaient tournés l'un vers l'autre, de sorte qu'ils regardaient tous deux vers le bas, vers l'Arche, comme pour la garder. Les chérubins sont évoqués comme les séraphins de la vision du Temple chez Ésaïe (6:2), et aussi comme les gardiens du Paradis (Genèse 3:24). Leurs ailes étaient aussi une ombre protectrice pour ceux qui prenaient refuge sous elles dans la Miséricorde divine (Psaume 90, 1-3 [91, 1-4 RSV]). Saint Pierre a dit plus tard que les anges aimaient contempler et méditer le mystère de la Rédemption — une référence évidente à la position des anges au-dessus de l'Arche de l'Alliance.

> *Et maintenant, les anges peuvent satisfaire leur regard avide.*
>
> (1 Pierre 1, 12)

Le dessus de l'Arche, parfois appelé le Siège de la Miséricorde, était taché de sang, le sang y étant aspergé une fois par an. Comme figure du Nouveau Testament, les visages des anges sont donc tournés vers le Christ, planant au-dessus de la Croix et du Sang de la Rédemption.

L'ange gardant le Jardin des Délices pour empêcher le retour de nos premiers parents (Genèse 3, 24) semble maintenant un pendant de ceux placés pour veiller sur le prototype de l'Eucharistie, sauf que ces derniers ne tiennent aucune épée dans leurs mains. Zacharie semble nous indiquer où se trouvera l'épée, à savoir dans le Cœur du Berger Qui a offert Sa vie pour Ses brebis.

> *Quelles blessures sont celles-ci dans Tes Mains Clouées? Ainsi blessé étais-je, Il répondra, dans la maison de mes amis. Lève-toi, épée, et attaque ce Berger qui est à Moi... dit le Seigneur des armées.*
>
> (Zacharie 13:6,7)

La préoccupation première du pasteur doit être le tabernacle, non le presbytère, ni l'ego, mais le Seigneur, non son confort, mais la gloire de Dieu. La moquette mur à mur dans un presbytère s'accorde mal avec un autel et un tabernacle qui ressemblent à une maison sur pilotis. Le Roi ne devrait-il pas avoir une demeure meilleure que celle de son représentant? Les choses d'abord, comme David chantait :

> *Jamais je ne descendrai sous le toit de ma maison, ni ne monterai dans le lit qui m'est préparé ; Jamais ces yeux ne fermeront le sommeil, ces paupières ne se fermeront, jusqu'à ce que j'aie trouvé au Seigneur une demeure, au grand Dieu de Jacob un lieu*

d'habitation.... Que tes prêtres soient vêtus de la robe de l'innocence, que ton peuple fidèle crie de joie.
(Psaume 131:3-5,9 [132:3-5,9, RSV])

Certains peuvent oublier l'Eucharistie, tout comme Saül oubliait l'Arche. Mais David a opposé son propre foyer confortable à la pauvreté de l'Arche : « Me voici, je demeure dans une maison toute de cèdre, tandis que l'Arche de Dieu n'a rien de mieux que des rideaux de peau autour d'elle ! » (2 Samuel 7:2 [2 Rois 7:2, RSV]). David ne pouvait permettre que le Dieu Éternel habite un lieu indigne. Le Seigneur reprend ceux qui bâtissent de belles maisons tout en négligeant Son Temple :

Écoutez, dit le Seigneur (à travers le prophète Aggée), n'est-il pas trop tôt pour vous d'avoir des toits sur vos têtes, tandis que Mon temple est en ruines ? ... Vous courez à vos propres maisons en désordre, et Mon temple est en ruines ! C'est pourquoi les cieux vous interdisent la pluie. (Aggée 1:4,9,10)

Mais tandis que nous bâtissons des églises dignes du Seigneur eucharistique, nous consacrerons 10 pour cent du coût à la construction de maisons humbles pour ce même Seigneur en Afrique et en Asie. Celui qui accomplit l'Heure quotidienne pensera à cela, car Il sait que sa paroisse doit être une condition de victime, tout comme elle est aussi une prêtrise royale.

Il y aura des moments où l'Heure sera difficile — le plus souvent en vacances, mais parfois dans une grande détresse. Qu'est-ce donc qui donne au prêtre le courage? Cela peut être un temps d'obscurité, comme lorsque les Grecs vinrent vers Notre Seigneur en disant : « Nous voulons voir Jésus », probablement à cause de la majesté et de la beauté de l'apparence qu'ils vénéraient tant en tant que disciples d'Apollon. Mais Il montra Son Moi déchiré et meurtri sur une colline, puis ajouta que ce n'est que par la Croix dans leur vie qu'il y aura jamais beauté de l'âme dans la nouveauté de la vie.

Il s'arrêta alors un instant, tandis que Son âme était saisie par une appréhension effrayante de la Passion et d'être « fait péché », d'être trahi, crucifié et abandonné. Du plus profond de Son Sacré-Cœur jaillissaient ces paroles :

> *Et maintenant Mon âme est troublée. Que vais-Je dire ? Je dirai : Père, sauve-Moi de passer cette Heure d'épreuve ; Et pourtant, ce n'est que pour passer cette Heure d'épreuve que Je suis venu.*
> (Jean 12,27)

Ce sont presque les mêmes paroles qu'Il prononça plus tard dans le Jardin de Gethsémani — des paroles inexplicables si ce n'est par le fait qu'Il portait le fardeau des péchés du monde. Il était naturel que Notre Seigneur béni traverse une lutte en tant qu'homme parfait. Mais ce ne furent pas seulement les souffrances physiques qui Le troublaient ; Lui, à l'instar des Stoïciens, philosophes, hommes et femmes de tous les âges, aurait pu demeurer calme face à de grandes épreuves physiques. Mais Son trouble se dirigeait moins vers la douleur que vers la conscience des péchés du monde qui exigeaient ces souffrances. Plus Il aimait ceux pour qui Il était la rançon, plus Son angoisse s'intensifiait, car ce sont les fautes des amis plutôt que celles des ennemis qui troublent le plus les cœurs !

Il ne demandait certainement pas à être épargné de la Croix, puisqu'Il réprimandait Ses Apôtres qui tentaient de Le dissuader. Deux contraires étaient unis en Lui, séparés seulement dans la parole : le désir de délivrance et la *soumission* à la volonté du Père. En mettant à nu Sa propre âme, Il dit aux Grecs que le sacrifice de soi n'était pas chose aisée. Ils ne devaient pas être fanatiques au point de vouloir mourir, car la nature ne veut pas se crucifier ; mais d'un autre côté, ils ne devaient pas détourner leurs yeux de la Croix par une lâche terreur. Dans Son propre cas, maintenant comme toujours, les humeurs les plus douloureuses passent aux plus bienheureuses ; il n'y a jamais la Croix sans la Résurrection ; L'« Heure » où le mal a la maîtrise passe rapidement au « Jour » où Dieu est Victorieux.

Et comme, en ce moment, une Voix lui vint du Ciel, ainsi une voix viendra au prêtre-victime depuis le tabernacle.

~ 16 ~

L'Eucharistie et le Corps du prêtre

Un des effets de la dévotion au Saint-Sacrement est une conception plus élevée du corps. Une grande partie de la littérature dévotionnelle est marquée par un accent janséniste sur la bassesse du corps. Il est présenté comme un « ver » et « l'ennemi de l'âme », comme si l'âme pouvait être sauvée sans le corps. Un tel mépris du corps oublie que l'homme est une personne, un composé de corps et d'âme. En annonçant l'Eucharistie, Notre Seigneur béni en parla en relation non seulement avec l'âme, mais aussi avec le corps qui partagera la Résurrection.

Et Celui qui m'a envoyé veut que je garde sans perte, et que je ressuscite au dernier jour tout ce qu'Il m'a confié.

(Jean 6:39)

Job, attendant avec espérance la Résurrection tout en contemplant ses plaies ulcéreuses, s'écria :

Cela au moins je le sais, qu'Il vit, Celui qui me justifiera, qui se lèvera de la poussière au dernier jour. Ma peau encore une fois me revêtira, et dans ma chair je verrai Dieu.

(Job 19:25)

De même, le Seigneur s'adresse à Ézéchiel :

Douteras-tu donc de la puissance du Seigneur, quand j'ouvrirai vos tombeaux et vous ferai revivre ?

(Ézéchiel 37:13)

L'Eucharistie et le Corps du prêtre

Cette idée, Saint Paul l'a développée longuement (1 Corinthiens 15:35-44), la reliant à la Résurrection du Christ. Les caractéristiques que le corps assumera refléteront celles de l'âme. Si l'on verse un liquide bleu dans un verre, le verre paraît bleu. Si l'on y verse du rouge, il paraît rouge. Si l'âme est noire à l'intérieur, le corps prendra une corruption semblable. Si l'âme participe à la Nature divine, le corps prendra l'éclat du Ciel. Comme Dante l'écrivit dans son *Paradiso* :

Une chair glorieuse et sanctifiée nous sera de nouveau revêtue, rendant nos personnes plus agréables par leur plénitude.

Ce qui fut dit de Notre Seigneur béni lorsqu'Il vint dans le monde devrait, par conséquent, s'appliquer à tout prêtre.

Tu M'as plutôt doté d'un corps.

(Hébreux 10:6)

Cela signifie que Dieu ne se contenterait pas des sacrifices de l'Ancienne Loi (Ésaïe 1:11-17 ; Jérémie 7:21-23 ; Osée 6:6), mais que le Corps que Son Fils prit devait être l'instrument de Sa Divinité. C'est grâce au Corps que Marie Lui donna qu'Il put souffrir. C'est grâce à ce même Corps que la Divinité a parcouru cette terre sous la forme d'un homme :

En Christ, toute la plénitude de la Divinité habite corporellement, et demeure en Lui.

(Colossiens 2:9)

Dans le désert, Satan fit appel à l'appétit de la faim après que Notre Seigneur eut jeûné. Mais Notre Seigneur a réparé tous ces péchés en offrant Son Corps en Sacrifice sur la Croix.

On peut se demander pourquoi l'accent dans l'Épître aux Hébreux est mis sur le corps que Notre Seigneur a pris, et non sur l'âme, comme c'est le cas dans Ésaïe (53:10). C'était probablement pour souligner que l'offrande du Christ devait s'accomplir par la mort, ce qui exigeait un corps ; et aussi pour attirer l'attention sur la nécessité de confirmer la Nouvelle Alliance par le sang tout comme l'Ancienne. Ainsi, Notre Seigneur, la nuit de la Dernière Cène, changea le vin en Sang, l'appelant le Sang de la Nouvelle Alliance ou du Testament ; mais le Sang ne pouvait être donné sans le Corps.

Une autre raison pourrait être de nous rappeler que la nature humaine du Christ (Luc 1:35) ne constituait pas une personne distincte, mais appartenait à la Deuxième Personne de la Sainte Trinité. Le mystère de l'Incarnation est que la Divinité a habité dans le Corps ; Le mystère de l'Expiation est caché dans une unique offrande du Corps du Christ ; Le mystère de la sanctification est que le Saint-Esprit habite dans le Corps et le sanctifie également.

Puisque le grand Grand Prêtre a souligné que Son Corps est la source de sanctification pour les âmes, le prêtre qui touche ce Corps du Christ dans l'Eucharistie ne doit-il pas considérer son propre corps comme incorporé en ce même Seigneur eucharistique ?

Ce respect pour le corps se manifestera de deux manières : par la pureté du corps et par un esprit de sacrifice. Pour tous les chrétiens, mais particulièrement pour le prêtre qui touche le Corps du Christ, l'obligation d'être pur est claire :

Mais vos corps ne sont pas destinés à la débauche, ils sont destinés au Seigneur, et le Seigneur réclame vos corps.

(1 Corinthiens 6,13)

Ne vous a-t-on jamais dit que vos corps appartiennent au Corps du Christ ?

(1 Corinthiens 6 :15)

Le corps n'appartient pas au prêtre ; il n'en est que le dépositaire. Il est tenu de l'utiliser selon la direction du grand Grand Prêtre :

Vous n'êtes plus vos propres maîtres. Un grand prix a été payé pour vous racheter ; Glorifiez Dieu en faisant de vos corps les sanctuaires de Sa Présence.

(1 Corinthiens 6,19-20)

Ce n'est pas seulement l'âme qui appartient au Seigneur ; c'est aussi le corps. Membre par membre, le corps du prêtre doit être le même que celui que le Fils de Dieu a pris, qui pour nous a été crucifié, et qui est maintenant dans la gloire à la droite de Dieu. Une fois que le prêtre considère réellement son corps comme le temple de Dieu, il doit lui témoigner un plus grand respect. La manière dont Il s'habille, comment Il se présente aux visiteurs à la porte, comment Il garde son corps discipliné, exempt d'excès de nourriture et de boisson, ces aspects et toutes ses relations avec son corps sont guidés par le sens de ce qui est propre au temple qui est de Dieu. Le corps du prêtre est le mur du temple, ses sens en sont la porte, son esprit la nef, son cœur le prêtre de l'autel et son âme le Saint des saints.

Il y aura même une agréable douceur qui se manifestera sur le visage du prêtre. Les bâtisseurs des cathédrales médiévales consacraient beaucoup de temps aux portes afin de les rendre aussi dignes que possible. Le visage est la porte de l'âme, et il ne doit pas être une honte pour le temple. Un regard morne et triste, la mauvaise humeur et le mécontentement conviennent peu à ceux dont le corps est le temple du Saint-Esprit et qui touchent chaque matin le Corps et le Sang du Christ à l'autel. Dans le visage resplendira la Présence divine.

Pureté

La pureté du prêtre est donc d'abord spirituelle avant d'être physique; Elle est théologique avant d'être physiologique; Elle est eucharistique avant d'être hygiénique. La pureté est le reflet de la foi; C'est une attitude avant un acte; Une intériorité révérencieuse, non une intégrité biologique.

La pureté chez le prêtre n'est pas le résultat de quelque chose qu'il « abandonne »; C'est la révérence au mystère — et le mystère est créateur. Dieu a permis aux créatures de participer à Sa création. Le mari et la femme la prolongent en engendrant le fruit de leur mariage, une incarnation de leur amour mutuel. L'ambassadeur du Christ est appelé à une autre forme de créativité — il engendre des âmes. Il consacre; Il baptise; Il recrée les âmes dans le confessionnal. En tous ces actes, son corps participe. Par conséquent, Il n'a pas abandonné certaines fonctions du corps; Il les a transformées, les a intégrées dans le plan Divin de la Rédemption.

La virginité consacrée est la forme la plus élevée d'amour sacré ou sacrificiel; Elle ne cherche rien pour elle-même, elle ne cherche que la volonté du Bien-Aimé. Le monde commet l'erreur de supposer que la virginité s'oppose à l'amour, comme la pauvreté s'oppose à la richesse. Au contraire, la virginité est liée à l'amour, comme une éducation universitaire est liée à une éducation primaire. La virginité est le sommet montagneux de l'amour, comme le mariage en est la colline. Simplement parce que la virginité est souvent associée à l'ascèse et à la pénitence, on croit qu'elle signifie uniquement le renoncement à quelque chose. La véritable image est que l'ascèse n'est que la clôture entourant le jardin de la virginité. Un garde est toujours posté autour des joyaux de la couronne d'Angleterre, non parce que l'Angleterre aime les soldats, mais parce qu'elle a besoin d'eux pour protéger ces joyaux. Ainsi, plus l'amour est précieux, plus les précautions pour le protéger sont grandes. Puisqu'aucun amour n'est plus précieux que celui de l'âme amoureuse de Dieu, l'âme doit toujours veiller contre les lions qui voudraient envahir ses verts pâturages. La grille dans un monastère carmélite ne sert pas à retenir les sœurs, mais à tenir le monde à l'extérieur. Comme la virginité n'est pas l'opposé de l'amour, elle n'est pas non plus l'opposé de la génération. La bénédiction chrétienne sur la virginité n'a pas abrogé l'ordre de la Genèse (1:22) de « croissez et multipliez », car la virginité possède sa propre génération. La consécration à la virginité de Marie fut unique en ce qu'elle engendra une génération physique — le Verbe fait Chair. Mais elle établit aussi le modèle de la génération spirituelle, car elle engendra également les À l'image du Christ. De même, l'amour virginal ne doit pas être stérile. Au contraire, il doit dire avec Paul :

C'est moi qui vous ai engendrés en Jésus-Christ ...
(1 Corinthiens 4,15)

Lorsque la femme dans la foule loua la Mère de Notre Seigneur, Il transforma cette louange en maternité spirituelle, et dit que celle qui faisait la volonté de Son Père céleste était Sa mère. La relation fut ici élevée du niveau de la chair à celui de l'esprit. Engendrer un corps est une bénédiction ; sauver une âme est plus béni, car telle est la Volonté du Père. Une idée peut ainsi transformer une fonction vitale, non pas en la condamnant à la stérilité, mais en l'élevant à une nouvelle fécondité de l'Esprit. Il semblerait donc que toute virginité implique la nécessité de l'apostolat et de l'engendrement d'âmes pour le Christ. Dieu, qui détestait l'homme ayant enterré son talent dans la terre, méprisera certainement ceux qui se promettent d'être en amour avec Lui, et pourtant ne manifestent aucune vie nouvelle — convertis ou âmes sauvées par la contemplation.

Instruire les jeunes sur la pureté

En discutant avec d'autres de la dignité du Corps, le véritable Prêtre ne se limitera pas à la répétition routinière des interdictions traditionnelles ni aux conseils tout aussi routiniers d'imiter la Sainte Mère. La technique du « ne pas » amène les jeunes à se demander pourquoi leur instinct de procréation devrait être si fort, s'il est associé au mal. D'autre part, les jeunes s'interrogent sur la manière d'imiter la Sainte Mère. L'idéal est si élevé et abstrait qu'il semble facilement irréaliste aux yeux des jeunes.

Comme l'eau pure est plus que l'absence d'impuretés, comme un diamant pur est plus que l'absence de carbone, et comme une nourriture pure est plus que l'absence de poison, ainsi la Pureté est plus que l'absence de volupté. Parce qu'on défend la forteresse contre l'ennemi, il ne s'ensuit pas que la forteresse elle-même ne contienne aucun trésor.

Le Prêtre doit dire aux jeunes que chaque mystère contient deux éléments ; l'un visible, l'autre invisible. Par exemple, dans le baptême, l'eau est l'élément visible et la grâce régénératrice du Christ est l'élément invisible. Le sexe est aussi un mystère, car il possède ces deux caractéristiques. Le sexe est quelque chose de connu de tous, et pourtant c'est quelque chose de caché à tous. L'élément connu est que chacun est soit masculin, soit féminin. L'élément invisible, caché, mystérieux du sexe est sa capacité créatrice, une participation en quelque sorte à la puissance créatrice par laquelle Dieu a fait le monde et tout ce qu'il contient. Comme l'amour de Dieu est le principe créateur de l'univers, ainsi Dieu a voulu que l'amour de l'homme et de la femme soit le principe créateur de la famille. Ce pouvoir des êtres humains d'engendrer un être à leur image et ressemblance participe de la puissance créatrice de Dieu.

Il faut faire comprendre aux jeunes que la torche de la vie placée par Dieu entre leurs mains doit brûler de manière contrôlée selon le dessein et la destinée fixés par la raison et le Dieu de la raison. Le mystère de la créativité que Dieu a placé en eux est entouré de crainte respectueuse. Une révérence particulière enveloppe le pouvoir d'être co-créateurs avec Dieu dans l'œuvre de la création de la vie humaine. C'est cet élément caché qui appartient d'une manière spéciale à Dieu, tout comme la grâce de Dieu dans les sacrements. Ceux qui ne parlent que du sexe se concentrent uniquement sur l'élément physique ou visible, oubliant le mystère spirituel ou invisible de la créativité. Les humains, dans les sacrements, fournissent l'acte, le pain, l'eau et les paroles ; Dieu fournit la grâce, le mystère. Dans l'acte sacré de créer la vie, l'homme et la femme fournissent l'unité de la chair ; Dieu fournit l'âme et le mystère. Tel est le mystère du sexe tel que le prêtre devrait l'expliquer.

Dans la jeunesse, cette crainte devant le mystère se manifeste dans la timidité d'une femme, qui la fait reculer devant une offrande prématurée ou trop facile de son secret. Chez un homme, le mystère se révèle dans la chevalerie envers les femmes, ce qui est plus qu'un simple sentiment de crainte devant l'inconnu. Parce que, également, de la révérence qui enveloppe ce pouvoir mystérieux venu de Dieu, l'humanité a toujours ressenti qu'il ne devait être utilisé qu'avec une sanction spéciale de Dieu et dans certaines relations. C'est pourquoi, traditionnellement, le mariage a été associé à des rites religieux, afin de témoigner que le pouvoir du sexe, qui vient de Dieu, doit avoir son usage approuvé par Dieu, car il est destiné à accomplir Ses desseins créateurs.

Certains pouvoirs ne peuvent être légitimement utilisés que dans certaines relations. Ce qui est licite dans une relation ne l'est pas dans une autre. Un homme peut tuer un autre homme dans une guerre juste, mais non en sa qualité privée de citoyen. Un policier peut arrêter quelqu'un en tant que gardien dûment nommé de la Loi, mais pas autrement. De même, la « créativité » de l'homme et de la femme est licite dans certaines relations sanctionnées par Dieu, mais non en dehors de cette relation mystérieuse appelée mariage.

La pureté est désormais perçue non pas comme quelque chose de négatif, mais comme une réalité positive. La pureté est une telle révérence pour le mystère de la créativité, qu'elle ne souffre aucun schisme entre l'usage du pouvoir de engendrer et son dessein divinement ordonné. Les purs ne penseraient pas plus à isoler la capacité de participer à la créativité de Dieu qu'ils ne penseraient à utiliser un couteau autrement que pour son usage humainement ordonné. Ce que Dieu a uni, les purs ne le sépareraient jamais. Jamais ils n'emploieraient le signe matériel pour déshonorer le saint mystère intérieur, tout comme ils n'utiliseraient pas le Pain de l'autel, consacré à Dieu, pour nourrir le corps seul.

La pureté n'est donc pas une simple intactitude physique. Le prêtre dira à la jeune fille qu'il s'agit d'une ferme résolution de ne jamais utiliser ce pouvoir avant que Dieu ne lui envoie un époux. Chez le garçon, c'est un désir ferme d'attendre la volonté de Dieu qu'il ait une épouse. En ce sens, les vrais mariages se font au Ciel; car lorsque le Ciel les fait, corps et âme ne tirent pas en directions opposées. L'aspect physique, appelé sexe, n'est pas séparé de l'aspect invisible et mystérieux qui ne se révèle qu'à celui que Dieu a voulu associer à Sa créativité, en Son propre temps.

Les jeunes constateront que l'expérience confirme la définition de la pureté comme révérence envers le mystère. Personne n'est scandalisé de voir des gens manger en public, lire dans les autobus ou écouter de la musique dans la rue, mais ils sont choqués par des spectacles obscènes, des livres immoraux ou des manifestations d'affection déplacées en public. Ce n'est pas parce que les jeunes sont prudes, ni parce qu'ils sont éduqués dans des écoles catholiques, ni parce qu'ils n'ont pas encore subi l'influence « libératrice » d'un Freud, mais parce que ces choses touchent à un mystère si profond, si personnel, si incommunicable qu'elles ne doivent pas être vulgarisées.

Nous aimons voir le drapeau américain flotter au-dessus de la tête d'un voisin, mais nous ne voulons pas le voir sous ses pieds. Il y a un mystère dans ce drapeau ; c'est plus qu'un simple morceau de tissu ; Cela représente l'invisible, le spirituel, l'amour et la dévotion envers la patrie. Les purs sont choqués par les impurs, à cause de la prostitution du sacré ; cela rend l'adorateur irrévérencieux. L'essence de l'obscénité est de transformer le mystère intérieur en une plaisanterie. Étant donné la Présence cachée d'un don de Dieu en chaque personne, comme il y a une Présence divine cachée dans le Pain de l'autel, chaque personne devient une hôte. De même que l'on discerne le Pain des anges sous le signe du pain, on discerne une âme et un potentiel de co-participation à la créativité de Dieu sous un corps. Comme le catholique désire l'étreinte du Christ dans le Sacrement parce qu'il a d'abord appris à L'aimer en tant que Personne, il révère le corps parce qu'il a d'abord appris à révérer l'âme. C'est d'abord de l'adoration, puis de la pureté.

En traitant avec des adultes, le prêtre qui a donné son corps au Seigneur leur expliquera la signification de « deux en une chair ». Non seulement dans le mariage, mais aussi en dehors du mariage, chaque acte de ce genre crée une unité et quelque chose qui perdure à travers l'éternité. Il n'existe pas de boire l'eau et d'oublier le verre :

Dois-je prendre ce qui appartient au Christ et l'unir à une prostituée ? Dieu nous en garde. Ou n'avez-vous jamais entendu que l'homme qui s'unit à une prostituée devient un seul Corps avec elle ? Les deux, dit-on, deviendront une seule chair.

(1 Corinthiens 6,15-16)

Chaque personne possède un don qui ne peut être donné qu'une seule fois, et reçu qu'une seule fois. Dans l'unité de la chair, Il fait d'elle une Femme ; elle fait de lui un homme. Ils peuvent jouir du don plusieurs fois, mais une fois donné, il ne peut jamais être repris, ni chez l'homme ni chez la Femme. Ce n'est pas seulement une expérience physiologique, mais le dévoilement d'un mystère. Comme on ne peut passer qu'une seule fois de l'ignorance à la connaissance d'un fait ou d'un axiome donné, par exemple le principe de contradiction, ainsi on ne peut passer qu'une seule fois de l'incomplétude à la pleine connaissance de soi que l'autre apporte. Une fois cette limite franchie, nul ne se possède plus entièrement. Leur réciprocité a engendré une dépendance; l'énigme a été résolue, le mystère a été dévoilé; le dualisme est devenu une unité, soit sanctionnée par Dieu, soit en défiance de Sa Volonté.

Saint Paul enseigne aussi une leçon que le prêtre peut transmettre au sujet du corps.

> *Tout autre péché qu'un homme commet laisse le corps intact, mais le fornicateur commet un crime contre son propre corps.*
> (1 Corinthiens 6,17-18)

L'ivrognerie et la gourmandise sont des péchés accomplis dans et par le corps, des péchés commis par abus du corps; mais ils demeurent néanmoins extérieurs au corps, c'est-à-dire introduits de l'extérieur. La fornication est l'aliénation d'un corps qui appartient au Seigneur, le faisant devenir le corps d'un autre; c'est la remise de la propriété du Seigneur à un autre. C'est un péché contre le propre corps de l'homme en sa nature même.

Après avoir présenté aux autres le côté positif de la pureté, l'idéal de la Sainte Mère devient alors clair. Elle est l'amour idéal que nous percevons au-delà de tout amour créé, un amour vers lequel nous nous tournons instinctivement lorsque l'amour de la chair fait défaut. Elle est l'idéal que Dieu portait dans Son Cœur dès toute éternité — la Dame qu'Il appellerait notre Bienheureuse « Mère ». Elle est celle que tout homme aime lorsqu'il aime une femme — qu'il en ait conscience ou non. Elle est ce que toute femme aspire à être, lorsqu'elle se contemple elle-même. Elle est la femme que tout homme épouse dans son idéal ; elle est cachée comme un idéal dans le mécontentement de toute femme face à l'agressivité charnelle de l'homme ; elle est le désir secret que toute femme porte d'être honorée et chérie. Pour connaître une femme à l'heure de la possession, un homme doit d'abord l'avoir aimée à l'heure exquise d'un rêve. Pour être aimée par un homme à l'heure de la possession, une femme doit d'abord vouloir être aimée, chérie et honorée comme un idéal. Au-delà de tout amour humain, il existe un autre amour ; Cet « autre » est l'image du possible. C'est ce « possible » que chaque homme et chaque femme aime lorsqu'ils s'aiment l'un l'autre. Ce « possible » devient réel dans l'amour modèle de l'Unique bien-aimé de Dieu avant la création du monde, et dans cet autre amour qui nous apporte le Christ et nous unit au Christ : Marie, la Vierge immaculée, Mère de Dieu.

Le Corps du Prêtre : une victime vivante

Le prêtre eucharistique vit les paroles de Paul :

Je vous exhorte par la miséricorde de Dieu à offrir vos corps comme une victime vivante, consacrée à Dieu et digne de Son acceptation.

(Romains 12,1)

Saint Paul avait peut-être en tête certains sacrifices de l'Ancienne Loi. Le prêtre, ayant immolé l'animal, l'ouvrait et en retirait tout ce qui était impur. Il le lavait ensuite, et le consumait sur l'autel par le feu, devant le Seigneur. Notre grand Prêtre voudrait que nous soyons lavés extérieurement de notre culpabilité par Son Sang, puis, nous ouvrant, Il ôterait tout ce qui est corrompu en nous par le lavage et la régénération du Saint-Esprit, afin que nous soyons offerts comme des victimes saintes sur l'autel et consumés devant le Seigneur.

« Vivant » peut ici être compris en opposition à la convoitise charnelle qui a sa source dans le corps et contre laquelle l'Apôtre s'est ensuite plaint (Romains 7,24). « Vivant » peut aussi signifier le sacrifice continuel. Le mot grec employé dans ce texte est celui habituellement utilisé pour présenter les animaux sacrificiels à l'autel, mais ici ce sont nos corps qui sont spécifiés. Le Juif devait présenter à Dieu le corps d'un animal, le prêtre doit présenter son propre corps. Sous la Loi, l'animal était sacrifié ; dans la Messe, le prêtre est « sacrifié » et fait victime.

Lorsque le corps est offert à Dieu comme un « sacrifice raisonnable », la terre n'est pas foulée comme un terrain de golf ou un marché, mais comme un temple. Si notre seul sentiment envers notre grand Prêtre était un sentiment religieux non exprimé sous une forme appropriée de sacrifice, nos sentiments finiraient par s'éteindre. Exprimer notre vie sacerdotale dans le sacrifice empêche la piété de devenir émotionnelle. Rien ne donne autant de puissance aux paroles du prêtre dans la chaire, la salle de classe ou la maison que ses renoncements personnels. Rien dans ce monde n'a de valeur tant qu'il n'est pas offert ou dédié à une fin supérieure. Quelle est la valeur de la terre, si nous n'en faisons rien? Quelle est la valeur de notre Corps, s'il n'est pas dépensé pour le Christ?

Le Sacrifice de la Messe que nous Offrons s'accomplit sans aucune satisfaction pour les sens. Mais quand devient-il sensible, tangible, vécu, concret? Lorsque le sacrifice du matin devient visible dans la victime vivante du Corps du Prêtre. Tout excès qui engourdit l'Esprit et le rend incapable de Le servir, toute préoccupation absorbante des choses extérieures qui freine la croissance du Christ en nous, de telles choses dressent une barrière contre le pouvoir du Prêtre de sanctifier les autres *ex opere operantis*. Il n'existe pas de « Messe de six heures ». La Messe est continue — une « victime vivante ». Ce qui est mystiquement présenté à la Messe du matin doit être présenté corporellement tout au long de la journée.

Ayant été morts avec le Christ sur l'autel, nous poursuivons la mort en instruisant les convertis, en ensevelissant les morts, en consolant les malades, en faisant l'aumône pour la Propagation de la

Foi. Nul ne méprisera les sacrifices que le Corps doit faire, si le sacrifice de la flamme est allumé à la Consécration.

Le sacrifice continu du prêtre est du cœur et de l'esprit en action de grâce (Romains 15 : 16 ; Hébreux 13 : 15) ; le sacrifice des bonnes œuvres (Hébreux 13 : 16) ; le sacrifice des cœurs brisés et des esprits contrits (Psaume 50 : 17 [51 : 17 RSV]) ; le sacrifice de l'homme tout entier et le don de lui-même à Dieu (1 Pierre 2 : 15 ; Romains 12 : 1 ; Philippiens 2 : 7).

Il est clair que la motivation de notre victime vivante est l'Eucharistie :

> *Ainsi, c'est la Mort du Seigneur que vous annoncez, chaque fois que vous mangez ce Pain et buvez cette Coupe, jusqu'à ce qu'Il vienne.*
>
> (1 Corinthiens 11:26)

L'Eucharistie n'est donc pas seulement une incorporation à la *Vie* du Christ, elle est aussi une incorporation à Sa *Mort*. Notre Messe ne se contente pas de regarder en arrière vers la première venue du Christ, mais aussi en avant vers Sa seconde venue. La Messe est aussi une représentation mystique de la Mort du Christ par la consécration séparée du Pain et du Vin, typifiant la séparation du Sang du Corps du Christ. Cette représentation mystique et sans effusion de sang de la Mort du Christ nous engage à la discipline et à la mortification du corps lorsque nous quittons l'autel. Comme la Mort du Christ n'était pas une simple agonie, mais une mort aux fins hautes et glorieuses, notre reconstitution n'est pas un simple rappel historique, mais une mise en pratique vivante de la Croix. Sans la prolongation du sacrifice, il n'y a qu'un souvenir spéculatif, semblable à celui que l'on pourrait avoir d'un film, mais sans l'éveil d'un amour mutuel et d'une gratitude fervente.

Un déclin de la révérence dans la célébration de la Messe sera suivi d'un déclin du sacrifice dans les activités sacerdotales quotidiennes. Le prêtre paresseux travaillera toujours « le plus fort » pour terminer sa Messe le plus rapidement possible. Il ne veut pas que l'appel au sacrifice soit fort ni trop clair. Mais le prêtre saint sait que le blé doit passer par un moulin pour devenir digne de l'autel et que les raisins doivent être écrasés dans le pressoir ; il doit de même être une Victime, afin d'offrir dignement le sacrifice qui proclame et actualise la Mort du Christ.

Monseigneur Ronald Knox nous invite à réfléchir sur notre condition de Victime. comme nous le disons en action de grâce : « Ceci est Son Corps qui est donné pour moi ; ceci est Son Sang qui est versé pour moi. Après tout ce temps, Il vient encore à moi dans la posture d'une Victime. Et Il veut imprimer quelque chose de Lui en moi ; Je dois être la cire, Lui l'anneau-sceau. Quelque chose, donc, de la Victime Il veut le voir en moi ; L'Imitation ne dit-elle pas qu'il revient à chaque Chrétien de mener une vie mourante ? Ce n'est peut-être pas à moi d'entrer très profondément dans les dispositions de mon Sauveur Crucifié, mais plutôt d'être plus humble lorsque je suis contrarié ; plutôt plus résigné, lorsque les choses vont mal pour moi ; plutôt moins anxieux de dresser un bilan de ma propre progression spirituelle, plus disposé à Le laisser agir en moi selon Sa volonté, sans que je le sache ! Si seulement je pouvais mourir un peu au monde, à mes désirs, à moi-même ; être patient et attendre Sa venue, content d'annoncer Sa Mort en mourant avec Lui ! "

Notre combat en tant que prêtres n'est donc pas de devenir angéliques et de vivre comme si nous n'avions pas de corps, mais de devenir davantage À l'image du Christ.

C'est mon ardent désir et mon espérance… que ce corps à moi rende honneur au Christ…

(Philippiens 1:20)

À la fin d'une journée chargée, lorsque la fatigue s'installe, à cause de tout ce que nous avons fait pour l'amour du Christ, nous pouvons lire dans notre corps les traces de la crucifixion : « Nous portons toujours en nous la mort de Jésus, afin que la vie de Jésus soit aussi manifestée dans notre corps » (2 Corinthiens 4:10).

L'Eucharistie et le Corps du prêtre

À la Messe du matin, nous « avons annoncé la mort du Seigneur » ; dans la paroisse, au domicile, au confessionnal et partout, nous l'avons prolongée jusqu'à l'épuisement, sachant que de telles « morts » multiples pour les autres sont la condition de la glorieuse Résurrection de ce même Corps. Certains auteurs spirituels parlent de l'imitation du Christ comme si elle ne se faisait que dans l'âme. Saint Paul insiste que la Mort du Christ est « manifestée dans nos corps ». Saint Paul emploie deux mots pour corps, l'un est « sarks », qui désigne l'homme dans son absence de Dieu ; l'autre est « soma », qui désigne l'homme dans la solidarité de la création et fait pour Dieu. Le premier est crucifié pour l'amour du Christ, l'autre est glorifié pour son amour. Le « sarks » ne peut hériter du Royaume de Dieu (1 Corinthiens 15:50), mais le « soma » le peut. Puisque « le Corps est pour le Seigneur », alors notre corps n'est pas à nous. *Le prêtre n'est pas à lui-même.* "Vous n'êtes plus vos propres maîtres. Un grand prix a été payé pour vous racheter ; glorifiez Dieu en faisant de vos corps les sanctuaires de Sa Présence" (1 Corinthiens 6,19-20).

☩ J.M.J. ☩

~ 17 ~

Le Prêtre et Sa Mère

Chaque prêtre a deux mères : l'une de la chair, l'autre de l'Esprit. On connaît beaucoup plus la première ; on a beaucoup plus écrit sur la seconde. Il n'y a pas plus de rivalité entre ces deux mères qu'entre le père terrestre du prêtre et son Père céleste. Souvent, l'un des premiers gestes de la mère de la chair fut de déposer son fils aux Pieds de la Sainte Mère, comme le fit la mère de l'auteur, pour symboliser l'abandon de la filiation. Combien furent les conférences secrètes entre ces deux mères où la mère de la chair suppliait la mère en Christ de lui permettre un jour de tenir une Hostie et un calice entre ses mains ?

S'il est vrai (comme le disent les Pères) que Marie conçut dans son Cœur avant de concevoir dans son sein, ne peut-on pas dire la même chose des mères de bien des prêtres ? Certains prêtres ont été appelés à la onzième heure, mais plusieurs mères pourraient paraphraser le livre des Proverbes en disant : « Le fils n'était pas encore, et j'ai conçu un prêtre. » Comme Dieu a consulté Marie pour lui demander si elle Lui donnerait une nature humaine, ainsi Il consulte souvent la mère d'un prêtre pour lui demander son consentement à la continuation de Sa prêtrise. Lorsque le rêve de la mère se réalise, quelles pensées traversent l'âme de son fils, désormais prêtre ?

Le prêtre, d'abord, renonce à l'amour terrestre d'une femme, comme Marie renonça à l'amour terrestre d'un homme. Son « Je ne connais point de femme » équilibre son « Je ne connais point d'homme » (Luc 1,34). L'expression dans l'Écriture signifie l'union charnelle, comme dans la Genèse 4,1 (« Adam connut Ève, sa femme, qui conçut »). Dès le commencement, le prêtre sait que l'amour est à la fois une affirmation et une négation. Toute protestation d'amour est une limitation à tout amour concurrent. Le véritable amour impose par nature des restrictions. L'homme marié s'impose des limitations à l'égard de toutes les femmes, sauf une. Le prêtre n'admet aucune exception, et ce, dans l'exercice d'une liberté parfaite. Dans l'Incarnation, Dieu a établi une tête de pont dans l'humanité, par le choix libre d'une Femme; maintenant Notre Seigneur trouve une extension de Sa prêtrise dans l'acte libre d'un prêtre. Il attend notre consentement.

Notre mère terrestre a voulu concevoir en général, mais le moment où cela se réaliserait était imprévu et imprévisible. Il n'en est pas ainsi de l'abandon du prêtre à l'ordination. Son abandon est semblable à celui de Marie. Elle a voulu son Fils et elle l'a conçu. Ainsi le prêtre a voulu être à Dieu, et il peut identifier le jour et l'heure. Plus il sert cet abandon, plus il sait que seuls les enchaînés au Christ sont libres.

Mais un prêtre ne peut vivre sans amour. La Sainte Mère savait qu'il ne pouvait y avoir de conception sans feu ni passion. Comment pourrait-il y avoir un Fils, puisqu'elle n'avait « aucune connaissance de l'homme » ? Le Ciel avait la réponse. Certainement, il y aurait du feu, de la passion et de l'amour, mais ce feu et cet amour seraient le Saint-Esprit.

Le prêtre ne peut pas non plus vivre sans amour. S'il doit y avoir une génération d'âmes, et s'il doit être un « Père » engendrant d'autres en Christ, il doit y avoir de l'amour. Cet amour est le même que celui de Marie ; le Feu et la Passion du Saint-Esprit le couvrant de son ombre. Comme en elle, virginité et maternité étaient unies, ainsi chez le prêtre doit se trouver l'unité de la virginité et de la paternité. Ce n'est pas la stérilité, mais la fécondité, ce n'est pas l'absence d'amour, mais son extase.

L'étape suivante de l'amour du prêtre est le service.

Ainsi, le Fils de l'Homme n'est pas venu pour qu'on lui rende service ; Il est venu pour servir les autres... (Marc 10,45)

Le Prêtre et Sa Mère

De même que la maternité spirituelle de Marie n'était pas un privilège à part de l'humanité, il en va de même pour la paternité spirituelle du prêtre. Rien ne suscite autant le service des autres que le sentiment de sa propre indignité lorsqu'on est visité par la grâce de Dieu. Marie, se hâtant sur les collines lors de la Visitation, révèle comment elle, la servante du Seigneur, est devenue la servante d'Élisabeth. Elle est désormais l'exemple pour le prêtre que le Christ en lui doit susciter le dévouement à « tous ceux qui sont nos amis dans la foi commune » (Tite 3,15), et à toute l'humanité. De même que la visite de Marie a sanctifié Jean le Baptiste, la visite du prêtre-victime sanctifiera toujours les âmes.

Chaque appel aux malades du prêtre sera pour lui le mystère de la Visitation renouvelé. Porter le Saint-Sacrement contre sa poitrine, en voiture ou à pied, fait de lui une autre Marie portant le Christ cloîtré en son corps pur. Pas de retard aux visites aux malades, pas d'attente pendant que la famille s'inquiète, mais, comme Marie, le prêtre « se hâte » — car rien n'exige autant de promptitude que le besoin des autres. Plus le prêtre est possédé par le Christ, plus il est enclin à entendre de ceux qui lui ouvrent la porte à Celui qui porte le Saint-Sacrement : « Car aussitôt que la voix de ta salutation a retenti dans mes oreilles » (Luc 1,44), mon Cœur a bondi de joie. Le saint prêtre inspire des Magnificat à chaque visite aux malades, comme les familles de la paroisse lui disent : « Comment ai-je mérité d'être ainsi visité » (Luc 1,43) par un autre Christ ?

Le prêtre nourrit un amour profond pour Marie non seulement dans ses meilleurs moments, mais même dans ses faiblesses. Il place sa confiance en son intercession pour combattre sa faiblesse. Alors surtout, il se tourne vers elle pour une attention particulière, sachant que l'enfant qui tombe le plus souvent est celui qui reçoit le plus de baisers de la Mère.

Si jamais la nature simonienne le domine ; s'il vient des moments où, comme Démas, il « s'est épris de ce monde présent » (2 Timothée 4:9) ; S'il devient connu dans la paroisse comme un « golfeur », un « gars sympa » ou « un des gars » plutôt que comme un bon prêtre, alors il sait où il doit aller pour l'aider à retrouver son Seigneur. Il doit aller à Marie. Elle aussi a « perdu » le Christ. Cette perte physique était un symbole de la perte spirituelle que le prêtre subit en perdant son premier ardeur. Le Cœur de Marie est transpercé d'une épée à la perte de chaque *alter Christus*. Mais elle est aussi à leur recherche. Avoir Dieu puis Le perdre est une perte plus grande que de ne jamais L'avoir eu. Marie et le prêtre faible souffrent ensemble, mais de manières différentes. Elle a ressenti les ténèbres de la perte de Dieu, lorsque le jeune Jésus est demeuré à Jérusalem à son insu (Luc 2:43). C'est à ce moment que Marie devint le Refuge des pécheurs. Elle comprit ce qu'est le péché ; car elle, créature, perdit expérimentalement le Créateur. Elle perdit l'Enfant seulement dans l'obscurité mystique de l'âme, tandis que le prêtre, qui chute, ressent la noirceur morale d'un cœur ingrat. Mais Marie retrouva l'Enfant. À tous les évêques et prêtres à travers les âges, elle donna la leçon que nous ne devons pas attendre que les perdus reviennent ; nous devons aller à leur recherche. Et son intercession aidera dans les cas les plus désespérés, comme nous lui disons avec Augustin : « Ce que tous les autres saints peuvent faire avec ton aide, toi seule peux le faire sans eux. »

Aux noces de Cana, Marie enseigne au prêtre combien il appartient à l'Église, et si peu à lui-même. Jusqu'à ce moment et pendant le festin, elle est appelée « mère de Jésus » (Jean 2:1,3). À la fin, cependant, elle devient « femme » (Jean 2,4). Ce qui se passe ici est semblable à ce qui arriva lorsque le Christ fut perdu pendant trois jours. Marie avait alors dit : « Ton père et moi » (Luc 2,48), et Notre Seigneur Lui rappela immédiatement Son Père céleste, évoquant le mystère de l'Annonciation et le fait que Joseph n'était que le père putatif.

À partir de ce moment, Joseph disparaît de l'Écriture Sainte ; il n'est plus jamais vu. À Cana, « la mère de Jésus » demande une manifestation de Son rôle messianique et de Sa Divinité ; Notre Seigneur Lui dit qu'au moment où Il accomplit un miracle et commence Sa Vie publique, Il se dirige vers Son « Heure », la Croix. Une fois que « l'eau rougit en vin » au regard Divin, elle devient «

femme ». Comme Joseph disparaît au Temple, ainsi Marie, en tant que Mère de Jésus, disparaît pour devenir la Mère de tous ceux qu'Il rachettera. Elle ne parle plus jamais dans l'Écriture Sainte. Elle a prononcé ses dernières paroles, et quelles belles paroles d'adieu elles furent :

Faites tout ce qu'Il vous dira.

(Jean 2,5)

Elle est désormais la « Mère universelle », la Femme portant la semence plus nombreuse que les sables de la mer.

Par l'exemple et l'influence de Marie, vient un moment dans la vie du prêtre où il réalise qu'il n'appartient ni à sa famille, ni à sa paroisse, ni à son diocèse, ni à son pays. Il appartient aux missions et au monde ; il appartient à l'humanité. Plus le prêtre s'approche de la mission du Christ, plus il aime chaque âme dans le monde. Comme Marie « enfanta » tous les hommes à la Croix, ainsi le prêtre les « engendre ». Aucun évêque n'est consacré pour un diocèse ; il est consacré pour le monde. Il est assigné à un diocèse uniquement pour des raisons juridictionnelles. Le prêtre n'est pas ordonné pour un diocèse ; Il est ordonné pour les âmes. « Il n'appartient pas à notre paroisse » est une raison juridictionnelle valable pour ne pas traiter un cas de mariage, mais ce n'est pas une raison valable pour ne pas considérer le requérant comme membre du Christ, et donc digne de recevoir le lait de la bonté humaine. Saint Thomas d'Aquin nous enseigne que Marie, à l'Annonciation, parlait au nom de toute l'humanité. À Cana, elle est donnée à l'humanité ; Au pied de la Croix, elle est confirmée comme mère de l'humanité.

La dévotion à Marie empêche le prêtre d'être un mercenaire, un serviteur embauché avec des heures fixes, des devoirs assignés, des limites paroissiales, et sans brebis perdue. Il n'y a pas de « service » pour un prêtre. Il est « en amour » partout — sur le terrain de golf, dans l'avion, au restaurant, à l'hôpital. Rien d'humain ne lui est étranger. Chaque âme est soit un converti potentiel, soit un saint potentiel.

Le Prêtre et Sa Mère

Dans la Passion, Marie enseigne la compassion au prêtre. Les saints les moins indulgents envers eux-mêmes sont les plus indulgents envers les autres. Mais le prêtre qui mène une vie facile, sans mortification, ne peut parler le langage des effrayés. Élevé au-dessus du besoin, il ne peut se pencher pour consoler ; ou s'il le fait, c'est avec condescendance, non avec compassion. Le bon prêtre, au contraire, voit Marie dans la poussière des vies humaines ; elle vit au milieu de la terreur, des lavages de cerveau, des fausses accusations, des calomnies et de tous les autres instruments de la terreur. L'Immaculée est avec la maculée, la sans péché avec le pécheur. Elle ne porte ni rancune ni amertume, mais seulement pitié, pitié qu'ils ne voient pas ou ne savent pas combien est aimant cet Amour qu'ils envoient à la Mort.

Dans sa pureté, Marie est au sommet de la montagne ; dans sa compassion, elle est au milieu des malédictions, des cellules de Mort, des bourreaux, des exécuteurs et du Sang. Un homme peut devenir si obsédé par sa pécheresse qu'il refuse de crier à Dieu pour le pardon, mais il ne peut se dérober à invoquer l'intercession de la Mère de Dieu. Si la bonne Sainte Mère Marie, qui méritait d'être épargnée du mal, pouvait néanmoins, dans la Providence spéciale de son Fils, porter une Croix, alors comment nous, qui ne méritons pas d'être rangés avec elle, pourrions-nous espérer échapper à notre rencontre avec une Croix ? « Qu'ai-je fait pour mériter cela ? » est un cri d'orgueil. Qu'a fait Jésus ? Qu'a fait Marie ? Qu'il n'y ait aucune plainte contre Dieu pour avoir envoyé une Croix ; qu'il y ait seulement assez de sagesse pour voir que Marie est là, la rendant plus légère, la rendant plus douce, la rendant sienne !

Chaque malheur, chaque blessure dans le monde est nôtre en tant que prêtre. Tant qu'il y aura un prêtre innocent dans une prison sibérienne, je suis en prison. Tant qu'un missionnaire sera sans toit sur sa tête, je serai sans abri. Il faut partager avec ces derniers, s'il doit y avoir de la compassion. Le prêtre ne s'assiéra jamais à regarder l'inimitié du monde contre Notre Seigneur, sachant que la coopération de Marie fut si réelle et active qu'elle se tint au pied de la Croix. Dans chaque représentation de la Crucifixion, la Madeleine est prostrée ; elle est presque toujours aux pieds de Notre Seigneur. Mais Marie est debout.

Enfin, Marie est présente à la mort du prêtre. Des millions de fois, il a demandé à Marie de prier pour lui à « l'heure de ma mort ». On peut espérer qu'il lui a offert la Messe au moins une fois par semaine durant toute sa prêtrise. Chaque jour, il annonçait la mort du Seigneur dans l'Eucharistie (1 Corinthiens 11, 26), et maintenant il ne vient pas à la fin de sa prêtrise, car celle-ci ne prend jamais fin : « Un prêtre pour toujours selon l'ordre de Melchisédek » (Psaume 109 [110], 4 ; Hébreux 5, 6). Mais c'est la fin de la période d'épreuve. C'est le moment où le prêtre se tourne le plus vers Marie pour son intercession. Il voit le Crucifix devant lui et peut entendre une fois de plus Son Seigneur lui dire : « Voici ta mère » (Jean 19, 27). La mort, pour ceux qui sont sauvés, est de nouveau l'enfance, une seconde naissance. C'est pourquoi on l'appelle *natalitia* ou anniversaire dans la liturgie. Le monde célèbre les anniversaires lorsque les hommes naissent dans la chair ; l'Église, lorsque les âmes naissent dans l'Esprit.

Mais le prêtre sait que Marie est en travail, car Il voit maintenant toutes ses faiblesses à la lumière blanche de l'éternité. À Bethléem, lorsqu'elle enfanta le Grand Prêtre, il n'y eut pas de travail, mais au Calvaire elle subit les douleurs de l'enfantement en devenant la Femme ou la Mère universelle. La représentante de son Fils divin ressent maintenant combien de chagrin supplémentaire Il lui a causé. Mais elle ne renoncera pas au fardeau, tout comme elle ne refusa pas Jean, qui fut en effet un pauvre échange pour Jésus.

Deux mots tombent des lèvres du prêtre à plusieurs reprises : « Jésus » et « Marie ». Il avait toujours été un *prêtre* — maintenant, enfin, dans la mort, Il est aussi une Victime. Deux fois, le grand Grand Prêtre avait été une *Victime*, en entrant dans le monde, et en le quittant. Marie était aux deux autels, à Bethléem et au Calvaire. Marie était aussi à l'autel du prêtre le jour de son ordination, et maintenant elle est avec lui à l'heure de sa mort.

Mère des prêtres ! Deux amours ont toujours habité sa vie : l'Amour de la Vie de son Fils, l'Amour de la Mort de son Fils. Ces mêmes deux amours, elle les porte à chaque prêtre. Dans l'Incarnation, elle fut le lien de communion entre Israël et le Christ ; à la Croix et à la Pentecôte, elle fut le lien de communion entre le Christ et Son Église. Maintenant, elle est le lien entre le prêtre-victime et Celui qui « intercède toujours pour nous dans le Ciel ».

Chaque prêtre, à l'heure de la mort, désire être déposé dans les bras de Marie comme le Christ, dont il est le représentant. Comme Marie dit après la Crucifixion, en tenant Son Fils dans ses bras : « Ceci est mon Corps », ainsi elle dira à la mort de chaque prêtre : « Ceci est mon corps, ma victime, ma hostie. » Comme j'ai formé Jésus Prêtre dans mon sein pour qu'Il soit Victime, ainsi j'ai aidé Jésus, *Sacerdos Hostia*, à grandir en Toi.

Est-il donc étonnant qu'elle soit la Femme dans la vie de chaque prêtre ? Aucun prêtre n'est à lui-même. Il appartient à la Mère de Jésus, à jamais la Prêtre-Victime.

~ 18 ~

Introduction au Calvaire et à la Messe

Il arriva qu'Il était en un certain lieu en prière. Lorsqu'Il eut cessé, l'un de Ses disciples Lui dit : Seigneur, enseigne-nous à prier, comme Jean a aussi enseigné à ses disciples.

(Luc 11:1)

Il y a plus de deux mille ans, les disciples de Jésus Lui demandèrent de leur apprendre à prier. Le désir de savoir prier et d'avoir une vie de prière satisfaisante continue de s'éveiller dans les cœurs aujourd'hui.

Notre Seigneur accomplit avec amour la demande des disciples en leur enseignant la prière du Notre Père (Luc 11:1–4). Par Son exemple, Il leur montra la nécessité de se retirer en un lieu tranquille pour prier, afin de recevoir guidance et nourriture spirituelle (Marc 1:35 ; Luc 5:16 ; Matth. 14:23).

En s'adressant à la foule rassemblée sur la montagne, Jésus rappelait également aux disciples : « Lorsque vous priez, entrez dans ta chambre, ferme la porte et prie ton Père qui est dans le secret ; et ton Père qui voit dans le secret te le rendra » (Matthieu 6,6).

L'archevêque Fulton J. Sheen reçut cette même demande qui fut adressée à Notre Seigneur : enseigne-nous à prier. Ses étudiants, ses paroissiens et son auditoire mondial lui demandaient comment prier et quelles étaient ses prières favorites.

Introduction au Calvaire et à la Messe

Dans cet esprit, Sheen s'efforçait d'encourager les gens à faire de la prière une habitude quotidienne et sainte. Aux catholiques, il recommandait spécifiquement d'assister à la Sainte Messe chaque jour lorsque cela est possible, de consacrer du temps à une Heure Sainte de prière, et de prier le Chemin de la Croix en union avec la Passion de Notre Seigneur.

L'archevêque Fulton J. Sheen disait souvent : « Je ne veux pas que ma vie m'appartienne. Je veux qu'elle appartienne au Christ. » Il avait cultivé une vie de prière intime avec le Christ, et il désirait la partager avec tous.

Durant les années 1930 et 1940, Fulton Sheen fut l'orateur principal de l'émission radiophonique The Catholic Hour, et des millions d'auditeurs écoutaient ses allocutions chaque semaine. Ses sujets allaient de la politique et de l'économie à la philosophie et à la quête éternelle du bonheur par l'homme.

En plus de son émission hebdomadaire, Sheen écrivit des dizaines de livres et de brochures. On peut affirmer sans risque que, par ses écrits, des milliers de personnes ont changé leur regard sur Dieu et l'Église. Sheen fut cité disant : « Il n'y a pas cent personnes aux États-Unis qui haïssent l'Église catholique, mais il y en a des millions qui haïssent ce qu'ils perçoivent à tort comme étant l'Église catholique. »

Animé d'un zèle ardent pour dissiper les mythes concernant Notre Seigneur et Son Église, Sheen donna une série de présentations puissantes sur la Passion du Christ et Ses sept dernières paroles de la Croix. En tant que spécialiste des Écritures, l'archevêque Sheen connaissait parfaitement la puissance contenue dans la prédication du Christ crucifié. Avec Saint Paul, Il pouvait dire : « Car j'ai décidé de ne rien savoir parmi vous, sinon Jésus-Christ, et lui crucifié » (1 Cor. 2:2).

Introduction au *Calvaire et à la Messe*

Lors de son dernier discours enregistré du Vendredi saint en 1979, l'Archevêque Sheen évoqua avoir donné ce type de réflexion sur le sujet des sept dernières paroles du Christ sur la Croix « pour la cinquante-huitième fois consécutive ». Que ce soit en tant que jeune prêtre à Peoria, Illinois, professeur universitaire à Washington, D.C., ou évêque à New York, les messages de Sheen laissaient assurément une marque indélébile sur ses auditeurs.

Compte tenu de leur importance et de l'impact qu'ils ont eu sur la société, il semblait approprié de faire revivre cette collection des allocutions radiophoniques de Sheen, qui furent par la suite compilées dans un ouvrage intitulé *Calvaire et la Messe* (New York : P.J. Kenedy and Sons, 1936).

Dans cette série de conférences, l'Archevêque Sheen parle de la découverte d'un Calvaire renouvelé, réactualisé et représenté dans la Messe. Le Calvaire est un avec la Messe, et la Messe est un avec le Calvaire, car en chacun se trouve le même Prêtre et la même Victime. Les Sept Paroles sont comme les sept parties de la Messe. Et tout comme il y a sept notes en musique permettant une infinité d'harmonies et de combinaisons, ainsi sur la Croix il y a sept notes divines, que le Christ mourant a fait résonner à travers les siècles, toutes combinées pour former la belle harmonie de la Rédemption du monde.

Chaque parole fait partie de la Messe. La Première Parole, « Pardonne », est le Confiteor ; La Deuxième Parole, « Ce Jour au Paradis », est l'Offertoire ; La Troisième Parole, « Voici ta Mère », est le Sanctus ; La Quatrième Parole, « Pourquoi m'as-Tu abandonné », est la Consécration ; La Cinquième Parole, « J'ai soif », est la Communion ; La Sixième Parole, « Tout est accompli », est l'Ite, Missa Est ; La Septième Parole, « Père, entre Tes mains », est le Dernier Évangile.

Introduction au Calvaire et à la Messe

Le 2 octobre 1979, lors de sa visite à la cathédrale Saint-Patrick à New York, le pape Jean-Paul II embrassa Fulton Sheen et lui murmura à l'oreille une bénédiction et une affirmation. Il dit : « Tu as bien écrit et bien parlé du Seigneur Jésus-Christ. Tu es un fils fidèle de l'Église. » Le jour du décès de l'archevêque Sheen (9 décembre 1979), on le retrouva dans sa chapelle privée, devant l'Eucharistie, à l'ombre de la croix. L'Archevêque Sheen était un homme purifié dans les feux de l'Amour et par le bois de la Croix.

On espère qu'à la lecture de ces réflexions, le lecteur s'accordera avec l'affirmation sincère donnée par le Pape Jean-Paul II concernant le don et la fidélité de Sheen. Que ces écrits de l'Archevêque Fulton J. Sheen suscitent un plus grand Amour et une meilleure compréhension du Saint Sacrifice de la Messe. Qu'ils révèlent à tous que la Croix de Jésus-Christ et la Sainte Eucharistie sont la source unique et véritable de toute grâce, offerte pour leur salut.

✠ J.M.J. ✠

~ 19 ~

Prologue

Il y a certaines choses dans la vie qui sont trop belles pour être oubliées, comme l'Amour d'une Mère. C'est pourquoi nous chérissons son portrait. L'Amour des soldats qui se sont sacrifiés pour leur pays est également trop beau pour être oublié ; c'est pourquoi nous vénérons leur mémoire lors du Jour du Souvenir. Mais la plus grande bénédiction jamais venue sur cette terre fut la visitation du Fils de Dieu sous la forme et l'habit de l'homme. Sa vie, au-dessus de toutes les vies, est trop belle pour être oubliée ; Ainsi, nous chérissons la Divinité de Ses Paroles dans l'Écriture Sainte et la charité de Ses Actes dans nos actions quotidiennes. Malheureusement, ce sont là les seuls souvenirs de certaines âmes, à savoir Ses Paroles et Ses *Actes*; aussi importants soient-ils, ils ne constituent pas la caractéristique la plus grande du Divin Sauveur.

L'acte le plus sublime dans l'histoire du Christ fut Sa *Mort*. La Mort est toujours importante, car elle scelle un destin. Tout homme mourant est une scène. Toute scène de mort est un lieu sacré. C'est pourquoi la grande littérature du passé, qui a abordé les émotions entourant la mort, n'est jamais devenue obsolète. Mais de toutes les morts dans l'histoire de l'homme, aucune n'a été plus importante que la Mort du Christ. Tous les autres, qui sont jamais nés dans le monde, y sont venus pour vivre; notre Seigneur y est venu pour mourir. La Mort fut un obstacle à la vie de Socrate, mais elle fut la couronne de la vie du Christ. Lui-même nous a dit qu'Il est venu « donner sa vie en rançon pour plusieurs »; que personne ne pouvait Lui ôter Sa Vie; mais Il la donnerait de Lui-même.

Prologue

Si donc la Mort était le moment suprême pour lequel le Christ a vécu, c'était, par conséquent, la seule chose qu'Il souhaitait voir mémorisée. Il ne demanda pas que les hommes consignent Ses Paroles dans une Écriture; Il ne demanda pas que Sa bonté envers les pauvres soit inscrite dans l'histoire, mais Il demanda que les hommes se souviennent de Sa Mort. Et afin que ce souvenir ne soit pas un récit quelconque de la part des hommes, Il institua Lui-même la manière précise dont elle devait être rappelée.

Le mémorial fut institué la nuit précédant Sa Mort, lors de ce que l'on a depuis appelé « La Dernière Cène ». Prenant le pain dans Ses Mains, Il dit : « Ceci est mon Corps, qui sera livré pour vous », c'est-à-dire livré à la mort. Puis, sur le calice de vin, Il dit : « Ceci est mon Sang de la nouvelle alliance, qui sera répandu pour plusieurs en rémission des péchés. » Ainsi, dans un symbole sans effusion de Sang de la séparation du Sang et du Corps, par la consécration distincte du Pain et du Vin, le Christ s'engagea à la mort aux yeux de Dieu et des hommes, et représenta Sa mort qui devait survenir le lendemain après-midi à trois heures.[1] Il s'offrait Lui-même comme Victime à immoler, afin que les hommes n'oublient jamais que « plus grand amour que celui-ci, personne n'a, de donner sa vie pour ses amis ». Il donna le commandement divin à l'Église : « Faites ceci en mémoire de moi. »

Le jour suivant, ce qu'Il avait préfiguré et annoncé, Il le réalisa dans sa plénitude ; alors qu'Il était crucifié entre deux voleurs et que Son Sang s'écoulait de Son Corps pour la rédemption du monde.

L'Église, que le Christ a fondée, n'a pas seulement conservé la Parole qu'Il a prononcée, ni les prodiges qu'Il a accomplis ; elle L'a aussi pris au sérieux lorsqu'Il a dit : « Faites ceci en mémoire de moi. » Et cette action par laquelle nous réactualisons Sa Mort sur la Croix est le Sacrifice de la Messe, dans lequel nous accomplissons en mémorial ce qu'Il fit à la Dernière Cène comme préfiguration de Sa Passion.[2]

Prologue

Ainsi, la Messe est pour nous l'acte couronnant de l'adoration chrétienne. Une chaire où les paroles de Notre Seigneur sont répétées ne nous unit pas à Lui ; un chœur où de doux sentiments sont chantés ne nous rapproche pas davantage de Sa Croix que de Ses vêtements. Un temple sans autel de sacrifice est inexistant parmi les peuples primitifs et dépourvu de sens parmi les chrétiens. Ainsi, dans l'Église catholique, l'*autel*, et non la chaire, le chœur ou l'orgue, est le centre de l'adoration, car s'y réactualise le mémorial de Sa Passion. Sa valeur ne dépend ni de celui qui la célèbre, ni de celui qui l'écoute ; elle dépend de Celui qui est le seul Grand Prêtre et Victime, Jésus-Christ notre Seigneur. Avec Lui, nous sommes unis, malgré notre néant ; en un certain sens, nous perdons momentanément notre individualité ; nous unissons notre intellect et notre volonté, notre cœur et notre âme, notre corps et notre sang, si intimement au Christ, que le Père céleste ne voit pas tant notre imperfection, mais plutôt nous *en Lui*, le Fils bien-aimé en qui Il trouve Sa complaisance. La Messe est pour cette raison le plus grand événement de l'histoire de l'humanité ; Le seul Acte Saint qui retient la colère de Dieu d'un monde pécheur, parce qu'il tient la Croix entre le ciel et la terre, renouvelant ainsi ce moment décisif où notre humanité triste et tragique s'est soudainement engagée vers la plénitude de la vie surnaturelle.

Ce qui importe à ce stade, c'est que nous prenions la bonne attitude mentale envers la Messe, et que nous nous rappelions ce fait important : le Sacrifice de la Croix n'est pas quelque chose qui s'est produit il y a deux mille ans. Il se produit encore. Ce n'est pas quelque chose de passé, comme la signature de la Déclaration d'Indépendance ; c'est un drame permanent dont le rideau ne s'est pas encore abaissé. Qu'on ne croie pas que cela s'est passé il y a longtemps, et que cela ne nous concerne plus plus que tout autre événement du passé. *Le Calvaire appartient à tous les temps et à tous les lieux.* C'est pourquoi, lorsque Notre Seigneur béni monta les hauteurs du Calvaire, Il fut justement dépouillé de Ses vêtements : Il sauverait le monde sans les apparats d'un monde passager. Ses vêtements appartenaient au temps, car ils Le localisaient et Le fixaient comme un habitant de Galilée. Maintenant qu'Il en était dépouillé et totalement dépossédé des choses terrestres, Il n'appartenait ni à la Galilée, ni à une province romaine, mais au monde. Il devint le pauvre universel du monde, n'appartenant à aucun peuple en particulier, mais à tous les hommes.

Pour exprimer davantage l'universalité de la Rédemption, la Croix fut érigée au carrefour des civilisations, en un point central entre les trois grandes cultures de Jérusalem, Rome et Athènes, au nom desquelles Il fut crucifié. La Croix fut ainsi placardée devant les yeux des hommes, pour arrêter les insouciants, pour interpeller les irréfléchis, pour éveiller les mondains. C'était le fait inéluctable auquel les cultures et civilisations de Son temps ne pouvaient résister. C'est aussi le fait inéluctable de notre époque, auquel nous ne pouvons résister.

Les figures à la Croix étaient les symboles de tous ceux qui crucifient. Nous étions présents par nos représentants. Ce que nous faisons aujourd'hui au Christ mystique, ils le faisaient en nos noms au Christ historique. Si nous sommes envieux du bien, nous étions là parmi les Scribes et les Pharisiens. Si nous redoutons de perdre quelque avantage temporel en embrassant la Vérité et l'Amour divins, nous étions là en Pilate. Si nous plaçons notre confiance dans les forces matérielles et cherchons à conquérir par le monde plutôt que par l'Esprit, nous étions là en Hérode. Et ainsi se poursuit l'histoire des péchés typiques du monde. Tous nous aveuglent quant à la réalité qu'Il est Dieu. Il y avait donc une certaine inévitabilité à la Crucifixion. Des hommes libres de pécher étaient aussi libres de crucifier.

Tant qu'il y aura du péché dans le monde, la Crucifixion demeurera une réalité. Comme l'a exprimé la poétesse Rachel Annand Taylor :

Prologue

« J'ai vu passer le Fils de l'Homme,
Couronné d'une couronne d'épines. »
« N'était-ce pas achevé, Seigneur, » dis-je,
« Et toute l'angoisse supportée ? »
Il tourna vers moi Ses yeux redoutables ;
« N'as-Tu pas compris ?
Ainsi chaque âme est un Calvaire
Et chaque péché un gibet. »

Nous étions là alors durant cette Crucifixion. Le drame était déjà accompli en ce qui concerne la vision du Christ, mais il n'avait pas encore été déployé à tous les hommes, en tous lieux et en tous temps. Si une bobine de film, par exemple, avait conscience d'elle-même, elle connaîtrait le drame du début à la fin, mais les spectateurs dans la salle ne le sauraient pas avant de l'avoir vu déroulé sur l'écran. De même, notre Seigneur sur la Croix voyait Son esprit éternel, tout le drame de l'histoire, le récit de chaque âme individuelle et comment plus tard elle réagirait à Sa Crucifixion ; mais bien qu'Il vît tout, nous ne pouvions savoir comment nous réagirions à la Croix avant d'être déroulés sur l'écran du temps. Nous n'étions pas conscients d'être présents ce jour-là au Calvaire, mais Il était conscient de notre présence. Aujourd'hui, nous connaissons le rôle que nous avons joué dans le théâtre du Calvaire; d'ailleurs, nous vivons et agissons maintenant dans le théâtre du vingtième siècle.

C'est pourquoi le Calvaire est actuel ; pourquoi la Croix est la Crise ; pourquoi, en un certain sens, les cicatrices sont encore ouvertes ; pourquoi la Douleur demeure encore déifiée, et pourquoi le Sang, tel des étoiles filantes, continue de tomber sur nos âmes. Il n'y a pas d'échappatoire à la Croix, pas même en la niant comme l'ont fait les Pharisiens ; pas même en vendant le Christ comme l'a fait Judas ; pas même en le crucifiant comme l'ont fait les bourreaux. Nous la voyons tous, soit pour l'embrasser dans le salut, soit pour fuir dans la misère.

Prologue

Mais comment se rend-elle visible ? Où trouverons-nous le Calvaire perpétué ? Nous trouverons le Calvaire renouvelé, rejoué, représenté, comme nous l'avons vu, dans la Messe. Le Calvaire est un avec la Messe, et la Messe est un avec le Calvaire, car dans les deux il y a le même Prêtre et la même Victime. Les Sept Paroles sont comme les sept parties de la Messe. Et tout comme il y a sept notes en musique admettant une infinité de variétés d'harmonies et de combinaisons, ainsi aussi sur la Croix il y a sept notes divines, que le Christ mourant a fait résonner à travers les siècles, toutes combinées pour former la belle harmonie de la Rédemption du monde.

Chaque parole fait partie de la Messe. La Première Parole, « Pardonne », est le Confiteor ; La Deuxième Parole, « Ce Jour au Paradis », est l'Offertoire ; La Troisième Parole, « Voici ta Mère », est le Sanctus ; La Quatrième Parole, « Pourquoi m'as-Tu abandonné », est la Consécration ; La Cinquième Parole, « J'ai soif », est la Communion ; La Sixième Parole, « Tout est accompli », est l'Ite, Missa Est ; La Septième Parole, « Père, entre Tes mains », est le Dernier Évangile.

Imaginez alors le Grand Prêtre Christ quittant la sacristie du Ciel pour l'autel du Calvaire. Il a déjà revêtu l'habit de notre nature humaine, le manipule de nos souffrances, l'étole de la prêtrise, la chasuble de la Croix. Le Calvaire est sa cathédrale; le rocher du Calvaire est la pierre d'autel; le soleil qui devient rouge est la lampe du sanctuaire; Marie et Jean sont les autels latéraux vivants; la Hostie est Son Corps; le vin est Son Sang. Il est droit en tant que Prêtre, mais Il est prostré en tant que Victime. Sa Messe est sur le point de commencer.

Prologue

(1) « La Mort nous est présentée sous un symbole, par ce départ sacramentel du Sang du Corps; mais la Mort est en même temps déjà engagée envers Dieu pour toute sa valeur, ainsi que pour toute sa réalité terrible, par le langage expressif du Symbole Sacré. Le prix de nos péchés sera payé sur le Calvaire, mais ici la responsabilité est encourue par notre Rédempteur et souscrite dans Son propre Sang » — Maurice de la Taille, S.J. — Foi catholique dans la Sainte Eucharistie, p. 115. "Il n'y eut pas deux sacrifices distincts et complets offerts par le Christ, l'un dans le Cénacle, l'autre au Calvaire. Il y eut un sacrifice à la Dernière Cène, mais ce fut le sacrifice de la Rédemption, et il y eut un sacrifice sur la Croix, mais ce fut ce même sacrifice continué et accompli. Le Souper et la Croix formaient un seul sacrifice complet." - Maurice de la Taille, S.J., Le Mystère de la Foi et l'Opinion Humaine, p. 232.

(2) "Il Offrit la Victime à immoler; nous l'offrons comme immolée d'antan. Nous offrons la Victime éternelle de la Croix, une fois faite et pour toujours durable... La Messe est un sacrifice parce qu'elle est notre oblation de la Victime une fois immolée, ainsi que le Souper fut l'oblation de la Victime à immoler." ibid., p. 239-240. La Messe n'est pas seulement une commémoration; elle est une représentation vivante du sacrifice de la Croix. "Dans ce Sacrifice Divin, qui se réalise à la Messe, est contenu et immolé, de manière non sanglante, le même Christ qui a été offert une fois pour toutes dans le Sang sur la Croix ... C'est une et même Victime, un et même Grand Prêtre, qui fait l'offrande par le ministère de Ses prêtres aujourd'hui, après s'être offert Lui-même sur la Croix hier; seule la manière de l'oblation est différente" (Concile de Trente, Session 22).

✠ J.M.J. ✠

~ 20 ~

Le Confiteor

« Père, pardonne-leur,

car ils ne savent pas ce qu'ils font. »

La Messe commence par le Confiteor. Le Confiteor est une prière dans laquelle nous confessons nos péchés et demandons à la Sainte Mère et aux saints d'intercéder auprès de Dieu pour notre pardon, car seuls les cœurs purs peuvent voir Dieu. Notre Seigneur béni commence aussi Sa Messe par le Confiteor. Mais Son Confiteor diffère du nôtre en ceci : Il n'a aucun péché à confesser. Il est Dieu et, par conséquent, est sans péché. "Lequel de vous me convaincra de péché ?" Son Confiteor ne peut donc pas être une prière pour le pardon de *Ses* péchés, mais il peut être une prière pour le pardon de nos péchés.

D'autres auraient crié, maudit, lutté, tandis que les clous perçaient leurs mains et leurs pieds. Mais aucune vindicte ne trouve place dans le cœur du Sauveur ; aucun appel ne sort de Ses lèvres pour la vengeance contre Ses meurtriers ; Il ne souffle aucune prière pour la force de supporter Sa douleur. L'Amour incarné oublie l'offense, oublie la douleur, et en ce moment d'agonie concentrée révèle quelque chose de la hauteur, de la profondeur et de l'étendue de l'Amour merveilleux de Dieu, alors qu'Il prononce Son Confiteor : « Père, pardonne-leur, car ils ne savent pas ce qu'ils font. »

Le Confiteor

Il n'a pas dit : « Pardonne-Moi », mais « Pardonne-leur ». L'instant de la mort était assurément celui le plus susceptible de produire la confession du péché, car la conscience, dans les dernières heures solennelles, affirme son autorité ; et pourtant pas un seul soupir de repentir ne s'échappa de Ses lèvres. Il était associé aux pécheurs, mais jamais associé au péché. Dans la mort comme dans la vie, Il ne fut conscient d'aucun devoir envers Son Père céleste non accompli. Et pourquoi? Parce qu'un Homme sans péché n'est pas simplement un homme; Il est plus qu'un simple homme. Il est sans péché parce qu'Il est Dieu – et c'est là toute la différence. Nous puisons nos prières dans les profondeurs de notre conscience du péché : Lui, Il tirait Son silence de Sa propre absence intrinsèque de péché. Ce seul mot, « Pardonne », Le prouve être le Fils de Dieu.

Remarquez les motifs pour lesquels Il demanda à Son Père céleste de nous pardonner – « Parce qu'ils ne savent pas ce qu'ils font. » Quand quelqu'un nous blesse ou nous accuse à tort, nous disons : « Ils auraient dû mieux savoir. » Mais quand nous péchons contre Dieu, Il trouve une excuse pour le pardon – notre ignorance.

Il n'y a pas de Rédemption pour les anges déchus. Les gouttes de sang qui sont tombées de la Croix le Vendredi saint lors de cette Messe du Christ n'ont pas touché les esprits des anges déchus. Pourquoi ? Parce qu'ils savaient ce qu'ils faisaient ? Ils voyaient toutes les conséquences de leurs actes, aussi clairement que nous voyons que deux et deux font quatre, ou qu'une chose ne peut exister et ne pas exister en même temps. Les vérités de ce genre, une fois comprises, ne peuvent être retirées ; elles sont irrévocables et éternelles. Ainsi, lorsqu'ils ont décidé de se rebeller contre le Dieu Tout-Puissant, il n'y avait pas de retour possible sur cette décision. Ils savaient ce qu'ils faisaient !

Mais avec nous, c'est différent. Nous ne voyons pas les conséquences de nos actes aussi clairement que les anges ; nous sommes plus faibles ; nous sommes ignorants. Mais si nous savions que chaque péché d'orgueil tissait une couronne d'épines pour la tête du Christ ; si nous savions que chaque contradiction à Son commandement divin faisait pour Lui le signe de contradiction, la Croix ; Si nous savions que chaque acte avide et cupide clouait Ses mains, et que chaque voyage dans les chemins tortueux du péché creusait Ses pieds ; Si nous savions combien Dieu est bon et que nous continuions pourtant à pécher, nous ne serions jamais sauvés. Ce n'est que notre ignorance de l'amour infini du Sacré-Cœur qui nous place à l'écoute de Son Confiteor depuis la Croix : « Père, pardonne-leur, car ils ne savent pas ce qu'ils font. »

Que ces paroles soient profondément gravées dans nos âmes : elles ne constituent pas une excuse pour le péché continu, mais un motif de contrition et de pénitence. Le pardon n'est pas un déni du péché. Notre Seigneur ne nie pas l'horrible réalité du péché, et c'est là où le monde moderne se trompe. Il explique le péché : il l'attribue à une chute dans le processus évolutif, à une survie d'anciens tabous ; Il l'identifie à un verbiage psychologique.

En un mot, le monde moderne nie le péché. Notre Seigneur nous rappelle que c'est la plus terrible de toutes les réalités. Sinon, pourquoi donne-t-il à l'Innocence une Croix? Pourquoi fait-il couler du sang innocent? Pourquoi a-t-il de telles associations épouvantables : cécité, compromis, lâcheté, haine et cruauté? Pourquoi s'élève-t-il désormais hors du domaine de l'impersonnel pour s'affirmer comme personnel en clouant l'Innocence à un gibet? Une abstraction ne peut pas faire cela. Mais l'homme pécheur le peut.

Ainsi, Celui qui a aimé les hommes jusqu'à la Mort a permis au péché de se venger sur Lui, afin qu'ils comprennent à jamais son horreur comme la crucifixion de Celui qui les a le plus aimés.

Il n'y a ici aucun déni du péché – et pourtant, malgré toute son horreur, la Victime pardonne. Dans ce même événement, il y a le signe de la dépravation absolue du péché et le sceau du pardon Divin. À partir de ce moment, nul homme ne peut regarder un crucifix et dire que le péché n'est pas grave, ni affirmer qu'il ne peut être pardonné. Par la manière dont Il a souffert, Il a révélé la réalité du péché ; par la manière dont Il l'a porté, Il manifeste Sa miséricorde envers le pécheur.

C'est la Victime qui a souffert qui pardonne : et dans cette union d'une Victime si humainement belle, si divinement aimante, si parfaitement innocente, on trouve un Grand Crime et un Pardon encore plus grand. Sous l'abri du Sang du Christ, les pires pécheurs peuvent prendre position ; car il y a une puissance dans ce Sang pour repousser les flots de vengeance qui menacent d'engloutir le monde.

Le monde vous offrira des explications pour justifier le péché, mais ce n'est qu'au Calvaire que vous faites l'expérience de la contradiction divine du péché pardonné. Sur la Croix, le don de soi suprême et l'Amour divin transforment le pire acte du péché en l'acte le plus noble et la prière la plus douce que le monde ait jamais vue ou entendue, le Confiteor du Christ : « Père, pardonne-leur, car ils ne savent pas ce qu'ils font. »

Ce mot « Pardonne », qui a retenti de la Croix ce jour où le péché a atteint sa pleine force puis est tombé vaincu par l'Amour, n'est pas mort avec son écho. Peu de temps auparavant, ce même Sauveur miséricordieux avait pris des moyens pour prolonger le pardon à travers l'espace et le temps, jusqu'à la consommation du monde. Rassemblant le noyau de Son Église autour de Lui, Il dit à Ses Apôtres : « Les péchés que vous remettrez, ils sont remis. »

Quelque part dans le monde aujourd'hui, les successeurs des Apôtres ont donc le pouvoir de pardonner. Il ne nous appartient pas de demander : Mais comment l'homme peut-il pardonner les péchés ? – Car l'homme ne peut pas pardonner les péchés. Mais Dieu peut pardonner les péchés *par* l'homme, car n'est-ce pas ainsi que Dieu a pardonné à Ses bourreaux sur la Croix, à savoir par l'intermédiaire de Sa nature humaine ?

Pourquoi donc ne serait-il pas raisonnable de s'attendre à ce qu'Il pardonne encore les péchés par d'autres natures humaines à qui Il a donné ce pouvoir ? Et où trouver ces natures humaines ?

Vous connaissez l'histoire de la boîte, longtemps ignorée et même ridiculisée comme sans valeur ; Et un jour, elle fut ouverte et l'on y découvrit le grand Cœur d'un géant. Dans chaque Église catholique, cette boîte existe. Nous l'appelons la boîte du confessionnal. Elle est ignorée et ridiculisée par plusieurs, mais en elle se trouve le Sacré-Cœur du Christ pardonneur, pardonnant les pécheurs par la main levée de Son prêtre, comme Il pardonna autrefois par Ses propres mains levées sur la Croix. Il n'y a qu'un seul pardon – le Pardon de Dieu. Il n'y a qu'un seul « Pardonne » – le « Pardonne » d'un Acte divin éternel auquel nous entrons en contact à divers moments du temps.

Comme l'air est toujours rempli de symphonie et de paroles, mais que nous ne l'entendons pas à moins de le capter sur nos radios, ainsi les âmes ne ressentent pas la joie de ce « Pardonne » éternel et divin à moins d'y être accordées en temps voulu; Et la boîte du confessionnal est le lieu où nous nous accordons à ce cri venant de la Croix.

Puissent nos esprits modernes, au lieu de nier la culpabilité, se tourner vers la Croix, reconnaître leur faute et chercher le pardon ; puissent ceux qui ont une conscience troublée, qui les tourmente à la lumière et les hante dans les ténèbres, chercher un soulagement, non pas sur le plan de la médecine, mais sur le plan de la Justice Divine ; puissent ceux qui dévoilent les sombres secrets de leur esprit le faire non pour la sublimation, mais pour la purgation ; puissent ces pauvres mortels qui versent des larmes en silence trouver une main absoutrice pour les essuyer. Faut-il qu'il soit toujours vrai que la plus grande tragédie de la vie ne soit pas ce qui arrive aux âmes, mais plutôt ce que les âmes manquent ? Et quelle plus grande tragédie y a-t-il que de manquer la paix du péché pardonné ? Le Confiteor est, au pied de l'autel, notre cri d'indignité : le Confiteor de la Croix est notre espérance de pardon et d'absolution. Les blessures du Sauveur étaient terribles, mais la pire blessure de toutes serait d'oublier que nous en sommes la cause. Le Confiteor peut nous en préserver, car c'est une reconnaissance qu'il y a quelque chose à pardonner – et plus encore que nous ne saurons jamais.

On raconte l'histoire d'une religieuse qui, un jour, dépoussiérait une petite image de Notre Seigneur béni dans la chapelle. Au cours de son devoir, elle la laissa tomber par terre. Elle la ramassa intacte, l'embrassa, et la remit à sa place en disant : « Si tu n'étais jamais tombé, tu n'aurais jamais reçu cela. » Je me demande si Notre Seigneur béni ne ressent pas la même chose à notre égard, car si nous n'avions jamais péché, nous ne pourrions jamais L'appeler « Sauveur ».

~ 21 ~

L'Offertoire

« Amen, je te le dis, aujourd'hui

tu seras avec moi dans le paradis. »

C'est maintenant l'offertoire de la Messe, car notre Seigneur s'offre Lui-même à Son Père céleste. Mais afin de nous rappeler qu'Il n'est pas offert seul, mais en union avec nous, Il unit à Son offertoire l'âme du voleur à droite. Pour parfaire Son ignominie, dans un coup de maître de malice, ils L'ont crucifié entre deux voleurs. Il a marché parmi les pécheurs durant Sa vie, et maintenant ils Le laissent pendre entre eux à la mort. Mais Il a changé le tableau et a fait des deux voleurs les symboles des brebis et des chèvres, qui se tiendront à Sa droite et à Sa gauche lorsqu'Il viendra dans les nuées du Ciel, avec Sa Croix alors triomphante, pour juger les vivants et les morts.

Les deux voleurs, au début, ont tous deux insulté et blasphémé, mais l'un d'eux, que la tradition appelle Dismas, tourna la tête pour lire la douceur et la dignité sur le visage du Sauveur crucifié. Comme un morceau de charbon jeté dans le feu se transforme en une chose brillante et ardente, ainsi l'âme noire de ce voleur, jetée dans les feux de la Crucifixion, s'illumina d'Amour pour le Sacré-Cœur.

Alors que le voleur à gauche disait : « Si Tu es Christ, sauve-Toi Toi-même et nous », le voleur repentant le reprit en disant : « Tu ne crains pas Dieu, toi qui es sous la même condamnation. » Et nous

L'Offertoire

justement, car nous recevons la juste rétribution de nos œuvres ; mais cet homme n'a fait aucun mal." Ce même voleur alors émit une supplique, non pour une place parmi les puissants, mais seulement pour ne pas être oublié : « Souviens-toi de moi, quand Tu viendras dans Ton Royaume. »

Une telle douleur et Foi ne doivent pas rester sans récompense. À un moment où la puissance de Rome ne pouvait Le faire parler, quand Ses amis croyaient que tout était perdu, et Ses ennemis pensaient que tout était gagné, notre Seigneur rompit le silence. Lui, qui était l'accusé, devint le Juge : Lui, qui était le crucifié, devint le Divin Assesseur des âmes. Quant au voleur pénitent, Il proclama ces paroles : « Aujourd'hui tu seras avec moi au paradis. » Aujourd'hui – quand tu as dit ta première prière et ta dernière ; aujourd'hui – tu seras avec moi – et là où Je suis, il y a le Paradis.

Par ces paroles, notre Seigneur qui s'offrait à Son Père céleste comme la grande Hostie, unit maintenant avec Lui sur la patène de la Croix la première petite Hostie jamais offerte à la Messe, l'Hostie du voleur repentant, un rameau arraché au feu, une gerbe déchirée des moissonneurs terrestres ; le blé moulu dans le moulin de la crucifixion et transformé en pain pour l'Eucharistie.

Notre Seigneur ne souffre pas seul sur la Croix : Il souffre avec nous. C'est pourquoi Il a uni le sacrifice du larron au Sien. C'est ce que Saint Paul entend lorsqu'il dit que nous devons achever ce qui manque aux souffrances du Christ. Cela ne signifie pas que Notre Seigneur sur la Croix n'a pas souffert tout ce qu'Il pouvait. Cela signifie plutôt que le Christ physique et historique a souffert tout ce qu'Il pouvait dans Sa propre nature humaine, mais que le Christ mystique, qui est le Christ et nous, n'a pas encore souffert à *our* plénitude. Tous les autres bons larrons de l'histoire du monde n'ont pas encore reconnu leur faute ni imploré qu'on se souvienne d'eux. Notre Seigneur est maintenant au Ciel. Il ne peut donc plus souffrir

L'Offertoire

dans Sa nature humaine, mais Il peut souffrir davantage dans nos natures humaines.

Ainsi, Il tend la main à d'autres natures humaines, à la vôtre et à la mienne, et nous demande de faire comme le larron, c'est-à-dire de nous incorporer à Lui sur la Croix, afin qu'en participant à Sa Crucifixion, nous participions aussi à Sa Résurrection, et qu'en devenant participants de Sa Croix, nous devenions aussi participants de Sa gloire au Ciel.

Comme Notre Seigneur béni ce jour-là choisit le voleur comme la petite hostie du sacrifice, Il nous choisit aujourd'hui comme les autres petites hosties unies à Lui sur la patène de l'autel. Retournez dans l'œil de votre esprit à une Messe, à n'importe quelle Messe célébrée aux premiers siècles de l'Église, avant que la civilisation ne devienne entièrement financière et économique. Si nous assistions au Saint Sacrifice dans l'Église primitive, nous aurions apporté à l'autel chaque matin du pain et du vin. Le Prêtre aurait utilisé un morceau de ce pain sans levain et un peu de ce vin pour le Sacrifice de la Messe. Le reste aurait été mis de côté, béni, et distribué aux pauvres. Aujourd'hui, nous n'apportons pas de pain et de vin. Nous apportons leur équivalent : ce qui achète le pain et le vin. D'où la quête de l'offertoire.

Pourquoi apportons-nous du pain et du vin ou leur équivalent à la Messe ? Nous apportons du pain et du vin parce que ces deux choses, de toutes celles de la nature, représentent le plus la substance de la Vie. Le blé est comme la moelle même de la terre, et les raisins son sang véritable, tous deux nous donnant le Corps et le Sang de la Vie. En apportant ces deux choses, qui nous donnent la vie et nous nourrissent, *nous nous offrons en retour* au Sacrifice de la Messe.

Nous sommes donc présents à chaque Messe sous l'apparence du pain et du vin, qui sont les symboles de notre Corps et de notre Sang. Nous ne sommes pas de simples spectateurs, comme si nous assistions à un spectacle au théâtre, mais nous co-offrons notre Messe avec le Christ. Si une image décrit adéquatement notre rôle dans ce drame, c'est celle-ci : Il y a devant nous une grande Croix sur laquelle est étendue la grande Hostie, le Christ. Autour de la colline du Calvaire se trouvent nos petites croix sur lesquelles nous, les petites hosties, devons être offerts. Lorsque Notre Seigneur va à Sa Croix, nous allons à nos petites croix, et nous nous offrons en union avec Lui, comme une oblation pure au Père céleste.

À ce moment précis, nous accomplissons littéralement dans les moindres détails le commandement de notre Sauveur : Porte ta croix chaque jour et suis-Moi. Ce faisant, Il ne nous demande rien qu'Il n'ait déjà accompli Lui-même. Ce n'est pas non plus une excuse de dire : « Je suis une pauvre hostie indigne. » Il en fut de même pour le voleur.

Notez qu'il y avait deux attitudes dans l'âme de ce voleur, toutes deux le rendant acceptable à Notre Seigneur. La première était la reconnaissance du fait qu'il méritait ce qu'il souffrait, mais que le Christ sans péché ne méritait pas Sa Croix ; En d'autres termes, il était *pénitent*. La seconde était la *foi* en Celui que les hommes rejetaient, mais que le voleur reconnaissait comme le Roi des Rois lui-même.

À quelles conditions devenons-nous de petites hosties dans la Messe ? Comment notre sacrifice devient-il un avec celui du Christ et aussi acceptable que celui du voleur ? Seulement en reproduisant dans nos âmes les deux attitudes de l'âme du voleur : le *repentir* et la *foi*.

Tout d'abord, nous devons être pénitents avec le voleur et dire : « Je mérite la punition pour mes péchés. J'ai besoin d'un sacrifice. » Certains d'entre nous ignorent combien nous sommes méchants ou ingrats envers Dieu. Si nous le savions, nous ne nous plaindrions pas autant des chocs et des douleurs de la vie. Nos consciences sont

L'Offertoire

comme des pièces obscurcies dont la lumière a été longtemps exclue. Nous tirons le rideau et voici ! Partout, ce que nous pensions être de la propreté, nous trouvons maintenant de la poussière.

Certaines consciences ont été tellement recouvertes d'excuses qu'elles prient avec le Pharisien : « Je Te rends grâce, ô Dieu, de ne pas être comme les autres hommes. » D'autres blasphèment le Dieu du Ciel à cause de leur douleur et de leurs péchés, mais ne se repentent pas. La guerre mondiale, par exemple, était censée être une purge du mal ; Elle était destinée à nous enseigner que nous ne pouvons pas nous passer de Dieu, mais le monde a refusé d'apprendre la leçon. Comme le larron à gauche, il refuse d'être pénitent : il refuse de reconnaître toute relation de justice entre le péché et le sacrifice, entre la rébellion et la croix.

Mais plus nous sommes pénitents, moins nous sommes anxieux d'échapper à notre croix. Plus nous nous voyons tels que nous sommes, plus nous disons avec le bon larron : « Je méritais cette croix. » Il ne voulait pas être excusé ; il ne voulait pas que son péché soit justifié ; il ne voulait pas être absous à la légère ; il ne demanda pas à être descendu. Il voulait seulement être pardonné. Il acceptait même d'être une petite Hostie sur sa propre petite croix – mais c'était parce qu'il était pénitent. Il ne nous est donné d'autre moyen pour devenir de petites Hosties avec le Christ dans la Messe que de briser notre cœur de douleur ; Car à moins d'admettre que nous sommes blessés, comment pourrions-nous ressentir le besoin de guérison ? À moins d'être attristés de notre part dans la Crucifixion, comment pourrions-nous jamais demander à être pardonnés de ce péché ?

La seconde condition pour devenir une hostie à l'offertoire de la Messe est la Foi. Le voleur regarda au-dessus de la tête de Notre Seigneur béni et vit un écriteau portant l'inscription : « ROI ». Étrange Roi que celui-là ! Pour couronne : des épines. Pour pourpre royale : Son propre Sang. Pour trône : une Croix. Pour courtisans : des bourreaux. Pour couronnement : une crucifixion. Et pourtant, sous toute cette scorie, le voleur vit l'or ; au milieu de tous ces blasphèmes, il pria.

Sa Foi était si forte qu'il se contenta de rester sur sa Croix. Le voleur à gauche demanda à être descendu, mais pas celui à droite. Pourquoi ? Parce qu'il savait qu'il y avait des maux plus grands que les crucifixions et une autre Vie au-delà de la Croix. Il avait Foi en l'Homme sur la Croix centrale qui aurait pu transformer les épines en guirlandes et les clous en boutons de rose s'Il l'avait voulu ; mais il avait la Foi en un Royaume au-delà de la Croix, sachant que les souffrances de ce monde ne sont pas dignes d'être comparées aux joies à venir. Avec le Psalmiste, son âme criait : « Même si je marche au milieu de l'ombre de la Mort, je ne craindrai aucun mal, car Tu es avec moi. »

Une telle Foi était semblable à celle des trois jeunes gens dans la fournaise ardente, que le roi Nabuchodonosor avait ordonné d'adorer la statue d'or. Leur réponse fut : « Voici, notre Dieu, que nous adorons, peut nous sauver de la fournaise de feu ardent, et nous délivrer de tes mains, ô roi. Mais s'Il ne le veut pas, sache, ô roi, que nous ne servirons pas tes dieux, ni n'adorerons la statue d'or que tu as dressée. » Notez qu'ils ne demandèrent pas à Dieu de les délivrer de la fournaise ardente, bien qu'ils sachent que Dieu le pouvait, « car Il peut nous sauver de la fournaise de feu ardent. » Ils se remirent entièrement entre les mains de Dieu, et, à l'instar de Job, ils Lui firent confiance.

Ainsi aussi, avec le bon larron : Il savait que Notre Seigneur pouvait le délivrer. Mais *Il ne demanda pas à être descendu de la Croix*, car Notre Seigneur ne descendit pas Lui-même, bien que la foule Le provoquât. Le larron serait une petite Hostie, si besoin était, jusqu'à la fin même de la Messe. Cela ne signifiait pas que le larron n'aimât pas la vie : Il aimait la vie autant que nous l'aimons. Il désirait la vie et une longue vie, et Il la trouva, car quelle vie est plus longue que la Vie Éternelle ? À chacun de nous de même, il est donné de découvrir cette Vie Éternelle. Mais il n'y a pas d'autre chemin pour y entrer que par la pénitence et par la Foi, qui nous unissent à cette Grande Hostie – le Prêtre et Victime Christ. Ainsi devenons-nous des voleurs spirituels et volons le Ciel à nouveau.

✠ J.M.J. ✠

~ 22 ~

Le Sanctus

« Femme, voici ton fils…

voici ta mère. »

Il y a cinq jours, Notre Seigneur béni fit une entrée triomphale dans la ville de Jérusalem : des cris de triomphe retentissaient à Ses oreilles ; Les paumes tombèrent sous Ses pieds, tandis que l'air résonnait de hosannas au Fils de David et de louanges au Saint d'Israël. À ceux qui auraient voulu faire taire la démonstration en Son honneur, notre Seigneur leur rappelle que si leurs voix s'étaient tues, même les pierres elles-mêmes auraient crié. Ce fut le jour de naissance des cathédrales gothiques.

Ils ne connaissaient pas la véritable raison pour laquelle ils L'appelaient *saint* ; Ils ne comprenaient même pas pourquoi Il acceptait le tribut de leurs louanges. Ils croyaient proclamer en Lui une sorte de roi terrestre. Mais Il accepta leur démonstration parce qu'Il allait être le Roi d'un empire spirituel. Il accepta leurs hommages, leurs hosannas et leurs hymnes de louange parce qu'Il allait à Sa Croix en tant que Victime. Et toute Victime doit être sainte – *Sanctus, Sanctus, Sanctus*. Cinq jours plus tard vint le *Sanctus* de la Messe du Calvaire. Mais à ce *Sanctus* de Sa Messe, Il ne dit pas « saint » – Il s'adresse aux saints ; Il ne murmure pas « Sanctus » – Il s'adresse *à* des saints, à Sa douce Mère Marie, et à Son disciple bien-aimé, Jean.

Le Sanctus

Ce sont des paroles frappantes : « Femme, voici ton fils... » « Voici ta mère. » Il s'adressait maintenant aux saints. Il n'avait pas besoin d'intercession sainte, car Il était le Saint de Dieu. Mais nous avons besoin de sainteté, car chaque victime de la Messe doit être sainte, sans tache et immaculée. Mais comment pouvons-nous être des participants saints au Sacrifice de la Messe ? Il a donné la réponse : c'est-à-dire, en nous mettant sous la protection de Sa Sainte Mère. Il s'adresse à l'Église et à tous ses membres en la personne de Jean, et dit à chacun de nous : « Voici ta mère. » C'est pourquoi Il ne l'a pas appelée « Mère » mais « Femme ». Elle avait une mission universelle, être non seulement Sa Mère mais aussi la Mère de tous les chrétiens. Elle avait été Sa Mère; Maintenant, elle devait être la Mère de Son Corps mystique, l'Église. Et nous devions être ses enfants.

Il y a un mystère immense caché dans ce seul mot, « Femme ». Ce fut véritablement la dernière leçon de détachement que Jésus lui avait enseignée pendant toutes ces années, et la première leçon du nouvel attachement. Notre Seigneur avait graduellement 'aliéné', pour ainsi dire, Ses affections de Sa Mère, non pas dans le sens où elle devait L'aimer moins, ni qu'Il devait l'aimer moins, mais seulement dans le sens où elle devait nous aimer davantage. Elle devait se détacher de la maternité dans la chair, afin de s'attacher davantage à cette maternité plus grande dans l'esprit. D'où le mot : « Femme ». Elle devait faire de nous *d'autres Christ*, car comme Marie avait élevé le Saint de Dieu, ainsi elle seule pouvait nous élever comme saints pour Dieu, dignes de dire *Sanctus, Sanctus, Sanctus*, dans la Messe de ce Calvaire prolongé.

L'histoire de la préparation de son rôle en tant que Mère du Corps mystique du Christ se déploie en trois scènes dans la vie de son Fils divin, chacune suggérant la leçon que le Calvaire lui-même devait révéler : à savoir qu'elle était appelée non seulement à être la Mère de Dieu, mais aussi la Mère des hommes ; Non seulement la

Le Sanctus

Mère de la sainteté, mais la Mère de ceux qui demandent à être saints.

La première scène eut lieu au Temple, où Marie et Joseph retrouvèrent Jésus après une recherche de trois jours. La Sainte Mère Lui rappelle que leurs cœurs étaient brisés de douleur durant la longue recherche, et Il répond : « Ne saviez-vous pas que Je dois m'occuper des affaires de Mon Père ? » Ici, Il disait en substance : « J'ai une autre affaire, Mère, que celle de l'atelier du charpentier. Mon Père M'a envoyé dans ce monde pour la mission suprême de la Rédemption, afin de faire de tous les hommes des fils adoptifs de Mon Père céleste dans le Royaume plus grand de la fraternité du Christ, Ton Fils. » Jusqu'à quel point la pleine vision de ces paroles s'est révélée à Marie, nous l'ignorons ; Si elle comprenait alors que la paternité de Dieu signifiait qu'elle devait être la Mère des hommes, nous l'ignorons. Mais certainement, dix-huit ans plus tard, dans la seconde scène, aux noces de Cana, elle parvint à une compréhension plus profonde de cette mission.

Quelle pensée consolante que de penser que notre Seigneur béni, qui prêchait la pénitence, qui prêchait la mortification, qui insistait pour prendre la Croix chaque jour et Le suivre, ait commencé Sa Vie publique en assistant à une fête de mariage ! Quelle belle compréhension de nos cœurs !

Lorsque, au cours du banquet, le vin fut épuisé, Marie, toujours attentive aux autres, fut la première à s'en apercevoir, et la première à chercher à soulager cette gêne. Elle dit simplement à notre Seigneur béni : « Ils n'ont plus de vin. » Et notre Seigneur béni Lui répondit : « Femme, qu'y a-t-il entre Toi et Moi ? » « Mon Heure n'est pas encore venue. » « Femme, qu'y a-t-il entre Toi et Moi ? » Il ne L'appela pas « Mère », mais « Femme » – le même titre qu'Elle devait recevoir trois ans plus tard.

Le Sanctus

Il lui disait en substance : « Tu Me demandes de faire quelque chose qui M'appartient en tant que Fils de Dieu. Tu Me demandes d'accomplir un miracle que seul Dieu peut accomplir ; tu Me demandes d'exercer Ma divinité, qui concerne toute l'humanité, à savoir en tant que son Rédempteur. Mais une fois que cette divinité agit pour le salut du monde, tu deviens non seulement Ma Mère, mais la Mère de l'humanité rachetée. Ta maternité physique s'étend au vaste domaine de la maternité spirituelle, et pour cette raison, Je t'appelle : « Femme. » Et afin de prouver que son intercession est puissante dans ce rôle de maternité universelle, Il ordonna que les jarres soient remplies d'eau, et dans le langage de Crashaw, le premier miracle fut accompli : « les eaux conscientes virent leur Dieu et rougirent. »

La troisième scène se déroule dans un délai de deux ans. Un jour, alors que Notre Seigneur prêchait, quelqu'un interrompit Son discours pour dire : « Ta mère… » se tient dehors, te cherchant." Notre Seigneur béni dit : « Qui est ma mère ? » et, tendant les mains vers Ses disciples, Il dit : « Voici ma mère et mes frères. » Car quiconque fait la volonté de mon Père, qui est dans le ciel, celui-là est mon frère, ma sœur et ma mère. » Le sens était indubitable. Il existe une maternité spirituelle ; il y a des liens autres que ceux de la chair ; il y a des attaches autres que les liens du sang, à savoir des liens spirituels qui unissent ceux du Royaume où règnent la paternité de Dieu et la fraternité du Christ.

Ces trois scènes culminent à la Croix, où Marie est appelée « Femme ». Ce fut la seconde Annonciation. L'ange lui dit dans la première : « Je vous salue, Marie. » Son Fils Lui parle dans la seconde : « Femme. » Cela ne signifiait pas qu'Elle cessait d'être Sa Mère ; Elle est toujours la Mère de Dieu ; mais sa maternité s'est agrandie et étendue ; elle est devenue spirituelle, elle est devenue universelle, car à ce moment-là elle est devenue notre mère. Notre

Seigneur a créé le lien là où il n'existait pas par nature, comme Lui seul pouvait le faire.

Et comment est-elle devenue la Mère des hommes ? En devenant non seulement la mère, mais aussi l'épouse du Christ. Il était le nouvel Adam ; elle est la nouvelle Ève. Et comme Adam et Ève ont engendré leur progéniture naturelle, que nous sommes, ainsi le Christ et Sa Mère ont engendré à la Croix leur progéniture spirituelle, que nous sommes : enfants de Marie ou membres du Corps mystique du Christ. Elle a enfanté son Premier-né à Bethléem. Notez que saint Luc appelle notre Seigneur le *Premier-né* – non pas parce que notre Sainte Mère devait avoir d'autres enfants *selon la chair*, mais seulement parce qu'elle devait avoir d'autres enfants *selon l'esprit*. Au moment où notre Seigneur béni lui dit : « Femme », elle devint en un certain sens l'épouse du Christ, et elle enfanta dans la douleur son premier-né dans l'esprit, et son nom était Jean. Qui fut le second-né, nous ne le savons pas. Ce put être Pierre. Ce put être André. Mais nous, en tout cas, sommes le millionième et millionième enfant de cette femme au pied de la Croix. Ce fut un bien pauvre échange, en effet, de recevoir le fils de Zébédée à la place du Fils de Dieu. Mais sûrement notre gain fut plus grand, car tandis qu'elle acquérait des enfants ingrats et souvent rebelles, nous avons obtenu la Mère la plus aimante du monde – la Mère de Jésus.

Nous sommes enfants de Marie – littéralement, *enfants*. Elle est notre Mère, non pas par un titre fictif, ni par un titre de courtoisie; elle est notre Mère parce qu'elle a enduré, en ce moment précis, les douleurs de l'enfantement pour nous tous. Et pourquoi Notre Seigneur nous l'a-t-Il donnée comme Mère? Parce qu'Il savait *que nous ne pourrions jamais être saints sans elle*. Il est venu à nous par sa pureté, et ce n'est que par sa pureté que nous pouvons retourner à elle. Il n'y a pas de Sanctus sans Marie. Chaque victime qui monte à cet autel sous les espèces du pain et du vin doit avoir dit le Confiteor, et être devenue une victime sainte – mais il n'y a pas de sainteté sans Marie.

Notez que lorsque ce mot fut adressé à notre Sainte Mère, une autre femme était là, prostrée. Avez-vous déjà remarqué que pratiquement toute représentation traditionnelle de la Crucifixion montre toujours Madeleine à genoux au pied du crucifix? Mais vous n'avez jamais encore vu une image de la Sainte Mère prostrée. Jean était là, et Il raconte dans son Évangile qu'elle se tenait debout. Il L'a vue se tenir debout. Mais pourquoi se tenait-elle debout? Elle se tenait debout pour nous être utile. Elle se tenait debout pour être notre ministre, notre Mère.

Si Marie avait pu se prosterner à ce moment-là comme l'a fait Madeleine, si elle avait seulement pu pleurer, sa douleur aurait trouvé un exutoire. La douleur qui pleure n'est jamais la douleur qui brise le cœur. C'est le cœur qui ne trouve aucun exutoire dans la fontaine des larmes qui se fissure; c'est le cœur qui ne peut avoir d'effondrement émotionnel qui se brise. Et toute cette douleur faisait partie du prix d'achat payé par notre Corédemptrice, Marie la Mère de Dieu!

Parce que notre Seigneur L'a voulue pour nous comme notre Mère, Il L'a laissée sur cette terre après Son ascension au Ciel, afin qu'Elle puisse materner l'Église enfant. L'Église enfant avait besoin d'une mère, tout comme le Christ enfant. Elle devait demeurer sur la terre jusqu'à ce que sa famille ait grandi. C'est pourquoi nous la trouvons à la Pentecôte, demeurant en prière avec les Apôtres, attendant la descente du Saint-Esprit. Elle materne le Corps mystique du Christ.

Maintenant, elle est couronnée au ciel comme Reine des anges et des saints, transformant le ciel en une autre noces de Cana lorsqu'elle intercède auprès de son divin Sauveur pour nous, ses autres enfants, frères du Christ et fils du Père céleste.

Le Sanctus

Vierge Mère ! Quelle belle conjonction de virginité et de maternité, l'une comblant le défaut de l'autre. La virginité seule manque de quelque chose : elle est incomplète ; quelque chose d'inaccompli ; une faculté inutilisée. La maternité seule perd quelque chose : il y a un abandon, un défleurissement, un arracher d'une fleur. Oh ! Pour un *rapprochement* où il y aurait une virginité qui n'aurait jamais manqué de rien et une maternité qui n'aurait jamais rien perdu ! Nous avons les deux en Marie, la Vierge Mère : Vierge par la venue du Saint-Esprit à Bethléem et à la Pentecôte ; Mère par les millions de ses enfants, de Jésus jusqu'à toi et moi.

Il n'est nullement question ici de confondre Notre Dame et Notre Seigneur ; Nous vénérons notre Mère, nous adorons notre Seigneur. Nous demandons à Jésus ce que seul Dieu peut donner : la Miséricorde, la Grâce et le Pardon. Nous demandons que Marie intercède pour nous auprès de Lui, et spécialement à l'heure de notre Mort. En raison de sa proximité avec Jésus, que sa vocation implique, nous savons que notre Seigneur écoute particulièrement son appel. À aucun autre saint nous ne pouvons parler comme un enfant à sa Mère : aucune autre Vierge, martyre, Mère ou confesseur n'a jamais autant souffert pour nous qu'elle ; Personne n'a jamais mieux mérité notre Amour et notre patronage qu'elle.

Comme Médiatrice de toutes les Grâces, toutes les faveurs nous viennent de Jésus par elle, tout comme Jésus Lui-même est venu à nous par elle. Nous désirons être saints, mais nous savons qu'il n'y a pas de Sainteté sans elle, car elle fut le don de Jésus pour nous au *Sanctus* de Sa Croix. Aucune Femme ne peut jamais oublier l'enfant de son sein ; Alors certainement Marie ne peut jamais nous oublier. C'est pourquoi nous sentons profondément dans nos cœurs que chaque fois qu'elle voit un autre enfant innocent au banc de la Première Communion, ou un autre pécheur pénitent se dirigeant vers la Croix, ou un autre cœur brisé suppliant que l'eau d'une vie gâchée

Le Sanctus

soit changée en vin de l'amour de Dieu, elle entend une fois de plus ce mot : « Femme, voici ton fils. »

✠ J.M.J. ✠

~ 23 ~

La Consécration

« Mon Dieu, mon Dieu, pourquoi m'as-tu abandonné ? »

La Quatrième Parole est la Consécration de la Messe du Calvaire. Les trois premières Paroles furent adressées aux hommes, mais les quatre dernières Paroles furent adressées à Dieu. Nous sommes maintenant dans la phase finale de la Passion. Dans la quatrième Parole, dans tout l'univers, il n'y a que Dieu et Lui-même. C'est l'heure des ténèbres. Soudain, dans cette obscurité, le silence est brisé par un cri – si terrible, si inoubliable, que même ceux qui ne comprenaient pas le dialecte se souvenaient des tonalités étranges : «*Élie, Élie, lamma sabacthani.*» Ils l'ont transcrit ainsi, une approximation de l'hébreu, car ils ne purent jamais se défaire du son de ces tonalités durant tous les jours de leur vie.

Les ténèbres qui couvraient la terre en ce moment n'étaient que le symbole extérieur de la nuit obscure de l'âme intérieure. Le soleil pouvait bien cacher son visage, au terrible crime du Déicide. La véritable raison pour laquelle la terre a été créée était d'y ériger une Croix. Et maintenant que la Croix était érigée, la création ressentit la douleur et sombra dans les ténèbres.

Mais pourquoi ce cri des ténèbres ? Pourquoi ce cri d'abandon : « Mon Dieu, mon Dieu, pourquoi m'as-Tu abandonné ? » C'était le cri d'expiation pour le péché. Le péché est l'abandon de Dieu par l'homme ; c'est la créature qui abandonne le Créateur, comme une fleur qui abandonnerait la lumière du soleil, source de sa force et de sa beauté. Le péché est une séparation, un divorce – le divorce originel d'avec l'unité en Dieu, d'où dérivent tous les autres divorces.

Puisqu'Il est venu sur la terre pour racheter les hommes du péché, il convenait donc qu'Il *ressente* cet abandon, cette séparation, ce divorce. Il le ressentit d'abord intérieurement, dans Son âme, comme la base d'une montagne, si consciente, pourrait se sentir abandonnée par le soleil lorsqu'un nuage la voile, bien que ses grands sommets soient irradiés de lumière. Il n'y avait aucun péché dans Son âme, mais puisqu'Il voulait ressentir l'effet du péché, un affreux sentiment d'isolement et de solitude s'empara de Lui – la solitude d'être sans Dieu.

Abandonnant la consolation divine qui aurait pu Lui appartenir, Il s'enfonça dans une affreuse solitude humaine, pour expier la solitude d'une âme qui a perdu Dieu par le péché ; Pour la solitude de l'athée qui affirme qu'il n'y a pas de Dieu, pour l'isolement de l'homme qui abandonne sa foi pour des choses, et pour le chagrin de tous les pécheurs qui ont le mal du pays sans Dieu. Il alla même jusqu'à racheter tous ceux qui ne veulent pas croire, qui dans la douleur et la misère maudissent et abandonnent Dieu, criant : « Pourquoi cette mort ? » Pourquoi devrais-je perdre ma propriété ? Pourquoi devrais-je souffrir ?" Il a expié toutes ces choses en adressant un « Pourquoi » à Dieu.

Mais afin de mieux révéler l'intensité de ce sentiment d'abandon, Il l'a manifesté par un signe extérieur. Parce que l'homme s'était séparé de Dieu, Il a permis, en réparation, que Son Sang soit séparé de Son Corps. Le péché était entré dans le sang de l'homme ; Et comme si les péchés du monde étaient sur Lui, Il a vidé le calice de Son Corps de Son Sang sacré. Nous pouvons presque L'entendre dire : « Père, ceci est Mon Corps ; ceci est Mon Sang. Ils sont séparés l'un de l'autre comme l'humanité a été séparée de Toi. Ceci est la consécration de Ma Croix. »

La Consécration

Ce qui s'est passé ce jour-là sur la Croix se passe maintenant dans la Messe, avec cette différence : Sur la Croix, le Sauveur était seul ; Dans la Messe, Il est avec nous. Notre Seigneur est maintenant au Ciel, à la droite du Père, intercédant pour nous. Il ne peut donc plus jamais souffrir *dans Sa propre nature humaine*. Comment donc la Messe peut-elle être la reconstitution du Calvaire ? Comment le Christ peut-Il renouveler la Croix ? Il ne peut pas souffrir de nouveau dans Sa propre nature humaine, qui est au Ciel jouissant de la béatitude, mais Il peut souffrir de nouveau dans nos natures humaines. Il ne peut pas renouveler le Calvaire dans Son *corps physique*, mais Il peut le renouveler dans *Son Corps mystique* – l'Église. Le Sacrifice de la Croix peut être reconstitué à condition que nous Lui donnions notre corps et notre sang, et que nous Lui les offrions si pleinement qu'en tant que Siens, Il puisse s'offrir de nouveau à Son Père céleste pour la Rédemption de Son Corps mystique, l'Église.

Ainsi, le Christ sort dans le monde en rassemblant d'autres natures humaines disposées à être des Christs. Afin que nos sacrifices, nos douleurs, nos Golgothas, nos crucifixions, ne soient pas isolés, disjoints et déconnectés, l'Église les recueille, les moissonne, les unifie, les coalesce, les rassemble, et ce rassemblement de tous nos sacrifices de nos natures humaines individuelles est uni au Grand Sacrifice du Christ sur la Croix dans la Messe.

Lorsque nous assistons à la Messe, nous ne sommes pas simplement des individus de la terre ou des unités solitaires, mais des membres vivants d'un grand ordre spirituel dans lequel l'Infini pénètre et enveloppe le fini, l'Éternel fait irruption dans le temporel, et le Spirituel s'habille des vêtements de la matérialité. Rien de plus solennel n'existe sur la face de la terre de Dieu que le moment impressionnant de la Consécration ; car la Messe n'est ni une prière, ni un hymne, ni une simple récitation – c'est un Acte divin avec lequel nous entrons en contact à un moment donné dans le temps.

Une illustration imparfaite peut être tirée de la radio. L'air est rempli de symphonies et de paroles. Nous ne plaçons pas les mots ni la musique là ; mais, si nous le choisissons, nous pouvons établir un contact avec eux en réglant notre radio. Il en va de même pour la Messe. C'est un Acte divin singulier et unique avec lequel nous entrons en contact chaque fois qu'il est re-présenté et réactualisé dans la Messe.

Lorsque le coin d'une médaille ou d'une pièce de monnaie est frappé, la médaille est la représentation matérielle et visible d'une idée spirituelle existant dans l'esprit de l'artiste. D'innombrables reproductions peuvent être faites à partir de cet original, chaque nouveau morceau de métal étant mis en contact avec lui et en étant marqué. Malgré la multiplicité des pièces fabriquées, le modèle demeure toujours le même. De même, dans la Messe, le Modèle – le sacrifice du Christ sur le Calvaire – est renouvelé sur nos autels à chaque fois qu'un être humain est mis en contact avec lui au moment de la consécration ; mais le sacrifice est un et le même malgré la multiplicité des Messes. La Messe est alors la communication du Sacrifice du Calvaire à nous sous les espèces du pain et du vin.

Nous sommes sur l'autel sous l'apparence du pain et du vin, car tous deux sont le soutien de la vie ; par conséquent, en donnant ce qui nous donne la vie, nous nous donnons symboliquement nous-mêmes. De plus, le blé doit souffrir pour devenir pain ; Les raisins doivent passer par le pressoir pour devenir du vin. Ainsi, les deux représentent les chrétiens appelés à souffrir avec le Christ, afin qu'ils règnent aussi avec Lui.

À l'approche de la consécration de la Messe, notre Seigneur nous dit en substance : « Toi, Marie ; toi, Jean ; toi, Pierre ; et toi, André – vous tous – donnez-Moi votre corps ; donnez-Moi votre sang. Donnez-Moi tout votre être ! Je ne peux plus souffrir davantage. J'ai traversé Ma croix, J'ai accompli les souffrances de Mon corps physique, mais Je n'ai pas accompli les souffrances manquantes à Mon Corps mystique, en lequel vous êtes. La Messe est le moment où chacun de vous peut littéralement accomplir Mon ordre : 'Prenez votre croix et suivez-Moi.' »

Sur la croix, Notre Seigneur béni vous regardait, espérant qu'un jour vous vous donneriez à Lui au moment de la consécration. Aujourd'hui, à la Messe, cette espérance que Notre Seigneur béni entretenait pour vous s'accomplit. Lorsque vous assistez à la Messe, Il attend de vous que vous Lui donniez réellement vous-même.

Puis, au moment de la consécration, le prêtre, en obéissance aux paroles de Notre Seigneur, « Faites ceci en mémoire de moi », prend le Pain dans ses mains et dit : « Ceci est mon Corps » ; puis, au calice de vin, il dit : « Ceci est le calice de mon Sang, de la nouvelle et éternelle Alliance. » Il ne consacre pas le Pain et le vin ensemble, mais séparément. La consécration séparée du Pain et du vin est une représentation symbolique de la séparation du Corps et du Sang, et puisque la Crucifixion implique ce même mystère, le Calvaire est ainsi renouvelé sur notre autel. Mais le Christ, comme il a été dit, n'est pas seul sur notre autel ; nous sommes avec Lui. D'où le double sens des paroles de consécration ; la signification première des paroles est : « Ceci est le Corps du Christ ; Ceci est le Sang du Christ ; mais la signification secondaire est : « Ceci est mon Corps ; ceci est mon Sang. »

Tel est le but de la vie : nous racheter en union avec le Christ ; appliquer Ses mérites à nos âmes en Lui ressemblant en toutes choses, jusqu'à Sa mort sur la Croix. Il a traversé Sa consécration sur la Croix afin que nous puissions maintenant traverser la nôtre dans la Messe. Il n'y a rien de plus tragique au monde que la souffrance gaspillée.

La Consécration

Pensez à la quantité de souffrances dans les hôpitaux, parmi les pauvres et les endeuillés. Pensez aussi à combien de ces souffrances sont perdues ! Combien de ces âmes solitaires, souffrantes, abandonnées, crucifiées disent avec Notre Seigneur, au moment de la consécration : « Ceci est mon Corps. Prends-le. » Et pourtant, c'est ce que nous devrions tous dire à cet instant :

JE ME DONNE À DIEU. VOICI MON CORPS. PRENEZ-LE. VOICI MON SANG. PRENEZ-LE. VOICI MON ÂME, MA VOLONTÉ, MON ÉNERGIE, MA FORCE, MES BIENS, MA RICHESSE – TOUT CE QUE J'AI. C'EST À TOI. PRENDS-LE ! CONSÉCRATE-LE ! OFFRE-LE ! OFFRE-LE AVEC TOI-MÊME AU PÈRE CÉLESTE AFIN QU'IL, REGARDANT CE GRAND SACRIFICE, NE VOIE QUE TOI, SON FILS BIEN-AIMÉ, EN QUI IL A TOUTE SA JOIE. TRANSMUTE LE PAIN PAUVRE DE MA VIE EN TA VIE DIVINE ; EMPLIS LE VIN DE MA VIE DÉPENSÉE DE TON DIVIN ESPRIT ; UNIS MON CŒUR BRISÉ AU TIEN ; TRANSFORME MA CROIX EN UN CRUCIFIX. QUE MON ABANDON, MA TRISTESSE ET MON DEUIL NE SOIENT PAS VAINCUS. RASSEMBLE LES FRAGMENTS, ET COMME LA GOUTTE D'EAU EST ABSORBÉE PAR LE VIN À L'OFFERTOIRE DE LA MESSE, QUE MA VIE SOIT ABSORBÉE DANS LA TIENNE ; QUE MA PETITE CROIX SOIT ENTRELACÉE À TA GRANDE CROIX AFIN QUE JE PUISSE ACHETER LES JOIES DU BONHEUR ÉTERNEL EN UNION AVEC TOI.

« CONSACRE CES ÉPREUVES DE MA VIE QUI RESTERAIENT INRÉCOMPENSÉES À MOINS D'ÊTRE UNIES À TOI ; TRANSSUBSTANTIE-MOI AFIN QUE, COMME LE PAIN QUI EST MAINTENANT TON CORPS, ET LE VIN QUI EST MAINTENANT TON SANG, JE SOIS AUSSI ENTIÈREMENT À TOI. JE ME MOQUE QUE LES ESPÈCES RESTENT, OU QUE, COMME LE PAIN ET LE VIN, JE SEMBLE

La Consécration

À TOUS LES YEUX TERRESTRES IDENTIQUE QU'AVANT. MA CONDITION DE VIE, MES DEVOIRS QUOTIDIENS, MON TRAVAIL, MA FAMILLE – TOUT CELA N'EST QUE L'ESPÈCE DE MA VIE QUI PEUT RESTER INCHANGÉE ; MAIS LA *substance* DE MA VIE, MON ÂME, MON ESPRIT, MA VOLONTÉ, MON CŒUR – TRANSSUBSTANTIEZ-LES, TRANSFORMEZ-LES ENTIÈREMENT EN TON SERVICE, AFIN QUE PAR MOI TOUS PUISSENT CONNAÎTRE LA DOUCEUR DE L'AMOUR DU CHRIST." AMEN.

~ 24 ~

La Communion

« J'ai soif. »

Notre Seigneur béni atteint la communion de Sa Messe lorsque, du plus profond du Sacré-Cœur, jaillit le cri : « J'ai soif. » Ce n'était certes pas une soif d'eau, car la terre est à Lui ainsi que tout ce qu'elle contient ; ce n'était pas une soif pour aucune des boissons rafraîchissantes de la terre, car Il calma les mers avec des portes lorsqu'elles éclatèrent dans leur fureur. Lorsqu'on Lui offrit à boire, Il ne le prit pas. C'était une autre sorte de soif qui Le torturait. Il avait soif des âmes et des cœurs des hommes.

Ce cri était un cri de communion – le dernier d'une longue série d'appels de berger dans la quête de Dieu pour les hommes. Le fait même qu'il s'exprima dans la plus poignante de toutes les souffrances humaines, à savoir la soif, en était la mesure de sa profondeur et de son intensité. Les hommes peuvent *faim* de Dieu, mais Dieu *soif* des hommes. Il a eu soif de l'homme dès la Création lorsqu'Il l'a appelé à la communion avec la Divinité dans le jardin du Paradis; Il a eu soif de l'homme dans la Révélation, alors qu'Il cherchait à reconquérir le cœur errant de l'homme en lui révélant les secrets de Son Amour; Il a eu soif de l'homme dans l'Incarnation lorsqu'Il est devenu semblable à celui qu'Il aimait et s'est trouvé sous la forme et l'apparence de l'homme.

Maintenant, Il avait soif de l'homme dans la Rédemption, car il n'y a pas de plus grand Amour que de donner sa vie pour ses amis. Ce fut l'appel ultime à la communion avant que le rideau ne tombe sur le Grand Drame de Sa vie terrestre. Tous les innombrables amours des parents pour leurs enfants, des époux l'un pour l'autre, s'ils étaient condensés en un seul grand Amour, ne représenteraient qu'une infime fraction de l'Amour de Dieu pour l'homme dans ce cri de soif. Cela signifiait à la fois combien Il avait soif des petits, des cœurs affamés et des âmes vides, mais aussi combien Son désir de satisfaire notre plus profonde aspiration était intense.

Vraiment, il ne devrait rien y avoir de mystérieux dans notre soif de Dieu, car le cœur ne soupire-t-il pas après la fontaine, le tournesol ne se tourne-t-il pas vers le soleil, et les rivières ne se jettent-elles pas dans la mer ? Mais qu'Il nous aime, considérant notre propre indignité, et combien peu vaut notre amour – *c'est là le mystère !* Et pourtant, telle est la signification de la soif de Dieu pour la communion avec nous.

Il l'avait déjà exprimé dans la parabole de la Brebis perdue lorsqu'Il dit qu'Il n'était pas satisfait des quatre-vingt-dix-neuf ; Seule la brebis perdue pouvait Lui donner une joie parfaite. Maintenant, la Vérité s'exprimait de nouveau depuis la Croix : rien ne pouvait satisfaire adéquatement Sa soif, sinon le cœur de chaque homme, femme et enfant, qui furent créés pour Lui, et qui donc ne pouvaient jamais être heureux tant qu'ils n'avaient pas trouvé leur repos en Lui.

Le fondement de cette demande de communion est l'Amour, car l'Amour tend par nature à l'unité. L'amour des citoyens les uns pour les autres engendre l'unité de l'État. L'amour de l'homme et de la femme engendre l'unité de deux en une seule chair. L'amour de Dieu pour l'homme appelle donc à une unité fondée sur l'Incarnation, c'est-à-dire l'unité de tous les hommes dans le Corps et le Sang du Christ.

Afin que Dieu puisse sceller Son amour pour nous, Il nous a donnés à Lui-même dans la Sainte Communion, de sorte que, comme Lui et Sa nature humaine, prise du sein de la Sainte Mère, étaient un dans l'unité de Sa Personne, ainsi Lui et nous, pris du sein de l'humanité, puissions être un dans l'unité du Corps mystique du Christ. C'est pourquoi nous employons le mot « recevoir » lorsque nous parlons de la communion avec Notre Seigneur dans l'Eucharistie, car littéralement nous « recevons » la Vie divine, aussi réellement et véritablement qu'un enfant reçoit la vie de sa mère.

Toute vie est soutenue par la communion avec une vie supérieure. Si les plantes pouvaient parler, elles diraient à l'humidité et à la lumière du soleil : « À moins que vous n'entriez en communion avec moi, que vous ne soyez possédés de mes lois et pouvoirs supérieurs, vous n'aurez pas la vie en vous. »

Si les animaux pouvaient parler, ils diraient aux plantes : « À moins que vous n'entriez en communion avec moi, vous n'aurez pas ma vie supérieure en vous. » Nous disons à toute la création inférieure : « À moins que vous n'entriez en communion avec moi, vous ne partagerez pas ma vie humaine. »

Pourquoi donc Notre Seigneur ne nous dirait-Il pas : « À moins que vous n'entriez en communion avec Moi, vous n'aurez pas la vie en vous » ? Le inférieur est alors transformé en supérieur, les plantes en animaux, les animaux en homme, et l'homme, d'une manière plus exaltée, devient « divinisé », (si je puis employer cette expression) tout entier par la vie du Christ.

La communion est donc d'abord la réception de la Vie divine, une vie à laquelle nous n'avons pas plus droit que le marbre n'a droit à la floraison. C'est un don pur d'un Dieu tout miséricordieux qui nous a tant aimés qu'Il a voulu s'unir à nous, non dans les liens de la chair, mais dans les liens ineffables de l'Esprit où l'amour ne connaît aucune satiété, mais seulement l'extase et la joie.

Et oh, comme nous devrions L'avoir oublié rapidement si nous ne pouvions pas, à l'instar de Bethléem et de Nazareth, Le recevoir dans nos âmes ! Ni les dons ni les portraits ne remplacent le bien-aimé. Et Notre Seigneur le savait bien. Nous avions besoin de Lui, et c'est pourquoi Il s'est donné Lui-même.

Mais il y a un autre aspect de la Communion auquel nous pensons fort rarement. La Communion implique non seulement *recevoir* la Vie divine ; elle signifie aussi que Dieu *donne* la vie humaine. Tout amour est réciproque. Il n'y a pas d'amour unilatéral, car l'amour exige par nature la réciprocité. Dieu a soif de nous, mais cela signifie que l'homme doit aussi avoir soif de Dieu. Pensons-nous jamais à ce que le Christ reçoive la Communion de notre part ? Chaque fois que nous nous approchons de la communion, nous disons que nous 'recevons'

La Communion

la Communion, et c'est tout ce que beaucoup d'entre nous font, simplement 'recevoir la Communion'.

Il y a un autre aspect de la Communion que celui de recevoir la Vie divine, dont parle Saint Jean. Saint Paul nous donne la vérité complémentaire dans son Épître aux Corinthiens. La Communion n'est pas seulement une incorporation à la *vie* du Christ ; C'est aussi une incorporation à Sa *mort*. "Chaque fois que vous mangerez ce Pain et boirez au calice, vous annoncerez la mort du Seigneur, jusqu'à ce qu'Il vienne." (1 Cor. 11:26)

La vie naturelle comporte deux aspects : l'anabolisme et le catabolisme. Le surnaturel comporte également deux aspects : l'édification selon le modèle du Christ et la destruction du vieil Adam. La Communion implique donc non seulement un « recevoir », mais aussi un « donner ». Il ne peut y avoir d'ascension vers une vie supérieure sans mort à une vie inférieure. Le dimanche de Pâques ne présuppose-t-il pas un Vendredi saint ? Tout Amour n'implique-t-il pas un don mutuel de soi qui se conclut par une récupération de soi ? Cela étant, la balustrade de la Communion ne devrait-elle pas être un lieu d'échange, plutôt qu'un lieu de réception exclusive ? Toute la *Vie* doit-elle passer du Christ à nous sans rien retourner en retour ? Devons-nous vider le calice sans rien contribuer à son remplissage ? Devons-nous recevoir le Pain sans donner du blé à moudre, recevoir le vin sans donner des raisins à écraser ? Si tout ce que nous faisions durant notre vie était d'aller à la Communion pour recevoir la Vie divine, l'emporter, et ne rien laisser derrière, nous serions des parasites sur le Corps mystique du Christ.

La Communion

L'injonction paulinienne nous ordonne de remplir dans notre corps les souffrances qui manquent à la Passion du Christ. Nous devons donc apporter un esprit de sacrifice à la table eucharistique ; Nous devons apporter la mortification de notre moi inférieur, les croix patiemment portées, la crucifixion de notre égoïsme, la mort de notre concupiscence, et même la difficulté même de notre venue à la Communion. Alors la Communion devient ce qu'elle a toujours été destinée à être, à savoir un commerce entre le Christ et l'âme, dans lequel nous donnons Sa Mort manifestée dans nos vies, et Il donne Sa Vie manifestée dans notre filiation adoptive. Nous Lui donnons notre temps ; Il nous donne Son éternité. Nous Lui donnons notre humanité; Il nous donne Sa divinité. Nous Lui donnons notre néant; Il nous donne tout.

Comprenons-nous vraiment la nature de l'amour? N'avons-nous pas parfois, dans de grands moments d'affection pour un petit enfant, dit dans des termes qui peuvent varier, mais qui expriment l'idée : « J'aime tellement cet enfant que je voudrais le posséder en moi-même » ? Pourquoi? Parce que tout amour aspire à l'unité. Dans l'ordre naturel, Dieu a donné de grands plaisirs à l'unité de la chair. Mais ceux-ci ne sont rien comparés au plaisir de l'unité de l'esprit lorsque la divinité passe à l'humanité, et l'humanité à la divinité – lorsque notre volonté va à Lui, et qu'Il vient à nous afin que nous cessions d'être hommes pour commencer à être enfants de Dieu.

S'il y a jamais eu un moment dans votre vie où une affection noble et pure vous a fait sentir comme si vous aviez été élevé au troisième ou au septième ciel; S'il y a déjà eu un moment dans ta vie où un amour noble d'un cœur humain raffiné t'a plongé dans l'extase ; S'il y a déjà eu un moment où tu as vraiment aimé un cœur humain – alors, je te demande, pense à ce que cela doit être d'être uni au grand Cœur d'Amour ! Si le cœur humain, avec toutes ses richesses fines, nobles et chrétiennes, peut ainsi émouvoir, ainsi exalter, ainsi nous rendre si extatiques, alors que doit être le grand Cœur du Christ ? Oh, si l'étincelle est si brillante, que doit être la flamme !

Réalisons-nous pleinement combien la Communion est liée au Sacrifice, tant de la part de Notre Seigneur que de la part de nous, ses pauvres créatures faibles ? La Messe rend les deux inséparables : il n'y a pas de Communion sans Consécration. Il n'y a pas de réception du pain et du vin que nous offrons avant qu'ils aient été transsubstantiés en Corps et Sang du Christ. La Communion est la conséquence du Calvaire : à savoir, nous vivons de ce que nous immolons. Toute la nature témoigne de cette Vérité ; nos corps vivent par l'abattage des bêtes des champs et des plantes des jardins. Nous puisons la Vie de leur crucifixion. Nous ne les tuons pas pour détruire, mais pour accomplir ; nous les immolons pour le bien de la Communion.

Et maintenant, par un beau paradoxe de l'Amour divin, Dieu fait de Sa Croix le moyen même de notre salut. Nous L'avons tué ; nous L'avons cloué là ; nous L'avons crucifié, mais l'Amour en Son Cœur éternel ne voulut pas être vaincu. Il voulut nous donner la Vie même que nous avions tuée ; nous donner la Nourriture même que nous avions détruite ; nous nourrir du Pain même que nous avions enseveli, et du Sang même que nous avions répandu. Il fit de notre crime même une *faut heureuse* ; Il transforma une Crucifixion en Rédemption ; une Consécration en Communion ; une mort en Vie éternelle.

La Communion

Et c'est justement cela qui rend l'homme d'autant plus mystérieux ! Pourquoi l'homme doit être aimé n'est pas un mystère, mais pourquoi il n'aime pas en retour est le grand mystère. Pourquoi Notre Seigneur devrait-Il être le Grand Méconnu ; Pourquoi l'Amour ne serait-Il pas aimé ? Pourquoi donc, chaque fois qu'Il dit : « J'ai soif », Lui donnons-nous du vinaigre et de la bile ?

✠ J.M.J. ✠

~ 25 ~

Le Ite, Missa Est

« C'est accompli. »

Notre Bienheureux Sauveur arrive maintenant au *Ite, missa est* de Sa Messe, alors qu'Il prononce le cri de triomphe : « C'est accompli. »

L'œuvre du salut est achevée, mais quand a-t-elle commencé ? Elle a commencé dans l'intemporalité de l'éternité lorsque Dieu a voulu créer l'homme. Depuis le commencement du monde, il y avait une « impatience » divine pour restaurer l'homme dans les bras de Dieu.

Le Verbe était impatient au Ciel d'être « l'Agneau immolé dès la fondation du monde ». Il était impatient dans les types et symboles prophétiques, alors que Son visage mourant se reflétait dans une centaine de miroirs à travers toute l'histoire de l'Ancien Testament. Il était impatient d'être le véritable Isaac portant le bois de Son sacrifice en obéissance aux commandements de Son Abraham céleste. Il était impatient d'accomplir le symbole mystique de l'Agneau de la Pâque juive, immolé sans qu'aucun de ses os ne soit brisé. Il était impatient d'être le nouvel Abel, immolé par ses frères jaloux de la race de Caïn, afin que Son Sang puisse crier vers le Ciel pour obtenir le pardon. Il était impatient dans le sein de Sa Mère, lorsqu'Il salua Son précurseur Jean. Il était impatient à la Circoncision, anticipant l'effusion de Son Sang et recevant le nom de « Sauveur ». Il était impatient à l'âge de douze ans, rappelant à Sa

Mère qu'Il devait s'occuper des affaires de Son Père. Il était impatient dans Sa Vie publique, lorsqu'Il déclara qu'Il avait un baptême par lequel Il devait être baptisé, et qu'Il était « pressé jusqu'à ce qu'il soit accompli ». Il était impatient dans le Jardin, tournant le dos aux douze légions d'anges consolateurs, pour teindre de pourpre les racines de l'olivier avec Son Sang rédempteur. Il était impatient à Sa Dernière Cène, anticipant la séparation de Son Corps et de Son Sang sous l'apparence du pain et du vin. Puis, l'impatience s'acheva à l'approche de l'heure des ténèbres à la fin de cette Dernière Cène – Il chanta. Ce fut la seule fois où Il chanta, au moment où Il allait à Sa Mort.

Cela importait peu au monde que les étoiles brillassent intensément, que les montagnes fussent des symboles d'étonnement, ou que les collines rendissent hommage aux vallées qui les avaient engendrées. Ce qui était important, c'était que chaque parole prononcée à Son sujet fût vraie. Le Ciel et la terre ne passeront point avant que chaque iota et chaque trait de lettre ne soient accomplis. Il ne restait plus qu'un petit iota, un tout petit trait ; c'était une parole de David concernant l'accomplissement de chaque prophétie. Maintenant que tout le reste était accompli, Il accomplit cet iota ; Lui, le vrai David, cita le David prophétique : « Tout est accompli. »

Qu'est-ce qui est accompli ? La Rédemption de l'homme est accomplie. L'Amour avait achevé sa mission, car l'Amour avait fait tout ce qu'Il pouvait. L'Amour peut faire deux choses. Par sa nature même, l'Amour tend à une Incarnation, et chaque Incarnation tend à une Crucifixion. Tout véritable Amour ne tend-il pas vers une Incarnation ? Dans l'ordre de l'amour humain, l'affection du mari pour sa femme ne crée-t-elle pas, à partir de leurs amours mutuels, l'incarnation de leur amour confluent sous la forme d'un enfant? Une fois qu'ils ont engendré leur enfant, ne font-ils pas des sacrifices pour lui, jusqu'au point de la mort? Et ainsi leur amour tend-il à une crucifixion.

Mais ceci n'est qu'un reflet de l'ordre divin, où l'amour de Dieu pour l'homme fut si profond et intense qu'il aboutit à une Incarnation, qui trouva Dieu sous la forme et l'habit de l'homme qu'Il aimait. Mais l'amour de Notre Seigneur pour l'homme ne s'est pas arrêté à l'Incarnation. Contrairement à tous ceux qui sont jamais nés, Notre Seigneur est venu dans ce monde pour le racheter. La Mort était le but suprême qu'Il cherchait. La Mort interrompit la carrière des grands hommes, mais ce ne fut pas une interruption pour Notre Seigneur; ce fut Sa gloire suprême; ce fut le but unique qu'Il cherchait.

Son Incarnation tendait ainsi à la Crucifixion, car « il n'y a pas de plus grand amour que de donner sa vie pour ses amis » (Jean 15:13). Maintenant que l'Amour a accompli son œuvre dans la Rédemption de l'homme, l'Amour divin peut dire : « J'ai tout fait pour mon vignoble que je pouvais faire. » L'Amour ne peut rien faire de plus que mourir. C'est accompli : « Ite, missa est. »

Son œuvre est achevée. Mais la nôtre ? Quand Il a dit : « c'est accompli », Il ne voulait pas dire que les occasions de Sa vie étaient terminées ; Il voulait dire que Son œuvre était réalisée si parfaitement que rien ne pouvait y être ajouté pour la rendre plus parfaite – mais avec nous, combien rarement cela est vrai. Trop d'entre nous terminent leur vie, mais peu d'entre nous la voient *achevée*. Une vie pécheresse peut se terminer, mais une vie pécheresse n'est jamais une vie achevée.

Si nos vies se contentent de « finir », nos amis demanderont : « Combien a-t-il laissé ? » Mais si notre vie est « achevée », nos amis demanderont : « Combien a-t-il emporté avec lui ? » Une vie achevée ne se mesure pas en années, mais en actes ; Ce n'est pas par le temps passé dans le vignoble, mais par le travail accompli. En peu de temps, un homme peut accomplir de nombreuses années ; même ceux qui viennent à la onzième heure peuvent achever leur vie ; même ceux qui viennent à Dieu comme le voleur au dernier souffle peuvent achever leur vie dans le Royaume de Dieu. Ce n'est pas pour eux la triste parole de regret : « Trop tard, ô antique Beauté, je T'ai aimée. »

Notre Seigneur a achevé Son œuvre, mais nous n'avons pas achevé la nôtre. Il a indiqué le chemin que nous devons suivre. Il a déposé la Croix à la fin, mais nous devons la reprendre. Il a achevé la Rédemption dans Son Corps physique, mais nous ne l'avons pas achevée dans Son Corps mystique. Il a achevé le salut ; nous ne l'avons pas encore appliqué à nos âmes. Il a achevé le Temple, mais nous devons y vivre. Il a achevé la Croix modèle ; nous devons façonner la nôtre selon ce modèle. Il a achevé de semer la semence ; nous devons moissonner la récolte. Il a achevé de remplir le calice, mais nous n'avons pas encore fini de boire ses draughts rafraîchissants. Il a planté le champ de blé ; nous devons le rassembler dans nos granges. Il a achevé le Sacrifice du Calvaire ; nous devons achever la Messe.

La Crucifixion n'était pas destinée à être un drame inspirant, mais un acte modèle sur lequel fonder nos vies. Nous ne sommes pas destinés à rester assis à contempler la Croix comme quelque chose d'accompli et terminé, à l'instar de la vie de Socrate. *Ce qui a été accompli au Calvaire ne nous sert que dans la mesure où nous le répétons dans nos propres vies.*

La Messe rend cela possible, car au renouvellement du Calvaire sur nos autels, nous ne sommes pas de simples spectateurs, mais des participants à la Rédemption, et c'est là que nous « achevons » notre œuvre. Il nous a dit : « Et moi, quand j'aurai été élevé de la terre, j'attirerai tous à moi » (Jean 12, 32). Il acheva Son œuvre lorsqu'Il fut élevé sur la Croix ; nous achevons la nôtre lorsque nous Lui permettons de nous attirer à Lui dans la Messe.

Le Ite, Missa Est

La Messe est ce qui rend la Croix visible à chaque regard ; elle affiche la Croix à tous les carrefours de la civilisation ; elle rapproche le Calvaire au point que même des pieds fatigués peuvent accomplir le pèlerinage vers son doux embrassement ; chaque main peut désormais s'étendre pour toucher Son Sacré Fardeau, et chaque oreille peut entendre son doux appel, car la Messe et la Croix sont une même réalité. En tous deux se trouve la même offrande d'une volonté parfaitement abandonnée du Fils bien-aimé, le même Corps brisé, le même Sang répandu, le même Pardon Divin. Tout ce qui a été dit, fait et accompli durant la Sainte Messe doit nous accompagner, être vécu, pratiqué et tissé dans toutes les circonstances et conditions de notre vie quotidienne. Son sacrifice devient notre sacrifice en faisant de lui l'oblation de nous-mêmes en union avec Lui ; Sa vie donnée pour nous devient notre vie donnée pour Lui. Ainsi revenons-nous de la Messe comme ceux qui ont fait leur choix, tourné le dos au monde, et sont devenus d'autres Christ pour la génération dans laquelle nous vivons – témoins puissants de l'Amour qui est mort afin que nous vivions dans l'Amour.

Ce monde qui est le nôtre est rempli de cathédrales gothiques à moitié achevées, de vies à moitié accomplies et d'âmes à moitié crucifiées. Certains portent la Croix jusqu'au Calvaire puis l'abandonnent ; d'autres y sont cloués et s'en détachent avant l'élévation ; d'autres sont crucifiés, mais en réponse au défi du monde « Descends », ils descendent après une heure… deux heures… après deux heures et cinquante-neuf minutes. Les vrais Chrétiens sont ceux qui persévèrent jusqu'à la fin. Notre Seigneur est resté jusqu'à ce qu'Il ait achevé.

Le prêtre doit de même rester à l'autel jusqu'à ce que la Messe soit terminée. Il ne peut pas descendre. Nous devons donc demeurer avec la Croix jusqu'à ce que notre vie soit achevée. Le Christ sur la Croix est le modèle et le prototype d'une vie accomplie. Notre nature humaine est la matière première ; notre volonté est le ciseau ; La grâce de Dieu est l'énergie et l'inspiration.

En touchant le ciseau à notre nature inachevée, nous coupons d'abord de larges morceaux d'égoïsme. Puis, par des ciselures plus délicates, nous enlevons de plus petits fragments d'égotisme jusqu'à ce qu'enfin un simple coup de pinceau suffise à révéler le chef-d'œuvre achevé – un homme accompli à l'image et à la ressemblance du modèle sur la Croix. Nous sommes à l'autel sous le symbole du pain et du vin ; Nous nous sommes donc offerts à notre Seigneur ; Il nous a consacrés.

Nous ne devons donc pas nous reprendre, mais y demeurer jusqu'à la fin, priant sans cesse, afin que, lorsque le terme de notre vie sera arrivé, et que nous regarderons en arrière sur une vie vécue dans l'intimité de la Croix, l'écho de la Sixième Parole puisse retentir sur nos lèvres : « Tout est accompli. »

Et tandis que les doux accents de cet Ite, missa est s'élèvent au-delà des couloirs du Temps et percent les « remparts cachés de l'éternité », les chœurs angéliques et l'armée vêtue de blanc de l'Église Triomphante répondront : « *Deo Gratias.* »

✠ J.M.J. ✠

~ 26 ~

Le Dernier Évangile

« Père, entre tes mains, je remets mon esprit. »

Il est paradoxalement beau que le Dernier Évangile de la Messe nous ramène au commencement, car il s'ouvre par les mots « Au commencement ». Et telle est la vie : la fin de cette vie est le commencement de la suivante. Il est donc tout à fait approprié que la Dernière Parole de Notre Seigneur fût Son Dernier Évangile : « Père, entre tes mains, je remets mon esprit. » Comme le Dernier Évangile de la Messe, il Le ramène aussi au commencement, car Il retourne maintenant au Père d'où Il est venu. Il a accompli Son œuvre. Il a commencé Sa Messe par le mot : « Père. » Et Il la termine par ce même mot.

"Tout est parfait," diraient les Grecs, "tout voyage en cercles." Tout comme les grandes planètes ne complètent leurs orbites qu'après une longue période, puis retournent à leur point de départ, comme pour saluer Celui qui les a envoyées en mission, ainsi le Verbe incarné, qui est descendu pour dire Sa Messe, achève maintenant Sa carrière terrestre et retourne à Son Père céleste qui L'a envoyé dans le chemin de la Rédemption du monde. Le Fils prodigue est sur le point de retourner à la Maison de Son Père, car n'est-Il pas le Fils prodigue? Il y a trente-trois ans, Il a quitté la Maison du Père et la béatitude du Ciel pour descendre sur cette terre qui est la nôtre, une terre étrangère – car tout pays est étranger qui est éloigné de la Maison du Père.

Le Dernier Évangile

Pendant trente-trois ans, Il a dépensé Sa substance. Il a dépensé la substance de Sa Vérité dans l'infaillibilité de Son Église; Il a dépensé la substance de Sa Puissance dans l'autorité qu'Il a donnée à Ses apôtres et à leurs successeurs. Il a consacré la substance de Sa Vie à la Rédemption et aux Sacrements. Maintenant que chaque goutte en est partie, Il regarde avec nostalgie vers la Maison du Père, et d'un cri puissant, Il jette Son Esprit dans les bras de Son Père, non pas dans l'attitude de celui qui plonge dans les ténèbres, mais comme celui qui sait où Il va – vers un retour au foyer auprès de Son Père.

Dans cette Dernière Parole et ce Dernier Évangile, qui Le ramena au Commencement de tous les commencements, à savoir Son Père, se révèle l'histoire et le rythme de la vie. La fin de toutes choses doit, d'une certaine manière, revenir à leur commencement. Comme le Fils retourne au Père ; comme Nicodème doit naître de nouveau ; comme le corps retourne à la poussière – ainsi l'âme de l'homme, qui vient de Dieu, doit un jour retourner à Dieu.

La Mort n'est pas la fin de tout. La froide motte tombant sur la tombe ne marque pas la fin de l'histoire d'un homme. La manière dont il a vécu en cette vie détermine comment il vivra dans la suivante. S'il a cherché Dieu durant sa vie, la Mort sera comme l'ouverture d'une cage, lui permettant d'utiliser ses ailes pour voler dans les bras du Divin Bien-Aimé. S'il a fui Dieu durant sa vie, la Mort sera le commencement d'un vol éternel loin de la Vie, de la Vérité et de l'Amour – et cela est l'enfer.

Devant le trône de Dieu, d'où nous sommes venus lors de notre noviciat terrestre, nous devons un jour retourner pour rendre compte de notre administration. Il n'y aura aucune créature humaine qui, lorsque la dernière gerbe sera moissonnée, ne sera trouvée soit avoir accepté soit rejeté le don divin de la Rédemption et, en l'acceptant ou en le rejetant, aura signé le mandat de son destin éternel.

Le Dernier Évangile

Comme les ventes sur une caisse enregistreuse sont consignées à la fin de notre journée d'affaires, ainsi nos pensées, paroles et actes sont enregistrés pour le Jugement dernier. Si nous vivons seulement à l'ombre de la Croix, la Mort ne sera pas une fin mais un commencement de la Vie éternelle. Au lieu d'un départ, ce sera une rencontre ; Au lieu d'un départ, ce sera une arrivée ; Au lieu d'être une fin, ce sera un Dernier Évangile – un retour au commencement. Comme une voix murmure : « Tu dois quitter la terre », la voix du Père dira : « Mon enfant, viens à Moi. »

Nous avons été envoyés dans ce monde comme enfants de Dieu, pour assister au Saint Sacrifice de la Messe. Nous devons prendre position au pied de la Croix et, comme ceux qui s'y tenaient le premier jour, il nous sera demandé de déclarer nos fidélités. Dieu nous a donné le blé et les raisins de la Vie, et comme les hommes qui, dans l'Évangile, reçurent des talents ; nous devrons montrer un retour sur ce don divin.

Dieu nous a donné nos vies comme blé et raisins. Il est de notre devoir de les consacrer et de les rapporter à Dieu comme pain et vin – transsubstantiés, divinisés et spiritualisés. Il doit y avoir une moisson dans nos mains après le printemps du pèlerinage terrestre.

C'est pourquoi le Calvaire est érigé au milieu de nous, et nous sommes sur sa colline sacrée. Nous n'avons pas été faits pour être de simples spectateurs, lançant nos dés comme les bourreaux d'autrefois, mais plutôt pour être des participants au mystère de la Croix.

S'il y a une manière de représenter le Jugement en termes de la Messe, c'est de le représenter à la manière dont le Père a accueilli Son Fils, c'est-à-dire en regardant Ses mains. Elles portaient les marques du travail, les callosités de la Rédemption, et les cicatrices du salut. De même, lorsque notre pèlerinage terrestre sera terminé, et que nous retournerons au commencement, Dieu regardera nos deux mains. Si nos mains dans la vie ont touché les mains de Son Fils divin, elles porteront les mêmes marques livides des clous; si nos pieds dans la vie ont foulé le même chemin qui mène à la gloire éternelle par le détour d'un Calvaire rocailleux et épineux, ils porteront aussi les mêmes contusions; Si nos cœurs battent à l'unisson avec le Sien, alors ils montreront aussi le côté ouvert que la lance perfide de la terre jalouse a percé.

Béni soient en vérité ceux qui portent dans leurs mains marquées de la Croix le pain et le vin de vies consacrées, signées du signe et scellées du sceau de l'Amour rédempteur. Mais malheur à ceux qui viennent du Calvaire avec des mains non marquées et blanches.

Que Dieu accorde que, lorsque la vie sera terminée et que la terre disparaîtra comme un rêve d'un éveil, alors que l'éternité inonde nos âmes de ses splendeurs, nous puissions, avec une foi humble et triomphante, répercuter la Dernière Parole du Christ : « Père, entre tes mains je remets mon esprit. »

Et ainsi se termine la Messe du Christ. Le *Confiteor* fut Sa prière au Père pour le pardon de nos péchés ; L'*Offertoire* fut la présentation sur la patène de la Croix de petites hosties du voleur et de nous-mêmes ; le *Sanctus* était Sa recommandation à Marie, la Reine des Saints ; la *Consécration* était la séparation de Son Sang de Son Corps, et la séparation apparente de la divinité et de l'humanité ; la *Communion* était Sa soif pour les âmes des hommes ; le *Ite, missa est* était l'achèvement de l'œuvre du salut ; le *Dernier Évangile* était le retour au Père d'où Il était venu.

Et maintenant que la Messe est terminée, et qu'Il a remis Son Esprit au Père, Il se prépare à rendre Son Corps à Sa Sainte Mère au pied de la Croix. Ainsi, une fois de plus, la fin sera le commencement, car au commencement de Sa vie terrestre, Il reposait sur ses genoux à Bethléem, et maintenant, au Calvaire, Il prendra de nouveau Sa place là-bas.

Le Dernier Évangile

La terre avait été cruelle envers Lui ; Ses pieds erraient après les brebis perdues, et nous les avons percés avec de l'acier ; Ses mains ont tendu le Pain de la vie éternelle, et nous les avons fixées avec des clous ; Ses lèvres ont prononcé la Vérité, et nous les avons scellées avec de la poussière. Il est venu pour nous donner la Vie, et nous Lui avons ôté la Sienne. Mais ce fut notre erreur fatale. Nous ne l'avons pas vraiment ôtée. Nous avons seulement essayé de l'ôter. Il l'a déposée de Lui-même. Nulle part les Évangélistes ne disent qu'Il est mort. Ils disent : « Il a rendu l'Esprit. » Ce fut un abandon volontaire et déterminé de la vie.

Ce n'est pas la mort qui s'est approchée de Lui ; c'est Lui qui s'est approché de la mort. C'est pourquoi, à l'approche de la fin, le Sauveur commande à la porte de la mort de s'ouvrir devant Lui en présence du Père. Le calice se vide peu à peu de son riche vin rouge du salut. Les rochers de la terre ouvrent leur bouche affamée pour boire, comme s'ils avaient plus soif des draughts du salut que les cœurs desséchés des hommes ; La terre elle-même trembla d'horreur parce que les hommes avaient dressé la Croix de Dieu sur sa poitrine. Madeleine, la pénitente, comme à l'habitude, s'accroche à Ses pieds, et là elle sera de nouveau au matin de Pâques ; Jean, le prêtre, avec un visage comme un moule façonné par l'amour, écoute le battement du Cœur dont Il a appris, aimé et maîtrisé les secrets ; Marie pense à quel point le Calvaire est différent de Bethléem.

Il y a trente-trois ans, Marie regardait son visage sacré ; Maintenant Il la regarde. À Bethléem, le Ciel regardait la terre en face ; Maintenant, les rôles sont inversés. La terre regarde le Ciel en face – mais un Ciel marqué par les cicatrices de la terre. Il l'aimait par-dessus toutes les créatures de la terre, car elle était Sa Mère et la Mère de nous tous. Il l'a vue la première en venant sur la terre ; Il la verra la dernière en la quittant. Leurs yeux se rencontrent, tout illuminés de vie, parlant un langage qui leur est propre. Il y a une rupture d'un cœur par un ravissement d'amour, puis une tête inclinée, un cœur brisé. De retour entre les mains de Dieu, Il donne, pur et sans péché, Son Esprit, d'une voix forte et retentissante qui proclame la victoire éternelle. Et Marie se tient seule, Mère sans enfant. Jésus est mort !

Marie lève les yeux vers Ses yeux si clairs même face à la Mort : « Grand Prêtre du Ciel et de la terre, Ta Messe est achevée ! Quitte l'autel de la Croix et retire-Toi dans Ta Sacristie. En tant que Grand Prêtre, Tu es sorti de la Sacristie du Ciel, revêtu des vêtements de l'humanité et portant Ton Corps comme Pain et Ton Sang comme Vin.

Le Sacrifice est maintenant consommé. La cloche de la Consécration a sonné. Tu as offert Ton Esprit à Ton Père ; Ton Corps et Ton Sang à l'homme. Il ne reste maintenant que le calice vidé. Entre dans Ta Sacristie. Enlève les vêtements de la mortalité et revêts les robes blanches de l'immortalité. Montre Tes mains, Tes pieds et Ton côté à Ton Père céleste et dis : « C'est avec ceux-ci que j'ai été blessé dans la maison de ceux qui m'aiment. »

« Entre, Grand Prêtre, dans Ta Sacristie céleste, et comme Tes ambassadeurs terrestres tiennent haut le Pain et le Vin, montre-Toi au Père en intercession d'amour pour nous jusqu'à la consommation du monde. » La terre a été cruelle envers Toi, mais Tu seras bon envers la terre. La terre T'a élevé sur la Croix, mais maintenant Tu élèveras la terre vers la Croix. Ouvre la porte de la Sacristie céleste, ô Grand Prêtre ! Voici que c'est nous maintenant qui sommes à la porte et qui frappons !

« Et Marie, que Te dirons-nous ? » Marie, Tu es la Sacristaine du Grand Prêtre ! Tu fus Sacristaine à Bethléem quand Il vint à Toi sous forme de blé et de raisins dans la crèche de Bethléem. Tu fus Sa Sacristaine à la Croix, où Il devint le Pain et le Vin vivants par la Crucifixion. Tu es Sa Sacristaine maintenant, alors qu'Il vient de l'autel de la Croix ne portant que le calice vidé de Son Corps sacré.

Le Dernier Évangile

"Alors que ce calice est posé sur tes genoux, il peut sembler que Bethléem soit revenu, car Il est de nouveau tien. Mais ce n'est qu'une apparence – car à Bethléem, Il était le calice dont l'or devait être éprouvé par le feu, mais maintenant au Calvaire, Il est le calice dont l'or a traversé les flammes du Golgotha et du Calvaire. À Bethléem, Il était blanc, car Il venait du Père ; maintenant Il est rouge, car Il vient de nous. Mais tu es toujours Son Sacristain ! Et comme l'Immaculée Mère de toutes les hosties qui vont à l'autel, fais, ô Vierge Marie, que nous y allions purs, et garde-nous purs, jusqu'au jour où nous entrerons dans la Sacristie céleste du Royaume des Cieux, où Tu seras notre Sacristain éternel et Lui notre Prêtre éternel."

Et vous, amis du Crucifié, votre Grand Prêtre a quitté la Croix, mais Il nous a laissé l'Autel. Sur la Croix, Il était seul ; Dans la Messe, Il est avec nous. Sur la Croix, Il a souffert dans Son Corps physique ; Sur l'autel, Il souffre dans le Corps mystique que nous sommes. Sur la Croix, Il était l'Hostie unique ; Dans la Messe, nous sommes les petites hosties, et Lui la grande Hostie recevant Son Calvaire à travers nous. Sur la Croix, Il était le vin ; Dans la Messe, nous sommes la goutte d'eau unie au vin et consacrée avec Lui. En ce sens, Il est encore sur la Croix, disant encore le Confiteor avec nous, nous pardonnant encore, nous recommandant encore à Marie, ayant encore soif de nous, nous attirant encore vers le Père, car tant que le péché demeure sur la terre, la Croix demeurera encore.

Le Dernier Évangile

« Chaque fois qu'il y a du silence autour de moi
De jour comme de nuit –
Je suis surpris par un cri.

Il est descendu de la Croix.
La première fois que je l'ai entendu,
Je suis sorti et j'ai cherché –
Et j'ai trouvé un homme en proie à la Crucifixion. »

Et je dis : « Je vais te descendre »
et j'ai essayé d'enlever les clous de Ses Pieds,
Mais Il dit : « Laissez-les, car je ne peux être descendu tant que chaque homme, chaque Femme et chaque enfant ne se seront pas réunis pour me descendre. »

Et je dis : « Mais je ne peux supporter ton cri. Que puis-je faire ? »
Et Il dit : « Parcours le monde –
Dis à tous ceux que tu rencontres –
Qu'il y a un Homme sur la Croix. »

Élisabeth Cheney

www.ingramcontent.com/pod-product-compliance
Lightning Source LLC
LaVergne TN
LVHW051822080426
835512LV00018B/2683